O ELOGIO DO VIRA-LATA E OUTROS ENSAIOS

Obras do autor publicadas pela Companhia das Letras

Vícios privados, benefícios públicos?
Autoengano
Felicidade
O mercado das crenças
O valor do amanhã
O livro das citações
A ilusão da alma
Trópicos utópicos

EDUARDO GIANNETTI

O elogio do vira-lata e outros ensaios

Copyright © 2018 by Eduardo Giannetti

Grafia atualizada segundo o Acordo Ortográfico da Língua Portuguesa de 1990, que entrou em vigor no Brasil em 2009.

Capa
Kiko Farkas e Gabriela Gennari/ Máquina Estúdio

Preparação
Márcia Copola

Índice onomástico
Luciano Marchiori

Revisão
Carmen T. S. Costa
Ana Maria Barbosa

Dados Internacionais de Catalogação na Publicação (CIP)
(Câmara Brasileira do Livro, SP, Brasil)

Giannetti, Eduardo
    O elogio do vira-lata e outros ensaios / Eduardo Giannetti. —
1ª ed. — São Paulo : Companhia das Letras, 2018.

    ISBN 978-85-359-3124-2

    1. Ensaios brasileiros 2. Filosofia I. Título.
18-15273   CDD-199.81

Índice para catálogo sistemático:
1. Ensaios filosóficos brasileiros   199.81

[2018]
Todos os direitos desta edição reservados à
EDITORA SCHWARCZ S.A.
Rua Bandeira Paulista, 702, cj. 32
04532-002 — São Paulo — SP
Telefone: (11) 3707-3500
www.companhiadasletras.com.br
www.blogdacompanhia.com.br
facebook.com/companhiadasletras
instagram.com/companhiadasletras
twitter.com/cialetras

Sumário

Prefácio.   7

PRIMEIRA PARTE: ENREDOS BRASILEIROS

1. O elogio do vira-lata (*2018*).   13
2. O paradoxo do brasileiro (*1993*)   40
3. Igualdade de quê? (*2014*)   53
4. A obsessão educacional (*1997*)   56
5. Capital humano e desenvolvimento (*2008*)   62
6. O planeta ideal de Mangabeira (*2008*)   67
7. *Verdade tropical* (*1997*)   71
8. A cultura brasileira no século XXI (*2012*)   76
9. Agostinho da Silva, semeador de vida (*2017*).   90

SEGUNDA PARTE: DISPERSOS LITEROMUSICAIS

10. Por que ler Aristóteles hoje (*2005*)   109
11. Como vencer o canto das sereias? (*2013*)   117
12. Um prefácio para *Dom Casmurro* (*2001*)   121
13. *Leite derramado* (*2009*).   134
14. A genialidade de Mozart (*2006*).   137
15. Os concertos para piano de Mozart (*2012*)   148

16. J.S. Bach: *Partita II* para violino solo (*2006*) 152
17. A possibilidade do fisicalismo (*2011*) 155

TERCEIRA PARTE: FILOSOFIA ECONÔMICA

18. Comportamento individual: alternativas ao homem
    econômico (*1989*) 181
19. A psicologia do agente econômico em David Hume
    e Adam Smith (*1994*) 216
20. Os sentimentos morais de Adam Smith (*2000*) 239
21. O capital humano na filosofia social de Marshall (*1992*) 244
22. Reflexões sobre a historiografia do pensamento
    econômico (*1996*) 281
23. O outro Hayek (*1992*)................................... 306
24. A riqueza e a pobreza das nações (*1999*) 314
25. Economia e felicidade (*2001*)............................ 325

Índice onomástico.. 339

Prefácio

Este livro reúne 25 textos escritos entre 1989 e 2018. Com a exceção de dois deles, todos os outros foram previamente publicados. Os ensaios inéditos são "O elogio do vira-lata", sobre o "complexo de vira-latas" que desde a nossa origem ensombrece a condição de ser brasileiro, e "Agostinho da Silva, semeador de vida", sobre as ideias do filósofo e educador português e sua visão de futuro para os países de língua portuguesa e o Brasil em particular.

A origem dos textos é dupla. Alguns nasceram de convites e sugestões feitos por editores, curadores de seminários, veículos de mídia e organizadores de coletâneas, aos quais aqui agradeço, ao passo que outros foram escritos por iniciativa própria e então oferecidos à publicação. Em todos os casos — e com especial ênfase nos artigos de cunho universitário-acadêmico da terceira parte —, os textos foram submetidos a uma revisão mais ou menos abrangente de estilo e linguagem. Em nenhum caso, porém, isso acarretou mudança substantiva de conteúdo.

A temática e o estilo dos textos é heterogênea, mas o critério de seleção dos ensaios obedeceu a um único princípio: o potencial de dialogar com o presente. Eliminei tudo que julguei por demais referido a circunstâncias, temas e conjunturas datadas, e incluí apenas os textos que me pareceram aptos a dizer coisas que de algum modo precisam e merecem ser ditas ou, ao menos, me importa ainda dizer. Como atenuante da decisão de enfeixá-los em livro, invoco as palavras do poeta inglês Alexander Pope: "Por aquilo que publiquei, só me resta esperar ser perdoado; mas, por aquilo que atirei ao fogo, eu mereço ser elogiado".

A coletânea divide-se em três partes. "Enredos brasileiros" aborda temas e problemas da vida brasileira, tendo como fio condutor o desafio da construção prática e simbólica de uma nação à altura dos nossos sonhos e anseios. Em "Dispersos literomusicais" estão agrupados, à maneira de um intermezzo, ensaios assumidamente ecléticos e diletantes sobre temas que vão de Aristóteles a Mozart e de *Dom Casmurro* às implicações éticas dos avanços recentes em neurociência. "Filosofia econômica", por fim, reúne artigos de cunho acadêmico na área em que, por mais de trinta anos, dediquei-me à docência e pesquisa na Universidade de Cambridge, na Universidade de São Paulo e no Insper São Paulo: a filosofia e a história do pensamento econômico.

"Mudam-se os tempos, mudam-se as vontades." Quase três décadas separam o primeiro do mais recente escrito desta coletânea. Ao revisitá-los depois de tão largo intervalo, tive a nítida sensação de que o arco cronológico dos textos era também o relato involuntário de uma trajetória: o meu *processo de readaptação* — ou *retropicalização* — depois de uma longa e profunda imersão de sete anos de estudos ao abrigo da torre de marfim do St. John's College, na Inglaterra, nos anos 1980. Estive a ponto de me tornar um scholar à moda inglesa, especializado no iluminismo escocês. Vocação de erudito, talvez tivesse alguma; emigrar do Brasil, jamais.

Não houve propriamente uma ruptura — em nenhum momento me converti ou desconverti de nada. O que a trajetória revela é, antes, um *movimento de progressiva reorientação* dos meus objetivos e centro de gravidade intelectual desde o reinício da aventura brasileira na Faculdade de Economia da USP em 1987. Enquanto os papers da terceira parte refletem os esforços e preocupações de um jovem professor-pesquisador inserido no mundo acadêmico e cioso da "modernização" do Brasil, os da primeira traduzem as inquietações e aspirações que hoje me são caras. Não me arrependo nem me orgulho de haver mudado. Reconheço, apenas, que mudei.

É difundida a crença de que a idade nos torna conformistas, céticos e resignados diante da realidade como ela é: "na mocidade combatia, na maturidade passou a sorrir com descrença". Se é verdade para a maioria, não ouso dizer; mas de uma coisa estou certo: seguramente *não* é o meu caso.

Ao contrário. Sinto que o tempo acirrou em mim a revolta com as injustiças da vida brasileira e, principalmente, exacerbou a esperança e a fé radical em nosso futuro. Esse percurso, não o escrevi: foi se escrevendo em mim ao sabor das leituras e descobertas, conversas e vivências, decepções e encantamentos no decorrer dos anos. O Brasil, quero crer, está grávido: no limiar de um parto temporão de cidadania. "Extraviamo-nos a tal ponto que devemos estar no bom caminho." Os ensaios reunidos em *O elogio do vira-lata* contam essa história.

PRIMEIRA PARTE
ENREDOS BRASILEIROS

1. O elogio do vira-lata

Pensar mal amiúde significa tornar mau. Na vida das nações não menos que na dos indivíduos, os primeiros momentos de uma trajetória imprimem ao que está nascendo traços de teimosa permanência. O "complexo de vira-latas" — a imagem depreciativa que nós, brasileiros, fazemos de nós mesmos e o nosso renitente narcisismo às avessas — é coetâneo do nascimento do Brasil. Os primeiros filhos de portugueses nascidos na Terra de Santa Cruz, quase todos frutos de relações fortuitas entre conquistadores e índias nativas ou escravas africanas importadas em maior número a partir de meados do século XVI, sentiam vergonha de ser quem eram.

Quem eram esses primeiros rebentos do caldeirão étnico brasileiro, filhos de ocupantes e ocupadas? A rigor, eles não se chamavam "brasileiros" ainda. Até por volta do final do século XVII e mesmo início do XVIII, o termo "brasileiro" não era empregado no sentido hoje corrente, ou seja, como expressão e afirmação de uma nacionalidade, mas tinha significados bem diversos. Os "brasileiros" eram aqueles que se dedicavam à exploração comercial do pau-brasil em nossas matas e, por extensão, era como se apelidavam os portugueses que, depois de "fazer a América" e amealhar fortuna, retornavam à terra natal a fim de desfrutar o espólio. Os filhos de portugueses nascidos do lado de cá do Atlântico — todos, quase por definição, mestiços — eram chamados "mazombos".[1]

---

1. Sobre o uso dos termos "mazombo" e "brasileiro" no Brasil Colônia, ver Paulo Prado, *Retrato*

A língua fala. Já a etimologia de "mazombo", termo oriundo do quimbundo angolano, diz muito: "grosseiro, atrasado, bruto, iletrado". Sentindo-se um exilado em sua própria terra, olhos sonhadores voltados para o imaginado esplendor da vida na metrópole, o mazombo litorâneo tem como uma de suas principais ambições de vida justamente *deixar de sê-lo*: tornar-se um cidadão de primeira, um português de quatro costados, de modo a afastar de si a pecha de mazombo — idealmente, por meio de uma temporada de estudos em Coimbra (privilégio de poucos) coroada por uma carreira no clero, magistratura ou burocracia estatal lusa (se a condição de origem, é claro, e a nódoa de plebeu sem pedigree não o impedissem).

O traço distintivo do mazombo é a ausência do senso de pertencimento: a profunda desconexão entre sua experiência de vida, de um lado, e a terra em que vive e na qual veio ao mundo, de outro. Alheio a qualquer propósito coletivo e afeito aos acasos do ganho fácil e rápido e da aventura erótica — "desmandos da cobiça e da luxúria" —, o universo mazombo foi bem apanhado pelo epigrama do poeta barroco baiano Gregório de Matos, ele mesmo filho de senhor de engenho e graduado em Coimbra antes de regressar a Salvador, em 1681, após malograda carreira jurídica em Lisboa: "De dois *efes* se compõe esta cidade, a meu ver: um furtar, outro foder".[2] No mais, a indiferença e o desgosto de si — o sonho azedo, fadado à desdita, de *não estar onde está* e de *ser quem não é*. A forte conotação pejorativa de "mazombo", que no português corrente guarda ainda o sentido figurado de "sorumbático, taciturno, mal-humorado", é sugestiva da subjetividade dilacerada, pontuada por rompantes, arroubos e fogachos, característica dos primórdios de certa disposição da alma brasileira.

No devido tempo, é claro, muita coisa mudou. Os mazombos deixaram de sê-lo, pelo menos em nome, para se fazerem brasileiros ao lado de índios, negros

---

do Brasil (org. Carlos Augusto Calil, São Paulo, 1997), pp. 145-8; Vianna Moog, *Bandeirantes e pioneiros* (Porto Alegre, 1955), pp. 144-7; e Stuart B. Schwartz, "'Gente da terra braziliense da nasção'", em *Viagem incompleta: a experiência brasileira* (org. Carlos Guilherme Mota, São Paulo, 2009), p. 111.

2. Gregório de Matos, *Poemas escolhidos* (ed. José Miguel Wisnik, São Paulo, 2010), p. 102. O contexto do mote é analisado por Jorge Caldeira, *História da riqueza no Brasil* (Rio de Janeiro, 2017), pp. 129-32.

O ELOGIO DO VIRA-LATA

e cafuzos natos. Portugal perdeu o posto de meca dos exilados em sua própria terra, mas o déficit de pertencimento não nos abandonou — longe disso.

Expressão acabada dessa postura, entre tantas, é o desabafo do bacharel Paulo Maciel no romance *Canaã* de Graça Aranha, grande best-seller do início do século xx. O seu maior anseio era livrar-se das mazelas brasileiras de uma vez por todas, deixar tudo para trás, e emigrar com a família rumo a uma existência digna e civilizada: "O meu desejo é largar tudo isso, expatriar-me, abandonar o país, e com os meus ir viver tranquilo num canto da Europa… A Europa… A Europa!".[3] Embora o objeto preferencial do suspiro se renove com o tempo — ontem Paris, Roma, Londres, hoje Nova York, Orlando, Miami —, o impulso parece ser essencialmente o mesmo. *Ubi bene, ibi patria*: onde se está bem, aí é a pátria.

*

Despeito e soberba. O sentimento de inferioridade em face do estrangeiro acoplado à crença sincera de que se é, pessoalmente, uma exceção, e que a culpa pelos nossos males é sempre dos outros (pois, no seu próprio caso, a pessoa em nada se percebe como culpada ou responsável pelo que aí está), seguramente não abrange a totalidade da figura do Brasil na imaginação brasileira. Mas ela nos acompanha, com graus variáveis de santimônia e vigor, desde que o Brasil é Brasil. Momento privilegiado desse tópos foi a ressaca cívica que se seguiu à Lei Áurea e à proclamação da República em 1889. Nossa cronicamente frágil autoestima pagou caro a ambição de suas esperanças.

Duraram pouco os ardores civilistas e a quimera positivista de "ordem e progresso" da alvorada republicana. O imbróglio político-institucional que resultou na conturbada ditadura do marechal Floriano; o desatino creditício

---

3. Graça Aranha, *Canaã* (Rio de Janeiro, 2013), p. 231, apud Vianna Moog, *Bandeirantes e pioneiros*, op. cit., p. 327. Refletindo sobre sua relação com o Brasil, Joaquim Nabuco observou: "O sentimento em nós é brasileiro, a imaginação europeia. As paisagens todas do Novo Mundo, a floresta amazônica ou os pampas argentinos, não valem para mim um trecho da Via Appia, uma volta da estrada de Salerno e Amalfi, um pedaço do cais do Sena à sombra do Louvre", *Minha formação* (Rio de Janeiro, 1999), p. 49.

do encilhamento seguido do colapso generalizado dos negócios ("finanças das finanças, são tudo finanças", ironizou Machado de Assis em crônica de 1892);[4] o massacre de Canudos; o absurdo descaso e degradação em que passaram a ter de viver os ex-escravos, criminosamente abandonados à própria sorte depois de séculos da mais terrível e cruel opressão; o tremendo fosso econômico que viera se abrindo desde meados do século XIX — e continuava a crescer a olhos vistos — entre um Brasil rural e jeca-tatu, de um lado, e a pujante locomotiva industrial estadunidense, de outro; enfim, toda essa conjunção de reveses e dissabores (sem falar, é claro, no surto de corrupção da jovem República, o regime que, no dizer de Lima Barreto, "trouxe à tona dos poderes públicos a borra do Brasil")[5] feria a autoestima da nacionalidade e cobrava, se não respostas, ao menos racionalizações.

Por que o Brasil "ficou para trás"? Por que a renda média por habitante dos norte-americanos praticamente quadruplicou em 91 anos, entre 1822 e 1913, ao passo que a brasileira ficou estagnada, enquanto a malha ferroviária na ex-colônia inglesa era vinte vezes maior que a nossa na entrada do século XX?[6] Dos grandes enigmas da economia pode-se dizer, sem muito exagero, que cada um admite três explicações verdadeiras e uma falsa (duas das quais são de Keynes). Aos olhos de Joaquim Murtinho, contudo, as causas do nosso atraso econômico em face do colosso ianque resumiam-se a uma só — o povo brasileiro.

No relatório de 1897 que o alçou, no ano seguinte, ao posto de ministro da Fazenda do governo Campos Sales, Murtinho pontificou: "Não podemos, como muitos aspiram, tomar os Estados Unidos da América do Norte como tipo para o nosso desenvolvimento industrial porque não temos as aptidões superiores de sua raça, força que representa o principal papel no progresso

---

4. Machado de Assis, *A semana*, em *Obras completas* (ed. Mário de Alencar, São Paulo, 1959), p. 142 (crônica publicada em 9 de outubro de 1892).

5. Lima Barreto, apud Lilia Moritz Schwarcz, *Lima Barreto* (São Paulo, 2017), p. 241; ver também Paulo Prado, *Retrato do Brasil*, op. cit., p. 202.

6. A fonte das estatísticas é Nathaniel H. Leff, "Economic development in Brazil, 1822-1913", em *How Latin America fell behind* (ed. Stephen Haber, Stanford, 1997), p. 34 e p. 45.

O ELOGIO DO VIRA-LATA

industrial deste país".[7] O retardo civilizatório e material do Brasil, portanto, segundo a tese abraçada por inúmeros bacharéis em direito e beletristas da nossa belle époque, era uma decorrência da degeneração genética e moral produzida pela miscigenação racial. Um crônico mazombismo.

Haveria saída? Alguns intelectuais da época, como Oliveira Viana e Silvio Romero, criam que sim: a "esperança" seria o progressivo branqueamento ou arianização dos brasileiros por efeito da própria continuidade no tempo dos cruzamentos interétnicos — uma tese calcada na peculiar ideia de que a mestiçagem, invariavelmente, *branqueia*. O "problema", portanto, não era insolúvel, mas se resolveria por si mesmo.[8] Outros, porém, não viam saída alguma: a miscigenação era um mal sem remédio.

Para os adeptos do determinismo racial do biólogo suíço Jean Louis Agassiz, radicado nos Estados Unidos e criador do Museu de Zoologia Comparada de Harvard, a experiência brasileira era conclusiva. "Que qualquer um que duvide dos males da mistura de raças", desafiou ele, "e inclua por mal-entendida filantropia, a botar abaixo todas as barreiras que as separam, venha ao Brasil. Não poderá negar a deterioração decorrente da amálgama das raças mais geral aqui do que em qualquer outro país do mundo, e que vai apagando rapidamente as melhores qualidades do branco, do negro e do índio deixando um tipo indefinido, híbrido, deficiente em energia física e mental." A relação sexual interétnica, advertia, longe de representar uma "saída", era "um pecado contra a natureza", análogo ao incesto.[9] Não foi à toa, portanto, que um diplomata da envergadura do barão do Rio Branco, ao

7. Joaquim Murtinho, "Introdução ao relatório do ministro da Indústria, Viação e Obras Públicas", em *Ideias econômicas de Joaquim Murtinho* (org. Nícia Villela Luz, Rio de Janeiro, 1930), p. 148. Médico de Deodoro da Fonseca e amigo de Floriano Peixoto, Murtinho escreveu o relatório quando era ministro da Indústria no governo interino do vice-presidente Manuel Vitorino; a leitura do relatório por Campos Sales motivou o convite para assumir a pasta da Fazenda (ver Heitor Ferreira Lima, *História do pensamento econômico no Brasil*, São Paulo, 1978, pp. 136-9).
8. Sobre a origem e defesa da tese da arianização no Brasil no início do século xx, ver Lilia Moritz Schwarcz, *O espetáculo das raças* (São Paulo, 1993); e Antonio Risério, *A utopia brasileira e os movimentos negros* (São Paulo, 2012), pp. 39-56.
9. Sobre o contexto e as ideias de Agassiz, ver Stephen Jay Gould, *The mismeasure of man*

assumir o Ministério das Relações Exteriores em 1902, determinou a exclusão de negros e mulatos do Itamaraty a fim de que os estrangeiros não nos julgassem um país de mestiços.[10]

Se os jesuítas portugueses do Brasil Colônia deploraram a dificuldade de converter os povos indígenas à fé cristã — "a gente destas terras é a mais bruta, a mais ingrata, a mais inconstante, a mais avessa, a mais trabalhosa de ensinar de quantas há no mundo", no dizer do padre Antônio Vieira[11] —, a elite ilustrada da Velha República não ficava atrás. Em discurso pronunciado em 1919, por ocasião de sua campanha civilista à Presidência da República, Rui Barbosa não mediu palavras ao retratar o modo como o establishment político concebia a nação. Nossos governantes, vociferou, consideram o Brasil "um país de resignação ilimitada e terna indiferença [...] uma terra povoada por uma ralé semianimal e semi-humana de escravos de nascença, concebidos e gerados para a obediência [...] uma raça cujo cérebro ainda não se sabe se é de banana, ou de mamão, para se empapar de tudo que lhe imputam; uma raça cujo coração ainda não se sabe se é de cortiça, ou de borracha, para não guardar mossa de nada que o contunda".[12] O autor da *Oração aos moços* e ex-ministro da Fazenda do governo Deodoro, é de presumir, conhecia de perto os seus pares. Ele sabia do que estava falando.

O curioso, não obstante, é que o mesmo Rui Barbosa do lancinante discurso não perdia a chance de lamentar o fato de que o Brasil, afinal, fosse... o Brasil, e não o país estrangeiro de sua predileção. "Se à maneira do escultor, que modela entre as mãos o barro plástico, eu pudesse afeiçoar a meu gosto o

---

(Harmondsworth, 1987), pp. 42-50; e Lilia Moritz Schwarcz, "Complexo de Zé Carioca", *Revista Brasileira de Ciências Sociais*, São Paulo, 1995, p. 53.

10. Vianna Moog, *Bandeirantes e pioneiros*, op. cit., p. 327; ver também Rubens Ricupero, *Rio Branco* (Rio de Janeiro, 2000), p. 63, e o protesto de Lima Barreto contra a política de invisibilidade em relação aos afro-brasileiros: "Dizer um viajante que vira pretos, perguntar uma senhora num *hall* de hotel se os brasileiros eram pretos, dizer que o Brasil tinha uma grande população de cor, eram causas para zangas fortes e tirar o sono a estadistas aclamados", citado em Lilia Moritz Schwarcz, *Lima Barreto*, op. cit., p. 247.

11. Antônio Vieira, "Sermão do Espírito Santo", em *Sermões* (org. Alcir Pécora, São Paulo, 2001), p. 422.

12. "A questão social e política no Brasil" (discurso proferido em 20 de março de 1919).

meu país", declarou ele, em outro contexto, endossando com enfática aprovação as palavras de um político francês, "faria dele não uma América, mas uma Inglaterra." Mas como fazer do barro arredio a refinada escultura? O tom resignado da resposta trai o desalento do autor-escultor-de-nações baiano. "Mas devo acrescentar", ele adverte, "que de certas nações não me parece menos difícil extrair Inglaterras do que Américas."[13] Ah… Westminster! Ah… Trafalgar Square! Ah… Oxford Street!

*

O universo da casa difere do universo da rua, mas em ambos reverberam as variações de uma mesma partitura afetiva e cultural. Vivo e ostensivo na vida pública, o "complexo de vira-latas" não se revela menos atuante na esfera privada.

Da hipersensibilidade ao olhar e mídia estrangeiros à preferência pelos artigos de consumo importados só porque o são; da aura espontânea de que se revestem os artistas, escritores, pensadores e cientistas "lá de fora", sem importar os méritos (ou a falta deles), aos modismos intelectuais e estéticos que nos assolam e logo evaporam com a regularidade das estações (inexistentes, aliás, por aqui); da timidez de subdesenvolvido que não raro nos assalta na presença dos que encarnam a "verdadeira civilização" à "vontade fela da puta de ser americano"[14] dos que vivem aqui muito longe daqui, o narcisismo às avessas de uma menos-valia nacional permeia de fio a pavio as nossas relações e vivências cotidianas.

O delicioso conto "Miss Edith e seu tio" de Lima Barreto, publicado em 1914, traz aspectos relevantes da micropsicologia do complexo de vira-latas nos meandros da vida privada.[15] O palco da trama é a Pensão Familiar Boa

---

13. Rui Barbosa, *Cartas da Inglaterra* (1896), em *Obras completas* (Rio de Janeiro, 1946), v. 23, p. 11.

14. Verso da canção "Rock 'n' Raul" de Caetano Veloso.

15. Lima Barreto, "Miss Edith e seu tio", em *Contos reunidos* (org. Francisco de Assis Barbosa e Antônio Houaiss, Rio de Janeiro, 1990), pp. 166-77; ver também Lilia Moritz Schwarcz, *Lima Barreto*, op. cit., pp. 265-8.

Vista, situada na praia carioca do Flamengo e dirigida com zelo pela viúva Mme. Barbosa. O seu braço direito na pensão era a preta Angélica, uma infatigável faz-tudo que muito nova se juntara à sua "sinhá" mas que, depois de tantos anos na família, partilhando os altos e baixos da casa, "sempre alegre, sempre agradecida", deixara de se julgar criada, o que de fato era, para se tornar "parenta pobre".

Certo dia, toca a campainha da pensão. E, como Angélica, ocupada com a faxina no andar de cima, não escuta o chamado, Mme. Barbosa vai abrir a porta. Era um casal de aparência estrangeira à procura de acomodação. Ao ouvir o sotaque carregado do senhor à sua frente — "Mim quer quarto" —, a dona da pensão se dá conta de que são ingleses e se enche de alegria, tanto pela "distinção social de tais hóspedes" como pela perspectiva de uma boa renda em moeda forte. Oferece a eles o melhor quarto de casal da pensão, mas o britânico logo esclarece que estava com a sobrinha e, portanto, precisavam de dois quartos separados, no que é prontamente atendido.

Feito o acerto (Mme. Barbosa fica "tão comovida e honrada" com "tão soberbos hóspedes" que nem se lembra de lhes falar em preço ou fiança), tio e sobrinha topam casualmente com Angélica, carregada de baldes, no patamar da escada. O impacto do primeiro contato é imediato. Inebriada com a visão dos novos hóspedes, "a preta olhou-os demorada e fixamente [...] e parou extática, como em face de uma visão radiante". Angélica viu "naqueles cabelos louros, naqueles olhos azuis, de um azul tão doce e imaterial, santos, gênios, alguma coisa de oratório, de igreja, da mitologia de suas crenças híbridas e ainda selvagens".

Quando, na manhã seguinte, *mister* e *miss* afinal desceram dos quartos para o almoço, Mme. Barbosa havia lhes reservado a melhor mesa da sala de refeições. Altivos, eles adentraram o recinto "sem descansar os olhos sobre ninguém e cumprimentaram [os demais hóspedes] entre os dentes". Enquanto tio e sobrinha comiam calados, "lendo cada um para o seu lado", os outros comensais baixaram o tom das conversas e, por fim, quedaram também silenciosos, "como se de todos se tivesse apossado a emoção que a presença dos ingleses trouxera ao débil e infantil espírito da preta Angélica". Quase sem se dar conta, eles acharam na dupla "não sei o quê de superior, de superterrestre, deslumbraram-se e encheram-se de um respeito religioso diante daquelas banalíssimas criaturas nascidas numa ilha da Europa Ocidental". Embora Edith e o tio não ocultassem o seu descaso e não dessem atenção a ninguém na pensão, jamais se dignando a dirigir-lhes palavra, todos os hóspedes e serviçais "suportavam aquele desprezo como justo e digno de entes tão superiores".

Coube a Angélica decifrar a esfinge. Habituada a servir, por especial deferência, o chocolate de Edith no quarto dela todas as manhãs, sempre cuidando para não lhe interromper o sono, um belo dia ela não encontrou a jovem inglesa no aposento. Procurou no banheiro, mas nada. Onde estaria? Angélica, que àquela altura nutria pela moça uma veneração de "feição intensamente religiosa", pôs-se a devanear. "Farejou um milagre, uma ascensão aos céus, por entre nuvens douradas; e a *miss* bem o merecia", emendou, "com seu rosto tão puramente oval e aqueles olhos de céu sem nuvens."

Mas não era exatamente o caso. Ao sair do aposento, Angélica pilhou a jovem justamente no instante em que saía do quarto do tio, vizinho ao seu, em trajes de dormir. Estarrecida diante da súbita aparição, a criada por pouco não derrubou a bandeja. Observou o seu anjo caído retornar ao quarto e, enquanto se recompunha do abalo, murmurou entre os dentes: "*Que pouca-vergonha! Vá a gente fiar-se nesses estrangeiros... Eles são como nós...*". E voltou à humilde rotina dos quartos.

O retrato agudo de Lima Barreto permite uma radiografia da menos-valia nacional. No microcosmo da pensão, a relação que se estabelece a partir da chegada dos hóspedes ingleses é a *subalternidade*. Espontaneamente, sem que nada os incite ou force a tanto, todos se prostram diante deles. Edith e seu tio são pouco mais que uma página em branco: exceto pela aparência física, pelo forte sotaque e por certa postura de orgulhosa altivez, ninguém ali sabe nada sobre os dois. Mas a simples presença deles no ambiente tem o condão de instituir um campo de forças marcado por acentuada assimetria. Como que por feitiço, instaura-se uma hierarquia em que o lado inferior rende crédito, deferência e vassalagem afetiva aos "entes superiores". Ninguém foi forçado ou constrangido a nada. Tudo se passa como se essa fosse a ordem natural das coisas.

A construção da subalternidade parece obedecer a dois mecanismos psicológicos que se reforçam mutuamente: um que olha e atua *de dentro para fora*; e outro que olha e atua *de fora para dentro*.

De um lado, a *projeção*: sentindo-se racial, social e culturalmente inferiores, os moradores da pensão embarcam em profusa e desenfreada idealização do estrangeiro. Projetam nele todos os valores e atributos — morais, estéticos, sociais, místicos, culturais e de personalidade — dos quais se percebem em grande medida privados por serem quem são e viverem onde vivem. Independentemente do que de fato sejam — e o desfecho do conto desnuda implacavelmente aos olhos de Angélica o santo do pau oco do ideal projetado —, os ingleses encarnam, quase por definição, os valores de uma humanidade nobre e de um mais alto padrão de civilização. Os moradores da Boa Vista, "como todos nós" (é o que diz Lima Barreto), os fizemos assim.

E, de fora para dentro, a *introjeção*. O estrangeiro não é somente tudo aquilo que eu não sou naquilo em que deixo a desejar, mas ele também me olha e me julga pelo que sou, ou seja, pelo que ele avalia quando me vê e, pior, pelo que eu, perto dele, *me sinto ser*: alguém racial, social e culturalmente inferior. Ele me percebe e me estima segundo a sua métrica valorativa; métrica, contudo, que foi por mim introjetada e se tornou também a minha.

Daí que ele não me considere ou trate como um igual, mas, soberbo, se relacione comigo como com alguém situado alguns degraus abaixo dele nos quesitos definidores da estatura humana; assim como eu, de minha parte, ao medir-me com ele pela escala que ele define, descubro-me ser o que ele vê em mim, ou seja, uma pessoa atrasada, tacanha, diminuída.

O que disse Walt Whitman (com boa dose de pensamento desejoso) do norte-americano comum — "o ar que eles possuem de pessoas que nunca souberam como é sentir-se em presença de superiores"[16] —, pode-se dizer dos moradores da Boa Vista, invertendo os sinais: a simples presença dos ingleses na pensão faz com que se sintam inferiores.

Na construção da subalternidade, o subalterno projeta no outro os dotes

---

16. Walt Whitman, "Preface, 1855", em *The complete poems* (ed. Francis Murphy, Londres, 1996), p. 742. Claramente, Whitman exclui os não brancos dessa afirmação. Assim como Abraham Lincoln, ele era abolicionista mas acreditava na inferioridade racial dos negros, posicionando-se contra o direito de voto aos ex-escravos (ver Justin Kaplan, *Walt Whitman* (Nova York, 1980), p. 132 e p. 292).

e virtudes dos quais se percebe deficitário. É a idealização. Ao mesmo tempo, contudo, na direção contrária, *ele se vê como é visto* (ou imagina sê-lo, o que dá na mesma): ele se mira e se mede pelo olhar do outro, e faz isso de acordo com a métrica ou escala de valores cujo portador por excelência é o civilizado. E, desse modo, cimenta em definitivo a sua inferioridade. A introjeção dos valores e preconceitos pelos quais ele é (ou se supõe) medido o torna cúmplice do desprezo com que é tratado. A volta é o arremate da ida — "sempre dentro de mim meu inimigo".[17]

*

O nome não é a coisa. Nomear é prerrogativa humana, mas as coisas não carecem de nomes para existir. O continente americano, por exemplo, mesmo após a chegada dos primeiros europeus, precisou esperar algum tempo para receber o nome pelo qual é conhecido. Foi somente em 1507, um ano depois da morte de Colombo, que o monge e cartógrafo alemão Martin Waldseemüller propôs batizar de América as terras recém-descobertas, em homenagem a Américo Vespúcio, o primeiro navegador a demonstrar que elas não eram o ocidente da Ásia, como supôs Colombo, mas um continente à parte. (Quando Waldseemüller, seis anos mais tarde, mudou de ideia e tentou rebatizar o Novo Mundo, agora em tributo a Colombo, de quem Vespúcio era auxiliar, a investida não vingou — o erro de atribuição tornara-se irreversível.)[18]

O "complexo de vira-latas" não foi diferente. Embora ele tenha nos acompanhado como verdadeira marca de nascença desde a pré-história da nacionalidade, foi somente em 1958 que Nelson Rodrigues, o dramaturgo e cronista recifense radicado no Rio de Janeiro, ousou criar um nome de batismo apto a designar esse traço marcante da alma brasileira.

O palco do lampejo foi a Copa do Mundo de 1958. Em duas crônicas de extraordinária repercussão publicadas no semanário *Manchete Esportiva*, uma

---

17. Verso do poema "O enterrado vivo" de Carlos Drummond de Andrade.
18. Joaquim Falcão, "*Mundus novus*: por um novo direito autoral", *Revista FGV Direito*, 1:2, 2005, pp. 229-46.

antes e a outra imediatamente depois do fim do torneio, Nelson Rodrigues cunhou a expressão que logo transcenderia o mundo do futebol e passaria a fazer parte da fala brasileira e do imaginário popular.

"Tudo no Brasil está para ser profetizado", vaticinou o autor de *O óbvio ululante*.[19] Às vésperas da Copa da Suécia, a Seleção Brasileira viajou assolada por um vendaval de pessimismo. A classificação para o mundial fora sofrida (vitória por 1 a 0 sobre o Peru com gol de falta) e o trauma da derrota em 1950 para o Uruguai no Maracanã era uma ferida aberta a indicar "o fracasso do homem brasileiro" — a nossa inépcia, falta de brios e incapacidade de agir com desassombro e determinação em momentos decisivos.

Insurgindo-se contra a unanimidade, Nelson Rodrigues profetizou o triunfo do escrete na Europa: "Eu acredito no brasileiro e pior do que isso: — sou de um patriotismo inatual e agressivo". O problema, argumentou, não era de tática, técnica ou talento. "Qualquer jogador brasileiro, quando se desamarra de suas inibições e se põe em estado de graça, é algo de único em matéria de fantasia, de improvisação, de invenção: — temos dons em excesso." A raiz do fracasso era a falta de "fé em si mesmo". O nosso grande e único inimigo, declarou, residia no que "eu poderia chamar de 'complexo de vira-latas'". E explicou: "Por 'complexo de vira-latas' entendo eu a inferioridade em que o brasileiro se coloca, voluntariamente, em face do resto do mundo. Isso em todos os setores e, sobretudo, no futebol".[20] O achado rodriguiano era pouco menos que um ovo de colombo.

Três episódios emblemáticos, ilustrou ele, evidenciavam o efeito do complexo no desempenho do Brasil em campo. Primeiro, é claro, o quase inexplicável fiasco uruguaio: "Na citada vergonha de 1950, éramos superiores [...] e perdemos da maneira mais abjeta. Por um motivo muito simples: porque Obdulio Varela [capitão do Uruguai] nos tratou a pontapés, como se vira-latas fôssemos". Em seguida veio a derrota para a Hungria na Copa da Suíça de 1954, fruto da "fragilidade psíquica" da nossa equipe. "Antes do jogo com os

---

19. Nelson Rodrigues, *Brasil em campo* (org. Sonia Rodrigues, Rio de Janeiro, 2012), p. 153.
20. Idem, ibidem, pp. 25-6; ver também Rui Castro, *O anjo pornográfico* (São Paulo, 1992), p. 283.

O ELOGIO DO VIRA-LATA

húngaros, estávamos derrotados emocionalmente [...] fomos derrotados por uma dessas tremedeiras obtusas, irracionais e gratuitas." E, por fim, a então recente goleada diante da Inglaterra em amistoso no estádio de Wembley: "Por que perdemos? Porque, diante do quadro inglês, louro e sardento, a equipe brasileira ganiu de humildade. Jamais foi tão evidente e, eu diria mesmo, espetacular, o nosso vira-latismo". (É de imaginar como teria reagido o cronista carioca se pudesse ter presenciado o fiasco na final da Copa de 1998 para a França, sem falar, por óbvio, do inominável vexame-apagão dos 7 a 1 diante da Alemanha em pleno Mineirão.)

Nomeada a amarra, como desatá-la? A solução, acreditava Nelson Rodrigues, estava inteiramente ao nosso alcance. Tratava-se de tomar consciência das nossas "insuspeitas potencialidades" e, sobretudo, tratava-se de nos livrarmos em definitivo do sentimento de que éramos inferiores não somente *aos outros* — os que nos viam e tratavam como "trapos humanos" —, mas inferiores, como um "Narciso às avessas", *a nós mesmos.* "O brasileiro", preconizava, "precisa se convencer de que não é um vira-lata." Para o escrete não menos que para a totalidade dos brasileiros, o dilema era claro: *"ser ou não ser vira-lata,* eis a questão".

Mas de onde viria a injeção de ânimo e autoconfiança capaz de virar o jogo? A tão ansiada conquista da taça Jules Rimet (uma alegoria de Nice, deusa grega da vitória) em Estocolmo, ela própria fruto da superação do complexo de vira-latas pela "pátria em chuteiras", fizera milagres. O efeito da grande vitória — "triunfo vital de todos nós e de cada um de nós" — transformava tudo. "Já ninguém mais tem vergonha de sua condição nacional", celebrou, "e as moças na rua [...] andam pelas calçadas com um charme de Joana d'Arc. O povo já não se julga mais um vira-lata. [...] O brasileiro tem de si mesmo uma nova imagem. Ele já se vê na generosa totalidade de suas imensas virtudes pessoais e humanas."[21]

Tomados de "um irresistível élan vital", deixávamo-nos afinal de nos ver como um povo acabrunhado, derrotado e fisicamente feio; "desgracioso, desengonçado, torto", como dissera Euclides da Cunha do sertanejo ou, ainda,

---

21. Nelson Rodrigues, *Brasil em campo*, op. cit., p. 33.

como relata Gilberto Freyre ao lembrar a visão que tivera, após três anos no exterior, do desembarque dos nossos marujos mulatos e cafuzos no porto de Nova York: "Deram-me a impressão de caricaturas de homens".[22] "Mentira!", retruca o autor de *Toda nudez*, "ou, pelo menos, o triunfo [na Copa] embelezou-nos. Na pior das hipóteses, somos uns ex-buchos." A lisura da vitória nos gramados revelara que o brasileiro, longe de ser um "cafajeste" diminuído pela "inveja do inglês", era, de fato, "o verdadeiro inglês, o único inglês".

Nem só de futebol, porém, dependiam a nossa autoestima e humor coletivos. Se o triunfo de 1958 foi para nós "tão importante como a Primeira Missa", e se o bicampeonato no Chile era a prova de que "a Rússia e os Estados Unidos começaram a ser o passado", nossas realizações no campo das artes e da política eram capazes de efeitos semelhantes na alma brasileira.

Exemplos disso, na crônica rodriguiana, foram a conquista da Palma de Ouro pelo *Pagador de promessas* no festival de cinema de Cannes, em 1962, e as glórias da arquitetura moderna exibidas ao mundo na vitrine futurista de Brasília. Fora dos gramados, contudo, nada se comparava ao grande divisor de águas — o acontecimento catalisador da "ressurreição nacional" — que foi a passagem de Juscelino Kubitschek pela Presidência da República.

O Brasil ia de mal a pior. Vivia oprimido pela precariedade das condições de vida e "falido de esperança". Mas o otimismo contagiante e a ousadia do líder mineiro — "Deus me poupou do sentimento do medo", costumava gabar-se — viraram o jogo. O essencial legado do governo JK, avaliou Nelson Rodrigues, não foram as suas obras públicas, como as hidrelétricas, rodovias e novas indústrias, tampouco a inflação galopante e o intratável desajuste fiscal de que tanto se queixavam os "idiotas da objetividade". A obra perene de JK, que prometera cinquenta anos em cinco em seu mandato, foi que ele logrou ir muito além disso. Ele conseguiu, em cinco anos, "o que não se conseguira em quatro séculos e quebrados: salvar o homem brasileiro". Se antes dele o brasileiro se sentia "pessoal e humanamente um vencido, um liquidado, um total pobre-diabo", a partir de JK revela-se, dentro de cada um, "uma nova e

---

22. Euclides da Cunha, *Os sertões* (Rio de Janeiro, 1979), p. 81; e Gilberto Freyre, "Prefácio à primeira edição", em *Casa-grande & senzala* (Brasília, 1963), p. 5.

violenta dimensão interior [...] e surge um novo brasileiro". Nonô, o Presidente Bossa-Nova, "potencializou o homem do Brasil".[23] O peremptório da conclusão faz sorrir. *O sancta simplicitas!*

O tempo decanta o passado. O desenrolar da história brasileira, sabemos, foi cruel com as expectativas do "pai de batismo" do "complexo de vira-latas". As oscilações da alma brasileira, sempre a balançar como um pêndulo entre o desengano e a fé radiante, o autoflagelo e o ufanismo, o otimismo mais fervoroso e o pessimismo terminal, não se tornaram menos intensas ou definitivas — enquanto duram, é claro — desde as esperanças despertadas pelos "anos dourados" da Copa de 1958 e da era JK. Quanto mais alta a expectativa, maior o tombo; e, quanto maior o tombo, mais arrebatadora a embriaguez do sucesso, quando ressurge a fé.

Não deixa de ser sintomático que o então presidente Lula, embalado pelo "espetáculo do crescimento" e pelo "momento mágico" da economia, orgulhoso da conquista pelo Brasil do direito de sediar a Copa de 2014 e os Jogos Olímpicos de 2016, e inebriado com o "bilhete premiado" da descoberta do pré-sal, nosso "passaporte para o Primeiro Mundo", tenha declarado em 2010, quase ao término do seu segundo mandato: "Jogamos fora o complexo de vira-latas".[24] Parecia. Estranha liga de farsa e tragédia. Mais uma vez, não foi diferente.

*

Ser ou não ser vira-lata? A pergunta, quero crer, não é descabida: pois sob a aparência de uma só questão podem ocultar-se diversas questões — nem todas triviais. O sentimento de inferioridade em face do resto do mundo, especialmente as "nações ricas", é uma realidade incontornável da vida brasileira. Nelson Rodrigues, portanto, está coberto de razão quando sustenta, com a costumeira ênfase, que cada um de nós, brasileiros, "carrega um potencial de

---

23. Nelson Rodrigues, *Brasil em campo*, op. cit., pp. 45-6.
24. Discurso proferido em 20 de dezembro de 2010, no Rio de Janeiro, por ocasião do recebimento do prêmio Brasil Olímpico conferido pelo Comitê Olímpico Brasileiro.

santas humilhações hereditárias": "Cada geração transmite à seguinte todas as suas frustrações e misérias [...] não encontramos pretextos pessoais ou históricos para a autoestima".[25] O diagnóstico do problema, seria difícil negar, encerra plena pertinência; e o desejo de superá-lo expressa uma aspiração perfeitamente legítima e necessária.

A questão, contudo, não termina aí. Aqui é preciso distinguir com clareza. Pois uma coisa é o sentimento de inferioridade que nos acompanha desde sempre; mas outra, inteiramente distinta, é caracterizar esse sentimento como um "complexo de vira-latas". Por que eleger o *vira-lata* como sinônimo do que temos de errado e desprezível? Por que escolher o vira-lata como símbolo-mor de tudo aquilo que é imperativo negar e de que deveríamos nos livrar a fim de nos tornarmos capazes de autoestima e dignos do respeito e admiração alheios?

"O brasileiro", insiste Nelson Rodrigues, "precisa se convencer de que *não é um vira-lata*"; Obdulio Varela, o algoz uruguaio, "tratou-nos a pontapés, *como se vira-latas fôssemos*"; sob o impacto do triunfo no mundial, "o povo já *não se julga mais um vira-lata*". Tudo se passa como se nossas "velhas humilhações e fomes jamais esquecidas" nos tivessem transformado, aos nossos próprios olhos e ao olhar estrangeiro, no que há de mais reles e vil em todo o mundo, ou seja, míseros vira-latas. Ser vira-lata, sugere Nelson Rodrigues, é o fim.

Faz sentido isso? Penso que não. Vire o suposto mal do avesso. Que há de errado em ser vira-lata? E o que seria, afinal, deixar de sê-lo? Então será preferível ser o poodle da madame ou o dobermann da segurança privada? O que torna a condição vira-lata deplorável? Então devemos nos mirar no cão de luxo, pedigree impecável, mansamente adaptado à rotina regrada do lar, "casado, fútil, cotidiano e tributável"; o mascote adestrado que trocou a sua liberdade pela segurança de um viver insípido em condição de conforto, guarnecido de almofadas, biscoitos macios, mimos, cuidadores e tédio?

O equívoco do "complexo de vira-latas" é confundir o desejo de livrar-se do sentimento de inferioridade que nos atormenta, o que é legítimo, com a imputação ao vira-lata de tudo que deveríamos repudiar e tripudiar em nós mesmos, o que me parece não só enganoso, mas radicalmente indevido.

---

25. Nelson Rodrigues, "A vaca premiada", em *Cabra vadia* (Rio de Janeiro, 2016), p. 103.

O ELOGIO DO VIRA-LATA

Não se trata tão somente, creio eu, de uma metáfora infeliz ou simples lapso de linguagem, embora também o seja. Pois o conceito de "complexo de vira-latas", bem compreendido, abriga uma premissa oculta e aloja um perturbador subtexto. A língua *fala* e nem sempre é dócil às intenções de quem a utiliza. Se é certo que as palavras pertencem metade a quem escreve, metade a quem lê, não é menos verdade que elas encarnam valores e crenças de uma determinada cultura e que, não raro, se voltam como um bumerangue contra as intenções do autor, subvertendo-as e troçando delas.

Quem é, afinal, o vira-lata? A definição do termo remete a três acepções básicas: "cão ou cadela sem raça definida" (literal); "qualquer animal doméstico sem raça definida" (por extensão); e "pessoa sem classe; sem-vergonha" (figurado). O vira-lata, portanto, é quem carece de raça definida, ou seja, é o fruto da mistura de raças ou mestiço. E pior: a palavra embute uma conotação figurada de caráter pejorativo, como, aliás, deixa clara a definição de *mongrel* (equivalente ao nosso vira-lata) na língua inglesa: além do sentido literal ("*a dog of no definable type or breed*"), o termo possui a acepção figurada, definida explicitamente como "*offensive*" (causadora de ofensa), de "*a person of mixed descent*", isto é, pessoa de ascendência mista.[26]

A língua trai o absurdo preconceito. Tudo se passa como se o mero fato de alguém ter uma origem racial mista representasse, por si só, uma nódoa ou traço aviltante; como se o uso do apelativo "*mongrel*/vira-lata" bastasse para servir de insulto ou calúnia. O vira-lata como xingamento.

A conclusão é severa, porém inevitável. O vira-lata é essencialmente o mestiço: os brasileiros "desrraçados" de qualquer cor ou "meus brasileiros lindamente misturados", no dizer de Mário de Andrade.[27] E o "complexo de vira-latas", ao isolar o vira-lata e elegê-lo como encarnação do que te-

---

26. *Dicionário Houaiss da língua portuguesa* (Rio de Janeiro, 2004), p. 2868; e *The concise Oxford dictionary* (Oxford, 2001), p. 919. Como relata Gilberto Freyre no prefácio citado na nota 22: ao ver os marujos brasileiros que desembarcavam em Nova York, "veio-me à lembrança a frase de um livro de viajante americano que acabara de ler sobre o Brasil: '*the fearfully mongrel aspect of most of the population*'".

27. Mário de Andrade, "Noturno de Belo Horizonte", em *Poesias completas* (São Paulo, 1974), p. 135; ver também Eduardo Jardim, *Eu sou trezentos* (Rio de Janeiro, 2015), p. 189.

mos de errado e dos nossos "defeitos", abriga em seu âmago um radioativo contrabando: pois ele implícita e (quero crer) inadvertidamente introjeta e endossa o preconceito do civilizado "louro e sardento" acerca da inferioridade dos miscigenados e a natural ascendência das raças definidas e culturas de alta estirpe sobre os vira-latas humanos. A depreciação do vira-lata inerente ao complexo que leva o nome dele carrega como premissa tácita o culto do ideal de pureza racial, beleza estética, virtude e racionalidade nos moldes definidos especialmente pela vertente anglo-americana da civilização cristã ocidental.

Ora, a premissa oculta do complexo rodriguiano entrega o jogo antes mesmo do início da partida. Que outros decidam nos avaliar e discriminar de acordo com o seu juízo e a sua métrica de avaliação é direito — e problema — deles. O ridículo e o absurdo não têm pátria. Mas, quando nós passamos a nos ver e medir segundo a métrica com que eles nos julgam e diminuem, o resultado só pode ser um: a vergonha de não ser como eles são e a vergonha de ser quem se é.

O vira-lata do complexo *se vê como ele é visto* (ou imagina sê-lo): atrasado, feio, mal-ajambrado, pé-rapado. "É triste ser vira-lata." Por isso o sentimento de inferioridade e a propensão ao autoflagelo.

Mas serão esses os critérios e as escalas aptos a definir o que eleva ou rebaixa o valor do humano na humanidade? Inferiores por quê? Inferiores em quê? Inferiores aos ares irritantes de civilizado "superior" e agressivo; à incapacidade de respeitar e genuinamente apreciar valores e formas de vida diferentes da sua; à sanha mercante que anima a pilhagem sistemática da natureza e o aniquilamento da fauna e da flora do planeta; à exacerbação sem limites da gana competitiva, do individualismo possessivo e de tudo que aí está a apodrecer a vida; à narcose digital que se espalha como praga pelo mundo e faz aumentar a solidão humana em proporção direta ao avanço dos meios de comunicação?

A história das civilizações é trocista. A arrogância dos impérios mal dissimula sua profunda insegurança e (por vezes) fatal fragilidade. O século XX não poderia ter sido mais rico em lições exemplares. Como observou Paul Valéry no fim da Primeira Guerra Mundial: "As grandes virtudes dos povos alemães suscitaram mais males do que a ociosidade jamais gerou vícios; pudemos testemunhar, com nossos próprios olhos, como o trabalho consciencioso, o mais sólido conhecimento e a mais séria disciplina e aplicação foram adaptados às mais atrozes finalidades"[28] — e isso, vale frisar, antes de Himmler, Josef Mengele e Auschwitz...

Quem, então, é superior — ou inferior — a quem? Seriam os eslavos e os latinos "povos anões" e "mera gentalha", como chegaram a retratá-los Marx e Engels, comparando-os depreciativamente aos "povos dominantes" e "progressistas" do Norte civilizado europeu?[29] Render-se ao ponto de vista alheio, introjetando-o, não é somente abdicar do ponto de vista próprio. É ver e avaliar os outros não como são, mas como fazem por ser vistos.

*

O Brasil vem tentando de tudo. Toda vez que aparece alguma potência emergente no mundo, tentamos nos repensar e refazer à sua imagem. Será a China no século XXI? Ou será que já não fomos longe demais nessa bizarra e infrutífera empreitada? Por que não fazer do Brasil o próprio Brasil?

A dimensão prático-material do desafio, é evidente, não pode ser subestimada. Ela impõe uma agenda ampla, diversificada e inadiável de políticas públicas, encabeçada pelo imperativo de uma educação básica da mais alta qualidade para todos os brasileiros e por uma arrojada e consistente política de redução da obscena desigualdade (social, racial e de gênero) que nos vexa e divide.

---

28. Paul Valéry, "The crisis of the mind", em *The outlook for inteligence* (trad. Denise Folliot e Jackson Matthews, Princeton, 1989), p. 24.

29. As referências a eslavos e latinos ocorrem em artigos publicados por Marx e Engels entre 1849 e 1852 no periódico *Die Neue Rheinische Zeitung*, editado por Marx; para uma revisão das passagens relevantes, além de referências ainda mais perturbadoras, em sua correspondência, ao "lixo étnico" dos "povos sem história", ver Diane Paul, "'In the interests of civilization': marxist views of race and culture in the nineteenth century", *Journal of the History of Ideas*, 42:1, 1981, pp. 115-38; e George Watson, *The lost literature of socialism* (Cambridge, 1998).

É simplesmente inaceitável — e motivo, aí sim, de justificada vergonha coletiva — que um enorme contingente de crianças e jovens aqui nascidos venha ao mundo em condições que tolhem de forma brutal a formação de talentos e capacidades essenciais para o exercício pleno da liberdade e a realização pessoal. Não existem saltos, truques ou atalhos. "Milagres", "encilhamentos", "bilhetes premiados" — o repertório é vasto — são como a embriaguez: breve euforia, amarga ressaca. Aprendemos?

O desafio, contudo, não termina aí. A vida das nações, assim como a dos indivíduos, transcorre em larga medida na imaginação. A maioridade de uma cultura se expressa na coragem e na tranquilidade de *ser o que se é.* O desafio é encontrar a concepção de vida que nos reflita e que nos permita alcançar a nossa medida maior de felicidade e realização pessoal e coletiva.

O Brasil é 200 milhões de coisas para os 200 milhões de pessoas que o habitam. Mas junto a cada uma delas, ouso crer, nem acima nem abaixo mas em companhia de todas elas, uma verdade singela se impõe: *o Brasil é vira--lata.* Não, é claro, no sentido do complexo que leva esse nome, mas no sentido que importa, ou seja, no reconhecimento da nossa natureza mestiça no corpo, na alma e no jeito de ser. Na penosa construção simbólica de nós mesmos, a tarefa maior é virar o "complexo de vira-latas" do avesso. Transformar em virtude libertadora o que foi antes estigmatizado como capital fraqueza. Recolher a nossa pseudomaldição e dar-lhe um sinal decididamente positivo.

Nada disso, vale frisar, implica negar a existência do racismo, mais ou menos velado, na vida brasileira. Afirmar a realidade da miscigenação não significa endossar o mito da harmonia ou democracia racial. Temos um árduo — e apenas embrionariamente começado — caminho na luta por uma sociedade em que as condições iniciais de vida (sociais, étnicas e de gênero) não tolham a formação de capacidades, a margem de escolha e a cidadania plena de um enorme contingente de brasileiros.

A discriminação racial, não menos que a miscigenação, é um fato objetivo da nossa realidade. Mas seria um terrível erro permitir que o uso mistificador da miscigenação como véu a encobrir e escamotear o racismo — as "ideologias da mestiçagem"[30] — nos levasse a perder de vista o que há de único, admirável e potencialmente valioso na condição vira-lata: no modo como, por caminhos tortuosos e não raro cruéis, os valores, atributos e sensibilidades de extração africana e ameríndia se fixaram no cerne do corpo e da alma brasileira. Aleijadinho, Machado de Assis e Pelé — nossos gênios universais — pertencem a esse time.

Nossa condição vira-lata é uma realidade genética atestada; como nenhuma outra população do mundo somos, na quase totalidade, afro-euro-ameríndio-descendentes.[31] Mas ela é, sobretudo, uma realidade existencial e cultural, como corretamente observou o modernista Oswald de Andrade ("somos campeões da miscigenação tanto da raça como da cultura"),[32] e como não deixou de notar Albert Camus em anotação feita no seu diário de viagem ao visitar o Brasil em 1949: "País em que as estações se confundem umas com as outras; onde a vegetação inextrincável torna-se disforme; onde os sangues se misturam a tal ponto que a alma perdeu seus limites".[33]

A pergunta decisiva é aquela proposta por Manuel Bandeira em poema dedicado à obra-prima de Gilberto Freyre: "Se nos brasis abunda jenipapo na bunda, se somos todos uns octoruns, que importa? É lá desgraça?".[34] Na deliciosa mistura do "jenipapo" tupi com a "bunda" quimbundo e o inglês "octoroon" (um oitavo negro por ascendência), a graça do que, graças a Deus, desgraça não é. A graça mestiça do que bênção há de ser.

---

30. Ver Antonio Risério, *A utopia brasileira e os movimentos negros*, op. cit., cap. 2 ("A mestiçagem em questão"), e "A velha miragem do 'racismo científico'", caderno Ilustríssima da *Folha de S.Paulo*, 17 de dezembro de 2017, p. 8.

31. Ver Ali Kamel, *Não somos racistas* (Rio de Janeiro, 2006), p. 46: "Considerando-se os brancos de todo o Brasil, [o geneticista Sérgio Pena descobriu] que 87% deles têm ao menos 10% de ancestralidade africana. Nos EUA, esse número cai para 11%. Ou seja, no Brasil, há brancos com ancestralidade preponderante africana e negros com ancestralidade preponderante europeia. Somos, graças a Deus, uma mistura total".

32. Oswald de Andrade, "A marcha das utopias", em *A utopia antropofágica* (ed. Benedito Nunes, São Paulo, 2011), p. 228.

33. Albert Camus, *Diário de viagem* (trad. Valerie Rumjanek, Rio de Janeiro, 2017), p. 108.

34. Manuel Bandeira, "Casa-grande & senzala", em *Estrela da vida inteira* (Rio de Janeiro, 1974), p. 335.

Todas as ações humanas remontam a saberes e valorações mais ou menos articulados na consciência de quem age. Complexo à parte, o vira-lata encarna uma *forma de vida*: uma constelação de valores e uma concepção de felicidade. A revaloração da condição vira-lata não implica uma idealização ingênua do que ela representa: escolhas têm custos, opções acarretam perdas, e nenhuma cultura ou forma de vida é capaz de satisfazer de modo simultâneo a totalidade contraditória dos desejos e anseios humanos.

A proteção do meio ambiente, por exemplo, não raro conflita com o afã de crescimento do PIB. O estilo de vida mediterrâneo, com suas festas e *siestas*, não se coaduna com o foco em produtividade que sustenta o padrão de renda e consumo germânicos. No conto "O empréstimo", Machado de Assis retrata um personagem "com a vocação da riqueza, mas sem a vocação do trabalho"; com ares de "pedinte e general" ele balança e tropeça pela vida de mordida em mordida.[35] A inconsistência entre os desejos crescentes de consumo, de um lado, e estilos de vida e trabalho incapazes de gerar a renda apta a saciá-los, de outro, reflete um velho dilema e impasse brasileiro. Repetidamente, temos nos portado como um país com a vocação do crescimento, olhos compridos no "mundo rico", mas sem a vocação da poupança.

A revaloração da condição vira-lata não implica a negação dos problemas e elementos conflitantes da alma brasileira, mas a conquista da nossa própria métrica de valor e ponto de vista sobre nós mesmos. A virada vira-lata é a convicção de que o Brasil não deve se imaginar, sob a ótica alheia, como um caso de desenvolvimento truncado ou fracasso imitativo do "mundo rico", como há séculos temos teimado em fazer. Mas que, ao contrário, é hora de nos reconhecermos e assumirmos no que somos e precisamos cada vez mais nos fazer: a vivência e a afirmação de uma opção cultural. E se ousássemos algum dia nos revelar a nós mesmos como um país que, não obstante tantos erros e tropeços, "pelo torto fez direito"?

*

35. Machado de Assis, "O empréstimo", em *Contos: uma antologia* (ed. John Gledson, São Paulo, 1998), v. 1, pp. 382-90.

O ELOGIO DO VIRA-LATA

A forma de vida vira-lata expressa no plano ético-espiritual a peculiar fusão do vetor europeu ibero-imigrante com a milionária contribuição afro--ameríndia. Tanto no mundo da produção e trabalho como na esfera das relações interpessoais e erótico-afetivas — as duas áreas por excelência da normatividade civilizada —, o éthos vira-lata representa uma bem-vinda alternativa (ou, ao menos, um necessário corretivo) ao modelo ocidental puro--sangue. A partir de que ponto os custos e o mal-estar do processo civilizatório superam o proveito dos seus duvidosos benefícios?

O tecnoconsumismo ocidental promoveu uma aceleração do trabalho e da cobiça por riqueza como jamais o mundo conheceu. E tudo em nome do quê? As preocupações e a ansiedade de ordem econômica — agora agravadas pela ameaça de catástrofe ambiental — só fazem crescer. Como parafuso espanado, o acúmulo furioso dos meios de vida não libertou o "mundo rico" para vidas mais plenas e dignas de ser vividas, mas enredou-o em perpétua e sempre renovada corrida armamentista do consumo. Felicidade que é bom, cadê?

O culto calvinista do trabalho e a idolatria do "sucesso", sobretudo na variante anglo-americana do mundo moderno, são peças capitais desse quadro. "Entre as coisas desta vida", pregou Calvino, "o trabalho é o que mais assemelha o homem a Deus."[36] Daí que, como dirá mais tarde John Stuart Mill, "a maioria dos ingleses e americanos não possui vida alguma fora do seu trabalho; apenas isso os separa de uma sensação de *ennui*".[37] Mas, se o tempo se incumbiu de raspar o verniz teológico desse sentimento, nem por isso ele perdeu a antiga força. O hedonismo angustiado, como ímpeto de fuga de uma realidade opressiva, e o erotismo reduzido a uma técnica desprovida de arte e paixão são apenas a outra face dessa mesma moeda. O puritano ateu.

O vira-lata não se define pela profissão que exerce ou pelo êxito alcançado na arena competitiva do mercado. Entre os valores caros à sua forma de

---

36. Calvino, apud R.H. Tawney, *Religion and the rise of capitalism* (Harmondsworth, 1938), p. 114.

37. John Stuart Mill, *Principles of political economy*, em *Collected works* (ed. J.M. Robson, Toronto, 2006), v. 2, p. 104; sobre o contexto da citação (suprimida em edições posteriores dos *Principles*) e seu lugar no pensamento milliano, ver Eduardo Giannetti, *Vícios privados, benefícios públicos?* (São Paulo, 2007), pp. 182-5.

vida, seguramente não figura a dedicação ao trabalho nos moldes da indômita industriosidade americana ou da operosa disciplina da formiga chinesa. A falta de planejamento e a imprevidência em relação ao futuro, um tanto na linha do conselho do evangelista Mateus — "Portanto, não se preocupem com o amanhã, pois o amanhã trará as suas próprias preocupações; basta a cada dia o seu próprio mal" (6,34) —, pertencem ao mesmo éthos. O preço dessa recusa à moral fundada no culto do trabalho e na preocupação constante com o amanhã não raro se manifesta numa vida de expedientes e periclitâncias. O vira-lata tende a viver, displicente, um dia de cada vez, como no pensamento mágico de "o acaso vai me proteger enquanto eu andar distraído".[38]

Preguiça? Definitivamente não. A relativa falta de gosto pela rotina do batente — o trabalho metódico e disciplinado em troca de algum troco — não reflete uma deficiência de ânimo vital; sua causa é um gosto definido pela independência e uma forte predileção por atividades que engajem o todo da personalidade, especialmente o lado afetivo. Exemplo disso, entre tantos, é o caso do negociante vindo da Filadélfia que se queixava de que, para ganhar um freguês, manter um empregado ou fechar um negócio no Brasil, era preciso primeiro fazer da contraparte um amigo;[39] o fiasco amazônico da Fordlândia e o desastre desumano das missões jesuíticas no Sul do Brasil ilustram o mesmo fato.

A natural aversão vira-lata ao *suor bíblico* (a maldição do trabalho imposta à prole do primeiro casal após a expulsão do paraíso) tem como contrapartida sua imbatível energia e disposição para o *suor dionisíaco*: a exuberante vitalidade com que se entrega à fruição e à folia na dança, na festa, no batuque, no campo de várzea e na areia da praia, no surfe e na capoeira, na roda de

---

38. Verso da canção "Epitáfio" de Sérgio Britto/Titãs.

39. Ver Sérgio Buarque de Holanda, *Raízes do Brasil* (Rio de Janeiro, 1976), p. 96 e p. 109. Sobre o gosto pela independência, já o rei de Portugal, d. João v, se queixava em carta de 18 de março de 1726: "é incrível a repugnancia que tem os filhos do Brasil a ocupação e exercício de soldados, sem nenhua outra cousa mais que adeverem quartada a grande liberdade com que vivem" (apud Stuart B. Schwartz, "'Gente da terra braziliense da nasção'", em *Viagem incompleta: a experiência brasileira*, op. cit., p. 118).

samba, no arraial junino, no baile funk, no forró, na rave, na gafieira, no bloco carnavalesco.

O refrão de "Cachorro vira-lata" (samba de Alberto Ribeiro gravado por Carmen Miranda em 1937) celebra o gosto pela independência e a disponibilidade para a fruição do momento fugaz — *carpe diem* — dos brasileiros cor de ocre e azeviche: "Eu gosto muito de cachorro vagabundo que anda sozinho no mundo sem coleira e sem patrão; gosto de cachorro de sarjeta que quando escuta a corneta sai atrás do batalhão". Se, à moda das antigas famílias aristocráticas, alguém achasse por bem criar um brasão para a nobreza vira-lata, o dístico *sem coleira e sem patrão* seria sem dúvida um mote perfeito.

Toda forma de vida implica valorações, e a cada uma delas correspondem ganhos e perdas específicos ou *trade-offs*. Ao passo que o *Homo faber* anglo--americano, adepto do comportamento otimizador em tudo, sacrifica em boa medida a dimensão lúdica, sensorial e erótico-afetiva da existência em prol dos valores da máxima produtividade, competência, engenhosidade e sucesso na arena competitiva do mercado, o *Homo ludens* mestiço-tropical, afeito à espontaneidade dos afetos e impulsos, sacrifica em boa medida a dimensão financeira, prudencial e calculista da vida em prol dos valores da alegria, do congraçamento, da sensualidade e do espírito brincalhão. Daí que o projeto utópico do *Homo faber* tenha um caráter eminentemente tecnocientífico, ao passo que a utopia do *Homo ludens* seja de teor essencialmente lúdico-afetivo, como em Pindorama, Pasárgada ou Maracangalha.

Não se trata, é claro, de ir para o tudo ou nada. O *Homo faber* e o *Homo ludens* são abstrações. Nenhum grupo humano ou pessoa é *um* ou *outro* de modo absoluto ou em tempo integral. De Henry Ford a Garrincha e de Shylock a Macunaíma somos todos, em graus variáveis, combinações de ambos. Trata-se, portanto, de encará-los não como realidades excludentes, mas como uma questão de peso relativo, ou seja: dominância definidora da tônica do viver. E não é preciso ir longe para ver isso.

A tensão entre essas duas formas de vida pulsa no todo complexo e heterogêneo que é o Brasil: enquanto o Sul, com forte presença de imigração europeia, tende a encarnar os valores do *Homo faber*, o Norte e o Nordeste, beneficiários do rico legado afro-ameríndio, expressam a cultura do *Homo ludens*. O desafio não é a opção entre um e outro, mas a integração harmoniosa da nossa incomparável diversidade: a eficiência catarinense e a exuberância baiana; o progressismo paulista e a irreverência carioca; o brio gaúcho e a delicadeza mineira; a bravura pernambucana e a prodigalidade amazônica. Anacronismo-promessa, o Brasil é um mundo inteiro a sós.

O equívoco é supor que uma dessas formas de vida — *Homo faber* e *Homo ludens* — seja superior à outra, ou mais racional ou mais ética que a outra. Ou ainda, o que é pior, acreditar que na autoestrada do progresso as leis inexoráveis da evolução fatalmente conduzem à supremacia de uma enquanto a outra se vê condenada à lata de lixo da história.

É própria das culturas com vocação imperial a crença de que aquilo que são é também o que todo o mundo não só deveria ser mas sonha — embora, por alguma falha ou deficiência, não consiga — alcançar. A introjeção dessa perspectiva por uma cultura que se abandona e abdica da afirmação dos valores de que é portadora está na raiz da má consciência implícita na ideia do "complexo de vira-latas". O fato, porém, é que, por mais que o vira-lata sonhe, quando está por baixo, em ser outro, o estrangeiro presunçoso e bambambã, ele ao mesmo tempo resiste surdamente a abrir mão da forma de vida que o distingue e o faz quem é.

O Brasil, felizmente, não tem vocação imperial. Ele não almeja que o mundo se curve a ele, mas ele também não pode nem deve se autodepreciar a ponto de curvar-se diante do que quer que seja no mundo. *Objetos demais, alegria de menos*: é o que nos oferece a maré montante do tecnoconsumismo ocidental. Mas nenhum smartphone ou aplicativo de última geração será capaz de produzir aquilo de que precisamente cada vez mais carecemos na era da hiperconectividade: o genuíno contato e calor humanos. E nisso, justamente, está o que de melhor nosso éthos vira-lata tem a oferecer à humanidade e a nós mesmos.

Ao vira-lata repugna o culto da pureza em suas múltiplas manifestações: a raça pura; a lógica pura; a razão pura; a vontade pura (no sentido de um senso de dever categórico desligado de qualquer inclinação ou motivação pessoal de quem age, como no "lenho reto" da ética kantiana). Ao vira-lata repugna a noção de que o índice de valor de uma pessoa se define pela competência para ganhar dinheiro, pela astúcia em galgar postos de poder ou pela intransigente adesão a um credo de qualquer natureza.

O vira-lata celebra os valores da amizade, do convívio e da amabilidade sem cálculo; a disponibilidade para desfrutar intensamente o momento; o prazer de sorrir e saudar a todos que com ela ou ele casualmente cruzam nas ruas; a eterna disposição de festejar e brincar, por mais tênue que seja (ou não) o pretexto; o doce sentimento da existência nos climas e ecopsicologias onde o mero existir é um prazer; a experimentação inovadora na arte da vida. Amor sem coleira, trabalho sem patrão. Para o vira-lata, "a alegria é a prova dos nove".[40]

Pensar mal amiúde significa tornar mau. "As grandes épocas de nossa vida", observa Nietzsche, "são aquelas em que temos a coragem de rebatizar nosso lado mau de nosso lado melhor."[41] Em meio à precariedade das condições de vida para a maioria e do emaranhado político e institucional da nossa capenga República, o vira-lata mantém viva a chama de uma essencial virtude: *o dom da vida como celebração imotivada*. No dia em que nós, brasileiros, tivermos orgulho de ser vira-latas, aí sim, e de uma vez por todas, deixaremos para trás o "complexo de vira-latas" e poderemos correr enfim para o beijo e o abraço.

---

40. Oswald de Andrade, "Manifesto antropofágico", em *A utopia antropofágica* (ed. Benedito Nunes, São Paulo, 2011), p. 73.
41. Friedrich Nietzsche, *Além do bem e do mal: prelúdio a uma filosofia do futuro* (trad. Paulo César de Souza, São Paulo, 1996), §116, p. 75.

2. O paradoxo do brasileiro

I[1]

Um paradoxo é uma provocação à lógica. Considere, por exemplo, a afirmação: "Eu estou mentindo". Se ela for falsa, isso quer dizer que eu não estou mentindo, o que contradiz a afirmação feita. Mas, se ela for verdadeira, então a afirmação será falsa — ao dizer que estava mentindo, eu disse a verdade e, logo, não estava mentindo. A afirmação é verdadeira se for falsa e falsa se for verdadeira! Quero confessar mas não posso. O que eu digo se encarrega de negar por si mesmo o que eu disse. O "paradoxo do mentiroso" é um beco sem saída lógico.

O paradoxo do brasileiro define uma impossibilidade lógica. De um lado está o nosso descontentamento e angústia, a nossa indignação e revolta generalizadas com a situação do país. Leio os artigos de opinião na imprensa, ouço as entrevistas no rádio e na TV, acompanho como posso o debate público, paro e atento para o que se diz nas ruas, bares, ônibus e escritórios da cidade. Ninguém escapa. Por mais que procure, por mais que pergunte a quem conheço e a mim mesmo, não consigo encontrar um único brasileiro que não clame

---

1. Artigo originalmente publicado na *Folha de S.Paulo* em 8 de agosto de 1993 com o título "O paradoxo do brasileiro". Uma versão ampliada do texto aparece no prefácio de *Vícios privados, benefícios públicos? A ética na riqueza das nações* (São Paulo, 1993).

por mais ética e justiça, que não proteste contra o desperdício, a desigualdade e a ineficiência da nossa economia de cassino.

De Sarney a Roberto Campos, de Geisel a Wladimir Palmeira, de Pelé a Caetano Veloso, da Xuxa ao Betinho, do banqueiro ao engraxate — quem não está sinceramente revoltado e apreensivo com o que se passa hoje em dia no Brasil? Quem não está profundamente desapontado com o rumo que as coisas tomaram em nosso país?

Até aí tudo bem. Não precisamos perder tempo e papel para saber que há razões de sobra para ficarmos angustiados e indignados com a situação do país. O paradoxo (no qual obviamente me incluo) é o que vem depois. Vire a página. Compare, por exemplo, o que se escreve dia após dia nas páginas de opinião dos nossos jornais — como tem gente boa no Brasil! — com o teor do noticiário político, burlesco e criminal das páginas seguintes. O fosso agride. O fato é que existe uma inconsistência gritante — um hiato vertiginoso — entre o sentimento e o protesto generalizado de todos e de cada um de nós, de um lado, e aquilo que somos em nossa vida coletiva de outro.

O paradoxo do brasileiro é o seguinte. Cada um de nós isoladamente tem o sentimento e a crença sincera de estar muito acima de tudo isso que aí está. Ninguém aceita, ninguém aguenta mais: nenhum de nós pactua com o mar de lama, o deboche e a vergonha da nossa vida pública e comunitária. O problema é que, ao mesmo tempo, o resultado final de todos nós juntos é precisamente tudo isso que aí está! A autoimagem de cada uma das partes — a ideia que cada brasileiro gosta de nutrir de si mesmo — não bate com a realidade do todo melancólico e exasperador chamado Brasil.

Aos seus próprios olhos, cada indivíduo é bom, é progressista e até gostaria de poder dar um jeito no país. Mas, enquanto clamamos pela conquista da justiça e da eficiência, enquanto sonhamos, cada um em sua ilha, cargo público, cátedra, empresa, sindicato ou artigo de opinião, com um lugar no Primeiro Mundo, vamos tropeçando coletivamente, como sonâmbulos embriagados, rumo ao Haiti. Do jeito que a coisa vai, em breve a sociedade brasileira estará reduzida a apenas duas classes fundamentais: a dos que não comem e a dos que não dormem. O todo é menor que a soma das partes. O brasileiro é sempre o outro, não eu.

ENREDOS BRASILEIROS

Esse traço da psicologia social brasileira tem longa e variada história. Sua presença, no entanto, não é uniforme ao longo do tempo. A distância entre o que cada um gosta de imaginar que é, de um lado, e aquilo que somos concretamente como nação (ou ajuntamento), de outro, parece tornar-se maior e mais patente em determinadas ocasiões.

Há momentos em que o paradoxo do brasileiro desaparece de cena para dar lugar ao narcisismo do "país tropical abençoado por Deus e bonito por natureza". De outro modo, isto é, quanto mais a realidade coletiva fede e ofende a nossa sensibilidade e autoestima, maior tende a ser a nossa propensão a viver sob a égide do paradoxo descrito. Os exemplos concretos disso são tantos que fica difícil escolher. Premido pelo espaço disponível, limito-me ao registro de dois depoimentos reveladores.

O primeiro vem de uma crônica-desabafo de Nelson Rodrigues sobre a autoimagem cultivada pela intelectualidade brasileira durante a orgia de populismo festivo e inconsequente que culminou no golpe de 1964:

> O Brasil atravessa um instante muito divertido de sua história. Hoje em dia [1961], chamar um brasileiro de reacionário é pior do que xingar a mãe. Não há mais direita nem centro: — só há esquerda neste país. Insisto: — o brasileiro só é direitista entre quatro paredes e de luz apagada. Cá fora, porém, está sempre disposto a beber o sangue da burguesia. Pois bem. Ao contrário de 70 milhões de patrícios, eu me sinto capaz de trepar numa mesa e anunciar gloriosamente: — "Sou o único reacionário do Brasil!". É o que sou, amigos, é o que sou. Por toda parte, olham-me, apalpam-me, farejam-me como uma exceção vergonhosa. Meus colegas são todos, e ferozmente, revolucionários sanguinolentos.

O resto dessa história é conhecido. O golpe veio, o presidente fugiu, o Congresso Nacional engoliu, o general assumiu e nenhuma gota do tal sangue revolucionário viu a luz do dia. Como em outros episódios da nossa tumultuada história política, a ruptura da democracia foi feita em nome dos ideais democráticos.

O segundo depoimento foi dado por ninguém menos que o biólogo inglês Charles Darwin, por ocasião de sua passagem pelo Brasil na célebre viagem a bordo do *Beagle*. Darwin, que era um abolicionista fervoroso, fez diversas anotações em seu diário sobre a maneira como eram tratados os escravos brasileiros:

> Perto do Rio de Janeiro fiquei hospedado próximo à casa de uma velha senhora que mantinha parafusos para esmagar os dedos de suas escravas. Morei numa casa onde um jovem escravo doméstico era, diariamente e de hora em hora, xingado, surrado e perseguido de um modo que seria suficiente para quebrar o espírito de qualquer animal. Vi um menino pequeno, de seis ou sete anos de idade, ser açoitado três ou quatro vezes na cabeça nua (antes que eu pudesse interferir) com um chicote de cavalo, por ter me servido um copo d'água que não estava muito limpo. E estas ações foram feitas e remediadas por homens que professam amar o próximo como a si mesmos, que creem em Deus e rezam para que a Sua Vontade seja feita sobre a Terra!

Embora todos se pronunciassem veementemente contra, e jamais tenha havido uma defesa pública e aberta da escravidão no Brasil (como ocorrera, aliás, no Sul dos Estados Unidos), fomos o último país do mundo ocidental, ao lado de Cuba, a aboli-la. É como a má distribuição de renda, a impunidade e a deterioração do ensino básico hoje em dia. Unanimidades nacionais. Ferocidade verbal e sentimentos generosos temos de sobra. Mas a realidade, singelo detalhe, segue o seu curso no contrafluxo de tudo isso.

As motivações passam, os padrões de conduta permanecem. O que disse Thomas Carlyle sobre os ingleses vitorianos — "De todas as nações no mundo atualmente, os ingleses são os mais obtusos no discurso e os mais sábios na ação" —, podemos dizer dos brasileiros, invertendo os sinais. Somos bons de conversa (governar é conversar!), beiramos a genialidade na racionalização engenhosa dos nossos erros e fraquezas, mas somos desleixados no agir e ineptos no executar. Uma alquimia perversa transforma a fina porcelana dos nossos sentimentos, crenças, promessas e exortações no barro tosco das nossas ações desastradas e resultados medíocres.

Como explicar o paradoxo do brasileiro? Como entender essa sensação íntima de superioridade de cada um de nós separadamente diante do coletivo, e o fato de que todos nós juntos estamos tão aquém da somatória das nossas autoimagens individuais?

A explicação básica, caro leitor, não é a hipocrisia. O desejo de pensar bem de si próprio — de se ter em boa conta — é uma das mais poderosas forças da psicologia humana. Ninguém suporta conviver com uma imagem negativa de si mesmo por muito tempo. Como já alertava Sófocles, "é doce manter os nossos pensamentos longe daquilo que fere". Nosso verdadeiro problema, ouso crer, é o autoengano. Se fôssemos capazes, cada um de nós, de olhar para nós mesmos como os outros nos veem, descobriríamos que o Brasil nos habita e teríamos mais humildade no agir: descobriríamos que *os outros somos nós*. "A mentira mais frequente", alerta Nietzsche, "é aquela que contamos para nós mesmos — mentir para os outros é a exceção."

II[2]

Que imagens alimentam os brasileiros sobre si mesmos? Uma pesquisa realizada pelo Datafolha no final de 1996 traz resultados intrigantes. Apesar de viver e ganhar a vida em condições objetivas precárias, a grande maioria dos brasileiros declara-se feliz e amplamente satisfeita com a vida que leva. Ao contemplar a sua própria existência, embora não a condição alheia, a autoimagem do brasileiro representa o triunfo da subjetividade.

O que contribui mais para a felicidade humana, o real ou o imaginário? O estômago e a posse de bens externos? Ou a fantasia e o temperamento? A pergunta em si é tão antiga quanto a reflexão ética. O que as respostas colhidas pela pesquisa deixam claro é que a felicidade, no caso brasileiro, tem muito mais a ver com a imaginação e o modo de encarar as coisas do que com a renda monetária e as condições materiais de vida.

Do total de 2698 adultos entrevistados na pesquisa, 75% tinham renda

---

2. Artigo publicado no caderno Mais da *Folha de S.Paulo* em 25 de maio de 1997 com o título "O triunfo da subjetividade".

familiar inferior a 1120 reais mensais e 63% não foram além do primeiro grau na escola. A baixa renda e a parca escolaridade, muitos poderiam supor, seriam motivos de sobra para tornar os brasileiros um povo revoltado, soturno e lamentoso. Nada disso. Só 3% da amostra se declara infeliz com a sua vida como um todo. A grande maioria dos entrevistados, não importando o nível de renda e o grau de escolaridade, está feliz com a vida que tem.

As dimensões da felicidade brasileira são múltiplas. Da população economicamente ativa, 65% consideram-se satisfeitos com o trabalho que exercem e 70% estão pelo menos parcialmente felizes com o salário que recebem. A falta de tempo não incomoda: 69% afirmam tê-lo de sobra para fazer tudo que gostam e 78% dormem à saciedade toda noite. Entre os casados e amigados, 76% sentem-se felizes no relacionamento. O componente narcísico também comparece. Enquanto 81% dos brasileiros se ufanam de sua nacionalidade, nada menos que 70% estão inteiramente felizes com sua aparência física. Vale aqui, ao que parece, a deliciosa definição proposta pelo poeta carioca Antonio Cicero: "Felicidade é esse acaso que te faz o que és".

A observação de que a felicidade mora mais na imaginação das pessoas do que em variáveis como renda e consumo, é bom que se diga, de forma alguma surpreenderia Adam Smith, o pai da moderna teoria econômica. Ao analisar as crenças ilusórias que movem os humanos na busca da riqueza, Smith concluiu: "Naquilo que constitui a verdadeira felicidade da vida humana, os pobres em nada se encontram numa situação inferior à daqueles que pareceriam estar tão acima deles". A felicidade é bem melhor distribuída no mundo do que a riqueza e o poder. Como alertava Dorival Caymmi, "pobre de quem acredita na glória e no dinheiro para ser feliz".

Mas o ponto que mais chama atenção na pesquisa do Datafolha é o conflito entre as representações individuais e coletivas dos brasileiros. Se 65% dos entrevistados se sentem felizes consigo mesmos, apenas 23% desses mesmos cidadãos acreditam que os *brasileiros em geral* são felizes.

A imagem que temos de nós mesmos, cada um por si, não bate com aquela que temos de nós mesmos como coletividade. A somatória das autoimagens das partes não é consistente com a imagem que as partes têm do conjunto que integram. O todo é menor que a soma das partes. É como se cada um encontrasse nos outros, mas não em si próprio, os mesmos traços que os demais encontram nele.

Como entender o fato de que a ampla maioria dos brasileiros se julga pessoalmente feliz, quando olha para si, mas ao mesmo tempo acredita que a maior parte do nosso povo não é lá tão feliz, quando olha ao redor de si? Até que ponto é possível conciliar essas duas percepções conflitantes? Eis algumas possibilidades de lidar com o aparente paradoxo.

A primeira saída seria questionar a validade da imagem que cada um gosta de alimentar de si mesmo. Ninguém é bom juiz em causa própria: ninguém pode dizer que sabe o que verdadeiramente sente. Por mais infeliz que alguém seja aos olhos dos outros, o indivíduo se defende como pode da dor de admitir perante si mesmo a própria infelicidade. Fazer isso seria baixar a guarda, entregar os pontos e render-se ao naufrágio de uma vida sem esperança. Ter fé na própria felicidade é uma crença da qual poucos podem se dar ao luxo de abrir mão. Reconhecer-se infeliz seria como olhar nos olhos da nossa própria morte — uma atitude mórbida e dificilmente suportável.

Outra alternativa seria aceitar o que cada um declara de si mas não o que diz sobre os demais. Só a própria pessoa tem a chance de se conhecer por dentro: de privar da sua vida subjetiva e de sonhar os sonhos que sonha. Cada ser humano vê a felicidade à sua maneira. Como esperar, portanto, que saiba o que se passa na vivência interna dos outros ou possa julgar se são felizes? A mesma Xuxa, por exemplo, foi apontada na pesquisa não só como a pessoa *mais feliz*, mas também como a *mais infeliz* do Brasil — uma prova da página em branco que é o outro aos olhos de cada um. A segunda saída do paradoxo, portanto, seria ficar com a autoimagem da nossa própria felicidade, cada um sabe de si, e descartar as imagens da infelicidade alheia.

Finalmente, a terceira hipótese combina elementos das duas primeiras. Pode ser que os entrevistados estejam usando critérios distintos nos juízos que emitem. Ao falar de si, eles privilegiam a perspectiva *interna* e declaram o seu bem-estar subjetivo. Ao falar dos demais, contudo, eles naturalmente adotam o ponto de vista *externo* e privilegiam as condições objetivas em que vive a maioria: a precariedade da vida vista de fora — renda, emprego, segurança, saúde, educação, transporte, moradia — domina a avaliação. O aparente paradoxo se dissolve na constatação de que usam métricas distintas ao falar de si e dos demais: dois pesos, duas medidas.

O filósofo Bertrand Russell relata a ocasião em que foi convidado a visitar um bairro mexicano em Los Angeles. Seus cicerones americanos, ele conta, "referiam-se aos mexicanos como vagabundos ociosos, mas, para mim, eles pareciam estar usufruindo mais de tudo aquilo que torna a vida uma dádiva, e não uma maldição, do que faziam os meus anfitriões laboriosos e cheios de ansiedade". Quando ele tentou, porém, transmitir isso aos americanos, eles o olharam com total estranheza e incompreensão.

A impressão que tenho é que nós, brasileiros, temos um pé em cada mundo. Ao observarmos *de fora* os que estão à nossa volta, tendemos a levar mais em conta os fatores objetivos e a precariedade da vida material. Aproximamo-nos, desse modo, da atitude dos guias americanos do filósofo diante dos pobres e acomodados mexicanos — é claro que não podem estar felizes na condição em que vivem.

Mas, quando se trata da autoestima e da vida de cada um, a perspectiva é outra. O ponto de vista subjetivo é soberano. Ao avaliarmos *de dentro* a nossa vivência pessoal e modo de estar no mundo, nós nos sentimos felizes — sincera e naturalmente satisfeitos com a vida que temos, apesar de tudo, e com o fato de sermos quem somos, tal como os mexicanos retratados por Russell. Infelizes, dizemos, são os outros, não eu. Aos olhos deles, contudo, os outros somos nós.

III[3]

Você diria que pode confiar na maioria das pessoas? A pergunta foi feita a cerca de 18 mil cidadãos residentes em dezessete países latino-americanos, no início do ano 2000, em pesquisa coordenada pelo Latinobarômetro, uma

---

3. Artigo publicado no caderno Eu & Fim de Semana do jornal *Valor* em 26 de maio de 2000 com o título "A erosão da confiança interpessoal".

fundação de pesquisa com sede em Santiago do Chile. O resultado agride, mas não surpreende: apenas 16% dos consultados afirmaram confiar nos seus conterrâneos. O índice registra uma queda de quatro pontos percentuais em relação a 1996 e contrasta vivamente com o encontrado em países como EUA (50%) ou Suécia (68%). No Brasil, rabeira do continente, a taxa de confiança ficou em míseros 4%.

Números como esses dão o que pensar. A primeira ideia que me ocorre é uma conjectura. Pesquisas de opinião realizadas no Brasil têm revelado um padrão intrigante. Quando se indaga de cada cidadão, por exemplo, se ele se considera racista, a ampla maioria responde negativamente. Mas, quando se pergunta às mesmas pessoas se há racismo no Brasil, o resultado é exatamente o oposto: a opinião largamente majoritária é a de que existe, sim, boa dose de preconceito racial entre nós.

O mesmo acontece com a felicidade. Uma pesquisa feita pelo Datafolha há alguns anos mostrou que a imagem que alimentamos de nós mesmos, cada um por si, não bate com aquela que temos de nós mesmos como coletividade. Enquanto 65% dos brasileiros de todas as idades, origens e condições sociais se declaram felizes com a vida que têm, apenas 23% desses mesmos indivíduos acreditam que os brasileiros em geral são felizes. A somatória das autoimagens das partes, cada qual refletindo sobre si, não é consistente com a imagem que as partes têm do conjunto a que pertencem. O todo é menor que a soma das partes.

Pois bem. Voltemos à questão da confiança interpessoal. Imagine a seguinte possibilidade. O que seria plausível esperar se os termos da pergunta original fossem invertidos? Os outros podem confiar em você? Que respostas obteríamos caso a pesquisa não se limitasse a inquirir sobre a confiança de cada cidadão na maioria das pessoas mas também perguntasse a ele: *você se considera uma pessoa na qual os demais podem confiar?*

O resultado, creio, se encaixaria como uma luva no padrão observado nas pesquisas sobre racismo e felicidade. Ele revelaria a extensão do fosso que separa a visão sincera que cada um de nós tem de si, de um lado, e a percepção externa que os demais têm dele, de outro. Vou mais longe. Suspeito, inclusive, que passaríamos da lanterna ao topo da lista. Alguém ficaria surpreso se uma

O PARADOXO DO BRASILEIRO

proporção maior de brasileiros que de suecos se declarasse merecedora da confiança alheia? E tudo, como de costume, com a maior inocência e boa-fé deste mundo...

O fenômeno, é certo, está longe de ser um traço exclusivamente brasileiro. Nove entre dez motoristas americanos, para ficarmos num único exemplo, creem dirigir melhor que a média. O que eu me pergunto, porém, é se existe alguma outra nação no mundo hoje em dia na qual esse tipo de dissociação entre autorrepresentações individuais e coletivas — "cada um de nós descobre nos outros as mesmas falhas que os outros descobrem em nós", no dizer de La Rochefoucauld — seja vivido de forma tão intensa.

O filósofo jansenista francês Blaise Pascal sugeriu certa feita que só existem dois tipos de homem no mundo: "os íntegros que se creem pecadores e os pecadores que se creem íntegros". Não é preciso aceitar o exagero rigorista dessa dicotomia — é razoável supor que boa parte das pessoas não se encaixa inteiramente em nenhum dos polos — para intuir de que lado está o viés dominante da nossa psicologia moral.

A própria crença de 96% dos brasileiros de que não se pode confiar na maioria das pessoas já revela, de modo sutil, o nosso sentimento quase unânime de superioridade moral, cada um por si, em face de tudo que aí está. Olhos de lince no olhar afora, ponto cego no olhar adentro. Parafraseando Sartre: o brasileiro é o outro, não eu.

Como entender o fenômeno da baixa confiabilidade da maioria de nós aos olhos de cada um? As explicações possíveis são muitas, as certezas poucas. O que se pode esperar de qualquer pessoa — e a confiança interpessoal é, no fundo, a expectativa que se tem em relação ao modo como agirão os demais — vai depender do seu caráter (psicologia moral) e das circunstâncias com que ela se depara (incentivos). O difícil é identificar o que determina as variações desses dois elementos e como eles interagem em situações concretas.

Que o efeito-demonstração do mau exemplo vindo de cima seja parte da resposta, ninguém em sã consciência poderia negar. A vertiginosa multiplicação de escândalos na vida pública, sempre um banquete de mil talheres servido diariamente pela mídia, a inoperância do nosso sistema judiciário-penal e a flagrante impunidade dos corruptos são fatores de primeira ordem na erosão da confiança interpessoal na base da sociedade.

Quando as denúncias proliferam e nada acontece, os padrões de conduta não ficam imunes. Como observou certa vez um primeiro-ministro da Índia, Jawaharlal Nehru, "as pessoas passam a sentir que vivem num clima de corrupção e se tornam elas próprias corruptas; o homem comum confabula em silêncio consigo: 'Bem, se todos são corruptos, então por que não deveria eu também ser corrupto?'". O similar nacional do mote é conhecido: "Ou restaura-se a moralidade ou nos locupletamos todos". E, como a primeira parte da disjuntiva tarda, a segunda não perde tempo.

O problema com essa hipótese é que, embora plausível, ela certamente está longe de esgotar o assunto. Seria cômodo imaginar que tudo se resume ao efeito-demonstração de políticos corruptos e elites desavergonhadas. Bastaria substituir os políticos e punir exemplarmente os tubarões, vampiros e hienas da nossa selva econômica para que tudo se resolvesse de uma vez por todas. Não seria exagero dizer que diversos atos de força e rupturas institucionais na história política da América Latina partiram justamente dessa promessa. "Quando a moral decai", observa Nietzsche nas pegadas de Hobbes, "surgem aqueles a quem denominamos tiranos."

Infelizmente, não é tão simples. Se golpes, arroubos e gestos voluntaristas de restauração da moralidade pública resolvessem o problema, a América Latina já teria se livrado dele há tempos. O efeito-demonstração existe, e tudo aquilo que se puder fazer, dentro da ordem constitucional, para eliminá-lo merece aplauso. A inoperância da Justiça, em especial, é intolerável — ela desfigura de forma grotesca o funcionamento da democracia e do sistema de mercado como regras de convivência civilizada.

A ilusão, creio, é supor que os nossos políticos e a chamada "elite" sejam afinal de contas tão diferentes do resto da sociedade quanto gostaríamos de imaginar que fossem. O mau exemplo vindo de cima não é menos sintoma que causa. A raiz do problema, penso, vai mais longe.

A hipótese que me parece mais adequada é a de que estamos presos a um jogo perverso. A pouca confiança que depositamos uns nos outros, fruto do baixo grau de adesão às normas morais de convivência, tende a produzir e a perpetuar uma situação típica de falácia da composição na vida em sociedade — um quadro em que o efeito combinado de uma miríade de pequenas ações, traições e reações individuais parece ganhar vida própria e termina desabando como uma praga sobre a esperteza míope das partes.

Sob a ótica de cada indivíduo isolado, as consequências de suas próprias violações intermitentes das normas parecem infinitesimalmente pequenas e sem maiores implicações diante não só das vantagens imediatas que tais violações proporcionam, mas da maior gravidade das transgressões que os demais estão cometendo. O mal da mentira que contamos, da lei que desrespeitamos ou da promessa que deixamos de cumprir parece naturalmente menor e menos nocivo aos nossos olhos do que aos olhos daqueles que são, direta ou indiretamente, afetados por nossas ações.

O exemplo de cada um, por sua vez, serve de senha e pretexto para a imitação de todos. Ao perceber, entretanto, que a iniquidade e a ganância governam o comportamento geral, o indivíduo finalmente conclui, como observa Maquiavel, que "a distância entre como vivemos e como deveríamos viver é de tal ordem que quem quer que abandone o que faz em nome do que deveria fazer incorrerá em maior chance de destruir-se do que salvar-se a si mesmo, arruinando-se em meio a tantos que não são bons".

Afinal, reflete o cidadão com seus botões: por que serei o caxias inútil ou o quixote ridículo de minha própria integridade; o batalhador ingênuo e mal pago em meio a um bando de aproveitadores e canalhas? Ninguém, é evidente, pode se dar ao luxo ou correr o risco de fazer por si o que seria em tese melhor para todos, mas apenas sob a condição de que todos — ou ao menos uma parcela suficiente deles — fizessem o mesmo.

O nó do problema, contudo, é que, se o efeito isolado das violações intermitentes praticadas pelas partes é de fato menor, o efeito conjunto e cumulativo da combinação dessas violações no caldeirão do todo tende a ser tremendo. O que parece perfeitamente lógico sob a ótica da racionalidade individual, cada um por si, nem sempre se revela racional, para esses mesmos indivíduos, do ponto de vista da sua vida coletiva. Micromotivos, macroconsequências: vícios privados, calamidade pública.

O teor das expectativas que temos quanto aos demais — a confiança que consideramos justificado depositar uns nos outros nas nossas relações pessoais e profissionais — é um patrimônio de valor incomensurável na vida prática. A dilapidação gradual mas cumulativa desse patrimônio, por meio de um grande número de saques a descoberto contra o estoque coletivo de confiança interpessoal, reduz dramaticamente o leque de oportunidades de cooperação proveitosa, tanto na esfera privada do amor, da amizade e das relações familiares como no espaço público da política e das trocas voluntárias no comércio, empresas e relações de crédito.

Quando o oportunismo imediatista é percebido como a regra do jogo, cada um se defende como pode. Mas, ao tentar agarrar aqui e ali a sua vantagem particular e o seu prazer imediato; ao transgredir e ignorar, sempre que for conveniente, as leis e normas impessoais de uma convivência civilizada, as partes terminam involuntariamente criando um monstro coletivo que não esperavam — um todo social hostil, no qual elas não se reconhecem e que se abate sobre a vida delas com a fatalidade de uma catástrofe natural.

O sentimento sincero e generalizado de cada uma das partes, quando olha para si e ao redor de si, é o de que ela nada tem a ver com o mal que percebe à sua volta. O mal que ela encontra fora de si, contudo, não passa no fundo do resultado agregado de uma miríade de ações divergentes, cada uma delas minúscula em si mesma diante do todo social, mas conjuntamente e ao longo do tempo poderosas o suficiente para erodir o estoque de confiança interpessoal e configurar um quadro de incerteza, adversidade e violência que, se não chega a arruinar por completo, seguramente prejudica e empobrece de forma sensível o relacionamento humano na vida prática e afetiva.

A armadilha está no fato de que, para cada uma das partes isoladamente, o oportunismo imediatista é a melhor saída, dado que todos o praticam. Mas para todos em conjunto, no espaço compartilhado de sua convivência, o resultado agregado dessa opção termina sendo péssimo. Embora cada um ficasse em situação ainda pior caso abrisse mão sozinho da sua esperteza egoísta, todos juntos estariam seguramente em situação muito superior sem ela. Nas palavras de Sólon, o grande legislador e poeta ateniense do século v a.C.: "Cada um de vós em separado, admito, tem a alma astuta da raposa; mas todos juntos sois como um tolo de cabeça oca".

3. Igualdade de quê?[1]

O filósofo grego Diógenes fez do controle das paixões e da autossuficiência os valores centrais de sua vida: um casaco, uma mochila e uma cisterna de argila na qual pernoitava eram suas posses. Intrigado, o imperador Alexandre Magno foi até ele e propôs: "Sou o homem mais poderoso do mundo, peça o que desejar e lhe atenderei". Diógenes não titubeou: "O senhor teria a delicadeza de afastar-se um pouco? Sua sombra está bloqueando o meu banho de sol".

O filósofo e o imperador são casos extremos, mas ambos ilustram a tese socrática de que, entre os mortais, o mais próximo dos deuses em felicidade é aquele que de menos coisas carece. Alexandre, ex-pupilo e mecenas de Aristóteles, aprendeu a lição. Quando um cortesão zombava do filósofo por ter "desperdiçado" a oferta que lhe fora feita, o imperador retrucou: "Pois saiba então que, se eu não fosse Alexandre, eu desejaria ser Diógenes". Os extremos se tocam.

Que há de errado com a desigualdade do ponto de vista ético? Como o exemplo revela, a desigualdade não é um mal em si — o que importa é a legitimidade do caminho até ela.

A justiça — ou não — de um resultado distributivo depende do enredo subjacente. A questão crucial é: a desigualdade observada reflete essencialmente os talentos, esforços e valores diferenciados dos indivíduos ou, ao contrá-

---

1. Artigo publicado na *Folha de S.Paulo* em 13 de fevereiro de 2014.

rio, ela resulta de um jogo viciado na origem — de uma profunda falta de equidade nas condições iniciais de vida? Da privação de direitos elementares e/ou da discriminação racial, sexual ou religiosa?

O Brasil fez avanços reais nos últimos vinte anos, graças à conquista da estabilidade econômica e das políticas de inclusão social. Continuamos, porém, sendo um dos países mais desiguais do planeta. No ranking da distribuição de renda, somos a segunda nação mais desigual do G20, a quarta da América Latina e a 12ª do mundo.

Mas não devemos confundir o sintoma com a moléstia. Nossa péssima distribuição de renda é fruto de uma grave anomalia: a brutal disparidade nas condições iniciais de vida e nas oportunidades das nossas crianças e jovens de desenvolverem adequadamente suas capacidades e talentos de modo a ampliar o seu leque de escolhas possíveis e eleger seus projetos, apostas e sonhos de felicidade.

Nossa "nova classe média" ascendeu ao consumo, mas não ascendeu à cidadania. Em pleno século XXI, metade dos domicílios não tem coleta de esgoto; a educação e a saúde públicas estão em situação deplorável; o transporte coletivo é um pesadelo diário; cerca de 5% de todas as mortes — em sua maioria de pobres, jovens e negros — são causadas por homicídios; e um terço dos egressos do ensino superior (se o termo é cabível) são analfabetos funcionais.

Faltam recursos? Não parece ser o caso, pelo menos quando se trata de adquirir uma nova frota de jatos supersônicos suecos; ou financiar a construção de estádios "padrão Fifa" (boa parte fadada à ociosidade); ou licitar a construção de um trem-bala de 40 bilhões de reais; ou bancar um programa de submarinos nucleares de 16 bilhões de reais... O valor dos subsídios cedidos anualmente pelo BNDES a um seleto grupo de grandes empresas parceiras supera o valor total do Bolsa Família. O que falta é juízo.

O Brasil continuará sendo um país violento e absurdamente injusto, vexado de sua desigualdade, enquanto a condição da família em que uma criança tiver a sorte ou o infortúnio de nascer exercer um papel mais decisivo na definição do seu futuro do que qualquer outra coisa ou escolha que ela possa fazer.

A diversidade humana nos dá Diógenes e Alexandre. Mas a falta de um

IGUALDADE DE QUÊ?

mínimo de equidade nas condições iniciais e na capacitação para a vida tolhe a margem de escolha, vicia o jogo distributivo e envenena os valores da nossa convivência. A desigualdade nas oportunidades de autorrealização, ouso crer, é a raiz dos males brasileiros. A igualdade de resultado oprime, a igualdade de oportunidade liberta.

4. A obsessão educacional[1]

O erro repete-se sempre na ação, por isso deve-se incansavelmente repetir a verdade em palavras.

Goethe

Uma das coisas mais exasperantes na vida brasileira é o fosso entre discurso e realidade — entre o falar e o fazer. O caso da educação básica é exemplar. Em palavras, poucos países do mundo ostentam um clamor e indignação tão veementes. Quem precisaria ainda ser convencido de que a educação é a base de tudo? De que sem um ensino básico de qualidade jamais alcançaremos os objetivos de acelerar o crescimento econômico, estender a cidadania e reduzir a desigualdade no Brasil? Quem não está cansado de saber que a deficiência na formação de capital humano prejudica seriamente as nossas perspectivas no processo de globalização?

Na prática, porém, o que acontece? Ano após ano, governo após governo, eleição após eleição, a história se repete. A oposição protesta, a situação protela. Os líderes de opinião das mais diversas correntes ideológicas, do clero militante à tecnocracia acadêmica, arrolam as suas estatísticas favoritas do nosso horror educacional, sempre um banquete de mil talheres, e apontam as soluções eviden-

1. Artigo publicado na revista *Brasil em Exame* em setembro de 1997.

A OBSESSÃO EDUCACIONAL

tes para o problema. Quando começa a temporada eleitoral, os políticos de todos os partidos denunciam a deterioração do ensino público e prometem, uma vez eleitos, reverter esse quadro e dar prioridade máxima ao resgate da educação.

A obsessão educacional é nossa velha companheira. De Rui Barbosa a Manoel Bomfim na República Velha, passando por Mario Henrique Simonsen e Hélio Jaguaribe no pós-guerra, algumas das páginas mais empolgantes de nossos ideólogos e especialistas de todas as épocas e filiações doutrinárias versam sobre o tema. Nada mais justo.

O problema é que o tempo passa, os mandatos expiram, as promessas se renovam e o quadro não se altera. A impressão que se tem, comparando o dito e o feito, é que quanto mais tenebrosa a realidade, mais luminoso o discurso. "As coisas brilham com mais intensidade para quem está na escuridão." Como notava o diplomata francês Butenval, em 1848, tentando explicar o Brasil a um conterrâneo seu em visita ao país: "As palavras no Brasil valem mais do que as ações e, de um modo geral, substituem-nas".

A distância entre o falar e o fazer dá o que pensar. Como explicá-la? Não sou dos que acreditam que exista uma sinistra conspiração das "elites brasileiras" — seja lá o que for isso — para manter o povo na ignorância secular em que vive. Também não creio que a obsessão educacional dos nossos políticos em campanha seja fruto da hipocrisia ou de um complô para enganar o povo.

É lógico que prometer melhorar dramaticamente a educação no país dá votos e isso ajuda a entender por que os nossos políticos batem tanto nessa tecla. O que é difícil de acreditar, entretanto, é que o oportunismo eleitoral puro e simples — o cálculo frio e cínico do caçador profissional de votos — seja a regra entre os candidatos. Exceções à parte, a maioria deles deseja sinceramente fazer o que prega e acredita de boa-fé que, chegando lá, vai conseguir reverter o declínio do ensino e tornar realidade as promessas de campanha.

Mas, então, por que eles não fazem as coisas depois de eleitos? O impasse da política educacional é o mesmo da reforma da Previdência. Todos sabem que é preciso fazê-la, todos concordam que é urgente implementá-la, mas ninguém tem poder, autoridade e liderança política para fazer o que tem de ser feito. Enquanto isso, as distorções se agravam.

No ano passado [1996], os 16 milhões de beneficiários do INSS (o sistema previdenciário do cidadão comum que trabalhou no setor privado) receberam 42,6 bilhões de reais em pensões e aposentadorias, ao passo que os 2,8 milhões de inativos do setor público (os aposentados da União, estados e municípios) abocanharam 46,1 bilhões de reais, sendo que apenas 15% dessa cifra gigantesca foi devidamente financiada por meio de contribuições previdenciárias dos funcionários ativos da burocracia estatal. O resto saiu dos cofres públicos, ou seja, do nosso bolso.

Isso significa que o déficit da Previdência do setor público brasileiro (cerca de 5% do PIB) é maior que os *gastos totais* do governo (União, estados e municípios) com o ensino de primeiro e segundo grau (cerca de 4,5% do PIB). O Estado brasileiro gasta mais alimentando a orgia de benefícios a descoberto do passado do que investindo no capital humano do futuro: os seus 2,8 milhões de inativos e aposentados absorvem mais recursos públicos do que a educação básica de 38 milhões de crianças e jovens em idade escolar (sete a dezessete anos). Estamos literalmente trocando o sonho de um futuro melhor pelo pesadelo do nosso passado caduco e esbanjador. Uma nação que buscasse se autocondenar à pobreza e à ignorância perpétuas dificilmente encontraria um método mais perverso e eficaz.

O fato, entretanto, é que o Estado brasileiro, ao contrário do que muitos supõem, *não* gasta pouco com educação. O que acontece na prática são três coisas: (1) boa parte dos gastos públicos no setor termina subsidiando a educação superior de quem menos precisaria de ajuda do Estado para financiá-la; (2) há uma voragem predatória e criminosa no recolhimento e dispêndio de verbas públicas em educação; (3) não existe nenhum tipo de aferição sistemática e confiável da qualidade do ensino de primeiro e segundo grau em nível nacional que permita comparar o desempenho das escolas por meio do aprendizado efetivo dos seus alunos, de modo a se poder identificar os pontos falhos do sistema e corrigi-los.

O nó do problema é que mexer em qualquer uma dessas áreas da política educacional significa cutucar um terrível vespeiro de privilégios constituídos, corporativismo selvagem e conflitos inter-regionais. No abstrato, o caminho é claro e estão todos de acordo — a educação brasileira atingiu uma situação vergonhosa e é urgente recuperá-la. Quem poderia estar satisfeito com um

A OBSESSÃO EDUCACIONAL

quadro, como o atual, em que um professor da rede de ensino público de primeiro grau em início de carreira recebe algo em torno de três reais por aula, mesmo nos estados mais ricos da Federação? Mas, quando se trata de fazer alguma coisa para reduzir um pouco o desperdício, a irracionalidade e a iniquidade do nosso falido sistema educacional, a inércia secular dos governantes e uma resistência surda à mudança acabam se impondo.

Numa perspectiva de longo prazo, é necessário lembrar, um componente importante do nosso naufrágio educacional é simplesmente o efeito retardado do tremendo prejuízo à formação de capital humano causado pelo laissez-faire demográfico vivido pela nação no pós-guerra. Considere, para efeito de contraste, a seguinte comparação. Em 1950, Brasil e Alemanha Ocidental tinham praticamente a mesma população: pouco mais de 50 milhões de habitantes. Hoje em dia, são 65 milhões de alemães (dos quais 20% com menos de quinze anos de idade) e nós somos 160 milhões (34% com menos de quinze anos).

Isso quer dizer que, mesmo que o Brasil investisse a mesma proporção do PIB que a Alemanha em educação, e mesmo esquecendo que o nosso PIB é três vezes *menor* que o deles, ainda assim o investimento per capita em educação no Brasil seria muito menor que o deles, pelo simples e doloroso fato de que aqui são 54,4 milhões de menores de quinze anos precisando de investimento em educação e saúde, enquanto lá são apenas 13 milhões.

Fora isso, existe ainda a questão dos diferenciais de fecundidade e do tamanho médio das famílias de menor renda e escolaridade. A pobreza no Brasil incide de forma muito mais severa sobre a população mais jovem. Nos 28% de domicílios mais pobres da nação concentram-se nada menos que cerca de 45% de todas as crianças brasileiras com menos de catorze anos de idade.

Diante desse quadro, a atuação do setor público deveria buscar atenuar a desigualdade social e obter o máximo retorno educacional por real gasto. Na prática, contudo, o desperdício e a iniquidade imperam. Um exemplo concreto ajuda a visualizar o problema.

Especialistas brasileiros e técnicos do Banco Mundial que avaliaram o sistema educacional brasileiro no final dos anos 1980 apuraram um fato espantoso. As crianças que nascem em famílias de alta renda no Brasil recebem, em média, quatro vezes mais verbas *do governo* para financiar a sua educação do que as oriundas de famílias mais pobres.

Como é possível uma coisa dessas? A chave da aberração está na distribuição dos gastos públicos em educação por níveis de ensino. Do total dos gastos educacionais do governo (União, estados e municípios), cerca de 68% são destinados ao primeiro grau e 23% ao ensino superior, ficando apenas 9% para o segundo grau. O problema é que os alunos matriculados na rede pública federal e estadual de ensino superior representam apenas 1,8% do total de alunos no ensino público.

Mas, como a esmagadora maioria dos que ingressam nas universidades públicas pertence a famílias de alta renda, são elas que terminam "capturando", em benefício próprio, o generoso subsídio por aluno no ensino superior "público e gratuito". Segundo dados do Ministério da Educação para 1995, o custo anual para os cofres públicos de cada aluno matriculado nas universidades federais, excluindo as despesas com inativos e hospitais, é da ordem de 8,5 mil reais per capita.

Daí que 1% da nossa população escolar na rede pública — os 400 mil alunos matriculados nas universidades federais — receba hoje a espantosa cifra de 18,2% de todos os recursos públicos alocados para a educação no Brasil pelos três níveis de governo. (Qualquer semelhança com o despautério previdenciário descrito acima é mera coincidência...) Paradoxalmente, são os jovens de famílias de menor renda que acabam frequentando — e pagando — as escolas *privadas* de nível superior onde estão matriculados cerca de 60% dos universitários brasileiros.

O mais odioso nisso tudo é que a baixa qualidade do ensino público de primeiro e segundo grau garante um virtual monopólio desses subsídios no topo do sistema educacional para as famílias de alta renda. Afinal, só elas podem arcar com os custos de uma escola privada de melhor nível no básico e pré-vestibular e, graças a isso, competir com sucesso pelo acesso às vagas nas universidades públicas.

Moral da história: os alunos que ingressam nas universidades públicas brasileiras são já, na sua ampla maioria, oriundos dos domicílios mais ricos do país. Quando terminarem a faculdade, eles obterão credenciais e qualificações profissionais que lhes permitirão auferir rendimentos muito acima dos recebidos pelos que não tiveram a mesma oportunidade. O que pode justificar que, além dessas enormes vantagens, eles recebam um fabuloso subsídio do governo para financiar sua educação superior?

A correção dessa aberração é tão fácil de enunciar quanto difícil de implementar. Basta fazer com que os ricos paguem o seu próprio estudo no nível superior, assim como pagam a sua educação básica e curso pré-vestibular, e que os recursos assim obtidos sejam investidos na recuperação das escolas públicas de primeiro e segundo grau. Na Coreia do Sul, por exemplo, o segundo grau absorve 37% e o superior apenas 11% dos gastos públicos em educação. Isso não impede, contudo, que a proporção de jovens coreanos entre vinte e 24 anos que cursam universidade seja exatamente o dobro da brasileira.

"Ensino superior público e gratuito", como já alertava o insuspeito Karl Marx na *Crítica ao Programa de Gotha* (1875) ao discutir propostas análogas em seu tempo, "na realidade significa tão somente que as classes altas pagam suas despesas de educação às custas do fundo dos impostos gerais." Há maneiras mais eficientes e equitativas de financiar o ensino. Saber não basta.

5. Capital humano e desenvolvimento[1]

O mais valioso entre todos os capitais é aquele investido em seres humanos.

ALFRED MARSHALL (1920)

As estatísticas sobre poupança deveriam incluir o custo de investir em capital humano. A inversão em pessoas é a chave para o desenvolvimento e o crescimento das sociedades.

GARY BECKER (1997)

Reside no caráter da educação nacional existente em qualquer sociedade a principal causa da sua permanência enquanto sociedade e a mais importante fonte do seu progresso: a primeira, na medida em que tal educação opera como um sistema disciplinador, e a segunda, pelo grau em que mobiliza e revigora as faculdades ativas da mente.

JOHN STUART MILL (1874)

A vanguarda do progresso pertence aos povos que cuidaram da educação do caráter em plano não inferior ao da educação da inteligência.

EUGÊNIO GUDIN (1936)

---

1. Capítulo-bônus de *O livro das citações* (São Paulo, 2008) preparado para a edição comemorativa de quarenta anos da revista *Veja* publicada em 13 de setembro de 2008.

CAPITAL HUMANO E DESENVOLVIMENTO

O valor econômico de um único grande gênio industrial é suficiente para cobrir as despesas com educação de toda uma comunidade; pois uma nova ideia, como a invenção principal de Henry Bessemer [processo de purificação do minério de ferro na produção de aço], acrescentou tanto ao poder produtivo da Inglaterra como o trabalho de 100 mil homens.

ALFRED MARSHALL (1920)

Os inventores são a mais rara e a mais preciosa flor do mundo industrial. Com demasiada frequência, porém, eles são esmagados pelos obstáculos da pobreza, preconceito e ridicularização. Embora hoje menos que nos tempos de Roger Bacon e Galileu, ainda se requer um tempo excessivo para que os Bells, Edisons, Fords e De Forests tenham a chance de começar. A missão de qualquer sistema educacional deveria ser descobrir o gênio e prepará-lo para servir a sociedade, uma vez que, queira ele ou não, o inventor não consegue reter para si os benefícios de sua invenção. Os cidadãos do planeta são os beneficiários e, dado que não são inteligentes o bastante para serem capazes de inventar, deveriam ser ao menos suficientemente alertas a seus próprios interesses para não privar de recursos ou emprego o homem em um milhão que é capaz.

IRVING FISHER (1930)

Não existe extravagância mais prejudicial ao crescimento da riqueza nacional do que aquela negligência esbanjadora que permite que uma criança bem-dotada nascida de pais destituídos consuma sua vida em trabalhos manuais de baixo nível. Nenhuma mudança favoreceria tanto um crescimento mais rápido da riqueza material quanto uma melhoria das nossas escolas, especialmente aquelas de grau médio, desde que possa ser combinada com um amplo sistema de bolsas de estudo, permitindo assim ao filho inteligente de um trabalhador simples que ele suba gradualmente, de escola em escola, até conseguir obter a melhor educação teórica e prática que nossa época pode oferecer.

ALFRED MARSHALL (1920)

Temos despendido somas imensas com os pobres, as quais temos todas as razões para crer que tendem a agravar constantemente sua miséria. Mas na sua educação, que é talvez o único modo ao nosso alcance de realmente melhorar sua condição, e de torná-los homens mais felizes e cidadãos mais pacíficos, temos sido miseravelmente deficientes. Os benefícios oriundos da educação estão entre aqueles que podem ser obtidos sem restrições impostas pelo tamanho da população e, como está ao alcance dos governos fornecê-los, é indubitavelmente seu dever fazê-lo.

THOMAS ROBERT MALTHUS (1803)

A educação obrigatória já existe, inclusive na Alemanha, e a instrução gratuita, na Suíça e nos Estados Unidos no que se refere à educação primária. O fato de que em alguns estados norte-americanos existem instituições de ensino superior igualmente "gratuitas" significa apenas que lá as classes altas pagam suas despesas de educação às custas do fundo geral de impostos.

KARL MARX (1875)[2]

Alguns dos mais resolutos oponentes do socialismo foram também os mais ardorosos defensores de uma educação gratuita para todos. Se tais pessoas tivessem sido chamadas a se juntar ao confisco das terras e do capital industrial dos ricos, e de sua distribuição aos pobres, elas teriam rejeitado de forma vigorosa essas medidas de cunho manifestamente socialista. Não obstante, elas participaram naquilo que pode ter sido a maior iniciativa socialista da história: a transferência dos ricos para os pobres e para as classes médias de uma modalidade de capital que excede o valor de todo o capital industrial e de todas as terras de propriedade privada — o capital humano.

ROBERT FOGEL (2000)

O problema do desenvolvimento econômico tem sido geralmente encarado no Brasil sob o prisma do curto prazo e do imediatismo, isto é, da execução de determinados melhoramentos materiais de resultados tangíveis num período governamental. Se há, entretanto, problema que exija planejamento de longo

---

2. Comentário de Marx na *Crítica ao Programa de Gotha* (1875) à proposta de "educação compulsória universal e gratuita" feita pelo Partido Operário Alemão no Congresso de Gotha.

CAPITAL HUMANO E DESENVOLVIMENTO

prazo, com expectativa de resultados seguros mas só gradativamente evidenciáveis, este é o da *formação de gente*, isto é, de uma população sadia, ativa e capaz. É a qualidade da população que constitui o elemento decisivo do desenvolvimento.

EUGÊNIO GUDIN (1959)

A verdade é que o ensino público [no Brasil] está à orla do limite possível a uma nação que se presume livre e civilizada; é que somos um povo de analfabetos, e que a massa deles, se decresce, é numa proporção desesperadamente lenta; é que a instrução acadêmica está infinitamente longe do nível científico desta idade; é que a instrução secundária oferece ao ensino superior uma mocidade cada vez menos preparada para o receber.

RUI BARBOSA (1883)

As palavras no Brasil valem mais do que as ações e, de um modo geral, substituem-nas.

BARÃO DE BUTENVAL (1848)

O erro repete-se sempre na ação, por isso deve-se incansavelmente repetir a verdade em palavras.

GOETHE (1826)

Uma das mais sérias e forçosas entre todas as obrigações — que é a de não trazer crianças ao mundo a não ser que elas possam ser mantidas adequadamente durante a infância, e criadas com a probabilidade de que possam manter-se a si próprias quando a idade chegar — é de tal forma negligenciada na vida prática e subestimada na teoria que chega a ser vergonhoso para a inteligência humana.

JOHN STUART MILL (1848)

Os pequenos sofrem com a tolice dos grandes.

LA FONTAINE (1694)

Não há instituição mais importante que a família, já que o caráter da sociedade é determinado mais pelo caráter de suas famílias do que por qualquer outra coisa; a família, na verdade, é a única instituição que produz gente.

KENNETH BOULDING (1983)

Podiam-se parir meninos educados, se os pais já fossem bem-criados.

GOETHE (1827)

6. O planeta ideal de Mangabeira[1]

Do ponto de vista lógico, existem três formas básicas de pensar o futuro. A previsão lida com o provável e responde à pergunta: *o que será?* A delimitação do campo do possível lida com o exequível e responde à pergunta: *o que pode ser?* E a expressão da vontade lida com o desejável e responde à pergunta: *o que sonhamos ser?* As relações entre esses modos de conceber o futuro não são triviais. Há duas direções de causalidade em jogo.

De um lado, é claro, está o princípio de realidade. O desejável precisa respeitar a disciplina do provável e do factível — é o que nos dizem, na maior parte do tempo, os economistas. Mas, do outro, está o sonho e a vontade de mudança. Se o sonho desligado da realidade é frívolo, a realidade desprovida de sonho é deserta. Quando a criação do novo está em jogo, resignar-se ao provável e ao exequível é condenar-se ao passado e à repetição medíocre. No universo das relações humanas, o futuro responde à força e à ousadia do nosso querer.

Em *O que a esquerda deve propor* — livro publicado originalmente nos EUA em 2005 e que agora chega ao mercado brasileiro na bela tradução de Antonio Risério —, o filósofo político Roberto Mangabeira Unger contesta o

---

1. Resenha de *O que a esquerda deve propor* de Roberto Mangabeira Unger (trad. Antonio Risério, Rio de Janeiro, 2008) publicada no caderno Prosa & Verso de *O Globo* em 6 de setembro de 2008.

ENREDOS BRASILEIROS

estreitamento do horizonte imaginativo e das ambições transformadoras da esquerda mundial e oferece um audacioso programa de reformas em resposta à "ditadura da falta de alternativa".

O futuro, ele argumenta, será o que fizermos dele. A proposta é expandir radicalmente a percepção das fronteiras do possível e reintroduzir um vetor de sonho na vida pública. Para além do imediatamente exequível, trata-se de elevar o nível de aspiração coletiva e visar políticas mirando o mais elevado ideal alcançável pela vida humana.

Embora radical em seus efeitos, a mudança de que fala Mangabeira não seria, como no mito hegeliano-marxista da revolução, "súbita, violenta e total". Ela seria "gradual, peça por peça, e geralmente pacífica". Mas nem por isso, é claro, menos revolucionária. O mantra do manifesto é a tese de que a inovação radical é possível e que "a divinização da humanidade tem mais importância do que a humanização da sociedade".

Mangabeira rejeita a ideia de uma mudança institucional por atacado, nos moldes da opção entre livre mercado e dirigismo estatal, assim como se opõe ao redistributivismo social-democrata, encarado como "prêmio de consolação" diante da falência do projeto transformador da esquerda.

Em lugar disso, ele defende o caminho de uma prática de experimentação institucional permanente e incremental, conduzida nos marcos do sistema de mercado na economia e da democracia formal na política. Os alvos dessa experimentação seriam uma abrangente democratização do mercado, pelo aumento das oportunidades de empreender e participar dele, e o aprofundamento da democracia por meio da intensificação do seu componente direto e participativo.

Em termos gerais, há muito com que se pode simpatizar no ideário de Mangabeira. Dois pontos merecem destaque. Um é a tese de que as grandes nações emergentes, como Brasil, Índia, China e Rússia, não precisam nem devem se resignar à condição de meras imitações grosseiras ou cópias empobrecidas do modelo que lhes é oferecido pelo padrão hegemônico norte-americano. Salutar também é a ideia de que o fim último da política deveria ser "equipar o indivíduo — cada indivíduo — com os instrumentos econômicos e educacionais para se erguer e se fazer mais à semelhança divina".

Todo esforço visando promover a autonomia — nacional e individual — é bem-vindo.

Até aqui o dorso liso das generalidades. Os problemas surgem no momento em que passamos das fórmulas gerais às propostas concretas. Uma coisa é defender um mundo em que as pessoas sejam mais solidárias. Quem poderia ser contra? Outra, porém, é a proposta de que "todo aquele que é física e mentalmente são deve ter, ao lado de seu trabalho ordinário e de suas obrigações familiares, um outro emprego ou ofício que o obrigue a zelar pelo próximo". Benevolência compulsória.

O mesmo vale para a ideia de implantar "uma economia de guerra sem guerra", calcada na "mobilização forçada de recursos" e na "poupança compulsória" para dinamizar a produção. É de dar calafrios. Por mais boa vontade que se tenha, o caráter voluntarista e autoritário dessas propostas é inequívoco. A *libido dominandi* de Mangabeira revela um baixo apreço pela liberdade de escolha dos indivíduos.

Mas o que mais espanta no livro não é algo que ele diga. É a inexplicável omissão de Mangabeira diante do principal desafio da humanidade no século XXI: a crise ambiental. O fato assombroso é que, da primeira à última página, não há uma referência sequer ao meio ambiente.

Embora pródigo em propostas para a reformulação da ordem mundial (FMI, Banco Mundial, União Europeia, imigração, comércio internacional etc.), não há sequer menção no livro sobre temas cruciais do nosso futuro como mudança climática, morte dos oceanos, destruição das florestas, escassez de recursos hídricos e redução da biodiversidade. Para Mangabeira, ao que parece, a divinização do homem — único ser criado à "semelhança de Deus" — implica a absoluta desvalorização da natureza.

Não deixa de ser um tanto sinistro constatar que o ministro de Lula responsável pelo futuro do bioma amazônico simplesmente ignore a crise ecológica em seu vasto programa para a revitalização da esquerda mundial. A lacuna é gritante. Tudo se passa como se o mundo natural não humano — o inestimável patrimônio ambiental que vem sendo moído e dilapidado pela voracidade e estupidez dos homens — não existisse. Em que planeta vive Mangabeira?

Os tempos mudam. Em *O pensamento de direita hoje*, publicado em 1955, Simone de Beauvoir pontificava: "A verdade é una; o erro, múltiplo: não é por acaso que a direita professa o pluralismo". A esquerda agora abraça o pluralismo, mas a visão maniqueísta continua viva. Ser de esquerda é *ser do bem*; ser de direita é *ser do mal*. A pergunta que me fiz ao terminar de ler o livro de Mangabeira foi: seria possível conceber um ideário equivalente ao dele, dotado da mesma generosidade de propósitos, da mesma ousadia intelectual, da mesma fé inquebrantável na correção de suas propostas, só que intitulado *O que a direita deve propor?*

7. *Verdade tropical*[1]

Caetano Veloso não brinca em serviço. *Verdade tropical* alia uma impressionante seriedade de propósito a uma quase prodigiosa capacidade de reconstruir na memória e talhar na linguagem o passado vivido. O resultado é um livro arrebatador e instigante, pleno de vitalidade, ainda que por vezes tangenciando o prolixo e um tanto desigual. Um livro que só poderia ter sido feito por quem o escreveu mas que nem por isso deixa de possuir méritos objetivos que independem do fato de ter sido escrito por quem o fez. A deliciosa e exuberante energia que emana da obra é essencialmente luz própria, não refletida. *Verdade tropical* brilha por si.

Do que trata o livro? A trama narrativa das mais de quinhentas páginas de *Verdade tropical* pode ser decomposta em três elementos ou vetores básicos. O primeiro deles é de natureza historiográfica. O objetivo central e ostensivo da obra — uma sugestão dos editores norte-americanos do livro feita a partir de um artigo de Caetano sobre Carmen Miranda — é oferecer uma reconstrução e balanço crítico dos anos 1960 no Brasil e do movimento tropicalista na história da cultura e da música popular brasileiras no período que vai do surgimento da bossa nova ao experimentalismo do início dos anos 1970.

Mais que a evolução externa dos acontecimentos, o livro busca resgatar a

---

1. Resenha de *Verdade tropical* (São Paulo, 1997) de Caetano Veloso publicada no caderno Mais da *Folha de S.Paulo* em 2 de novembro de 1997.

ENREDOS BRASILEIROS

matriz da experiência estética, política e existencial a partir da qual o tropicalismo nasceu e floresceu. O depoimento de Caetano, líder e protagonista inconteste do movimento, impressiona pela extraordinária riqueza de detalhes e encanta pelo inegável talento da escrita. Acuidade e paixão. É difícil imaginar alguém melhor situado ou mais preparado que ele para contar a história interna da época e do movimento.

O segundo componente claramente identificável na prosa luxuriante de *Verdade tropical* é o relato da trajetória pessoal de Caetano Veloso como criador e líder cultural nos anos críticos de sua formação artística e humana. Aí reside, penso eu, o principal interesse e a verdadeira grandeza da obra. Um banquete como poucos em qualquer língua.

Caetano se revela, sem nenhum favor, um mestre na arte do memorialismo analítico. Ele não apenas se empenha, com notável apuro e desassombro, na tarefa de observar de fora e dissecar os seus próprios processos mentais e a sua perspectiva íntima dos acontecimentos e do mundo ao seu redor, como demonstra uma espantosa capacidade de se transportar para a interioridade do outro, ou seja, de ocupar a posição e o ponto de vista interno daqueles — não poucos! — com os quais interage e dialoga. É por isso que, apesar de sua ótica intensa e assumidamente pessoal, a visão a um só tempo panorâmica e microscópica do livro acaba assumindo uma surpreendente objetividade.

Como o olhar retrospectivo do livro deixa claro, o dom superlativo da empatia e a forte propensão à autoanálise são traços que o Caetano memorialista elabora e desenvolve mas que, no fundo, já estão presentes de forma marcante em sua vida desde os primeiros passos de sua formação, alimentando e impulsionando o seu trabalho criativo.

Eles transparecem, por exemplo, na aspiração faustiana do jovem Caetano de abarcar em si todos os contrários; na genuína tendência a jamais se contentar com os resultados alcançados; na corajosa disposição a forçar e saber reconhecer os próprios limites; na absoluta recusa em sujeitar o seu pensamento e a sua imaginação poética a qualquer tipo de ortodoxia ou amarra inibidora; no pendor sincero para questionar suas próprias motivações e pensar contra si mesmo ("uma volúpia pelo antes considerado desprezível"); na arte, em suma, de devorar antropofagicamente tudo que aparece em seu

VERDADE TROPICAL

caminho, mas sem jamais perder de vista a necessidade de uma metabolização criteriosa do material ingerido e de um exame crítico da própria digestão.

"O poeta", diz Baudelaire, "goza do incomparável privilégio de ser, à sua vontade, ele mesmo e outra pessoa. Como a alma errante à procura de um corpo, ele entra na personalidade de cada um quando lhe apraz. Para ele, e só para ele, tudo está vago; e, se alguns lugares parecem vedados ao poeta, é que a seus olhos tais lugares não valem a pena de uma visita... Ele adota como suas todas as profissões, todas as alegrias e todas as misérias que as circunstâncias lhe apresentam."

Quantas vezes não voltei a essa visão do poeta enquanto lia Caetano? Na capacidade de exercitar o dom da empatia e manejar o bisturi da autoanálise — mergulhando e emergindo renovado de suas vivências ("botei todos os fracassos nas paradas de sucessos"), conciliando em seu trabalho a máxima entrega e a máxima crítica, reunindo e recriando em sua mente perspectivas e contribuições tão díspares quanto as de Glauber Rocha e João Gilberto, Jorge Benjor e Augusto de Campos, Jorge Mautner e Antonio Cicero — parece residir um dos principais segredos da singular magia e apelo de sua arte. *Verdade tropical* franqueia o acesso e abre os bastidores da inteligência inquieta e da imaginação poética de Caetano à visitação pública.

O terceiro e último vetor da trama de *Verdade tropical* consiste numa reflexão intermitente sobre a identidade e os destinos do Brasil. É a parte menos convincente da obra. Em diversos momentos ao longo do livro, e na parte final ("Vereda") em especial, Caetano nos dá a impressão de estar prestes a dizer alguma coisa mais definida e reveladora — de estar mesmo em vias de formular e desenvolver o que afinal seria a sua visão de um Brasil com que se possa sonhar —, mas a promessa não se cumpre, a revelação não vinga e o resultado termina sendo um tanto ralo e desapontador. A sensação que fica é a de alguém que promete, alguém que ensaia e ameaça mergulhar num desafio que repetidamente se oferece, mas na hora H não o faz.

Quando o assunto é a definição de um projeto brasileiro e uma visão do que pode ser o nosso futuro, Caetano consegue ser mais claro e persuasivo naquilo que nega e rejeita do que no que afirma e propõe. O Brasil, ele diz, não pode "se intimidar diante de si mesmo". Ele precisa "livrar-se de tudo o que o

73

tem mantido fechado em si mesmo como um escravo desconfiado" e deveria evitar a falsa opção entre a "bizarria estridente" de um "grande exotismo ilegível que se opõe à razão europeia", de um lado, e a "imitação modesta", fruto de um "bom comportamento dentro dos parâmetros 'ocidentais' cristalizados", de outro. Até aí, sem problemas.

Tudo isso, porém, pertence ao polo negativo de sua visão de Brasil, isto é, àquilo que *não* deveríamos ser ou sonhar. O problema é: *em nome do quê?* O que afinal desejamos e deveríamos almejar como nação? Que sonho de grandeza compartilhado e que visão de trópicos utópicos poderiam nos unir em torno de um projeto comum de realização coletiva e de afirmação brasileira no concerto das nações?

Verdade tropical tem o mérito de provocar, instigar e despertar essa busca, mas pouco avança na explicitação e elaboração construtiva do que poderia configurar o projeto visionário do "Brasil profundo" — o sonho veraz e vitorioso que nos revele ao mundo e a nós mesmos e que mereça ser sonhado. Tudo que encontramos no livro, com raras exceções, são flashes duvidosos e rompantes rapsódicos que nos convidam, por exemplo, a colocar o "gozo narcísico acima da depressão de submeter-se o mais sensatamente possível à ordem internacional"; a embarcar num "transliberalismo delirante e com batuque"; a apostar numa suposta e inexplicada "ambição brasileira de levar o ateísmo, filho do Ocidente, às suas últimas consequências". Ateísmo? Logo de um povo que ousou cunhar a expressão "Deus é brasileiro"?

O jovem Caetano teve a sabedoria de negar-se, como ele diz, a folclorizar o seu subdesenvolvimento para compensar as dificuldades técnicas. Passagens e arroubos ejaculatórios como os citados acima passam perigosamente perto da tentação de fazer do obscuro o biombo do vazio e, dessa forma, folclorizar uma vontade sincera de potência para compensar a falta de uma imagem mais clara e definida de nossas potencialidades.

Caetano sabe — e isso é parte de sua grandeza — que o seu irrefreável otimismo sobre o futuro do Brasil é mais um sentimento — um raio intenso e infuso de esperança nascido de um desejo — do que qualquer outra coisa: "É que penso e ajo como se soubesse na carne quais as potencialidades verdadeiras do Brasil, por ter entrado num diálogo com suas motivações profundas

VERDADE TROPICAL

— e simplesmente não concluo que somos um mero fracasso fatal". O grande desafio é desencarnar essa intuição poderosa. É concebê-la e apurá-la pelo trabalho paciente do espírito e transformá-la em visão compartilhada e projeto de nação. *Verdade tropical* revela a trajetória de busca pessoal, renovação e conquistas de um grande e generoso criador brasileiro. O Brasil pode, precisa e merece viver à altura de sua melhor música popular.

8. A cultura brasileira no século XXI[1]

> *Que tristes os caminhos, se não fora*
> *a presença distante das estrelas.*
> Mario Quintana

I. INTRODUÇÃO

O tempo atua como um funil. Ao adentrar a ponta estreita do cone, a pluralidade da vida tal como ela poderia ter sido colapsa na univocidade da vida como ela foi: o real é um subconjunto do possível. O futuro nos interroga. O que devemos esperar do Brasil no século XXI? Existem três caminhos básicos para preencher o vácuo do futuro. A previsão lida com a noção de probabilidade e responde à pergunta: *o que será?* A delimitação do reino do possível lida com a ideia do factível e responde à pergunta: *o que pode ser?* E a expressão da vontade trabalha com o desejável e responde à pergunta: *o que aspiramos ser?*

As relações entre essas três formas de conceber o futuro não são triviais.

---

1. Palestra proferida na abertura do encontro da Associação Internacional de Bibliofilia realizado em São Paulo em 24 de setembro de 2012. Uma versão editada da apresentação foi originalmente publicada em inglês no *Bulletin du bibliophile*, Paris, n. 1, pp. 113-22, 2013.

Se o desejável negligencia as fronteiras do possível, torna-se vazio e quixotesco (se não trágico) — "o caminho do inferno está pavimentado de boas intenções", como há tempos advertiu São Bernardo. Um ideal de vida coletiva ou individual, qualquer que seja, precisa ser disciplinado por uma avaliação objetiva das circunstâncias e limites, ainda que não totalmente atado a ela.

Mas isso não é tudo. No universo das relações humanas, a causalidade tem mão dupla: assim como sonhos divorciados da realidade são vazios, um mundo esvaziado de sonhos definha. Tanto o factível como o provável, frutos do pensamento objetivo, estão sujeitos à modificação, pois dependem da força e ousadia da nossa vontade. Quando o que está em jogo é a mudança e a criação, submeter-se ao provável e ao conhecido não passa de uma aceitação do mundo como ele veio a ser — tépida resignação. Embora subjetivo por natureza, o desejo de mudança é uma força transformadora. Ele energiza o real, expande as fronteiras do factível e reembaralha as cartas do provável.

Toda cultura incorpora um ideal de felicidade: a vida das nações, não menos que a dos indivíduos, é vivida em larga medida na imaginação. Além da dimensão pragmática, uma discussão das perspectivas da cultura brasileira no século XXI deve essencialmente perguntar: qual é a constelação de valores que ilumina nosso sonho coletivo? Existe uma utopia ou forma de vida ideal que energiza a alma do povo brasileiro? O que poderia o Brasil contribuir ao mundo se conseguisse superar as óbvias deficiências do seu atraso econômico e social?

Proponho abordar esse tema por duas vias básicas. Começo com um olhar — brevíssimo e quase irresponsavelmente esquemático — do panorama social e cultural do Brasil à luz de sua formação histórica. A ideia é transmitir um sentido da nossa identidade e trazer à tona alguns elementos daquilo que, afinal, torna o Brasil *brasileiro* (seção II). Passo em seguida a tratar do tempo presente e, numa veia mais pessoal e assumidamente utópica, do que podemos imaginar, à luz dos dilemas e impasses da contemporaneidade, acerca do nosso horizonte de expectativas para o século XXI — o sonho brasileiro (seção III).

II. UMA PITADA DE HISTÓRIA

À maneira de Plutarco, começo por um breve esboço das vidas paralelas das duas metades do Novo Mundo: as similaridades e os contrastes salientes nas biografias das Américas do Sul e do Norte.

A América ibérica e a anglo-saxã têm muito em comum. Ambas são continentes vastos e vibrantes, amplamente dotados de pessoas, terra e recursos naturais. Ambas são produto de um processo de colonização efetuado por países europeus e encetado no século XVI, durante a Renascença e a era dos descobrimentos — o início da globalização nos tempos modernos. Em ambos os casos, esse processo envolveu a conquista e a subjugação brutal das diversas populações e culturas indígenas pelos conquistadores europeus recém-chegados. Ambas as metades do continente alcançaram a independência política em fins do século XVIII e começo do XIX, enquanto a Europa passava pelas dores e instabilidades da Primeira Revolução Industrial e das Guerras Napoleônicas. Os vários países que eventualmente emergiram desse processo retiveram sua soberania e um forte sentido de nação.

No entanto, as diferenças e contrastes não são menos salientes. Desde os tempos coloniais os caminhos econômicos, sociais e culturais das duas Américas divergiram bastante. Como uma primeira aproximação, podemos dizer que os contrastes entre as duas metades do Novo Mundo em larga medida refletem, numa espécie peculiar de espelho transatlântico, os contrastes entre o Sul e o Norte da Europa.[2]

O contraste mais conspícuo entre as duas Américas, ao menos para o olhar contemporâneo, está sem dúvida no campo econômico. Por que a América do Norte disparou na frente desde a segunda metade do século XIX, enquanto a metade Sul ficou para trás? Os economistas debatem há tempos

---

2. Sobre os contrastes entre os europeus do Norte e do Sul do continente, o lógico e matemático húngaro John von Neumann dizia: "Qual a diferença entre um inglês, um alemão e um italiano? Para o inglês, tudo é *permitido*, exceto o que é *proibido*; para o alemão, tudo é *proibido*, exceto o que é *permitido*; e, para o italiano, *tudo que é proibido é permitido*".

o peso relativo de diferentes fatores e políticas para explicar esse fato, mas não me delongarei na questão. Limito-me aqui a enumerar três elementos cruciais subjacentes às identidades históricas e culturais mais amplas e às trajetórias divergentes das Américas do Sul e do Norte desde os tempos coloniais.

A primeira é o próprio *processo de colonização*: a América do Sul foi conquistada e ocupada, enquanto a América do Norte — com exceção do sistema de plantation no Sul dos Estados Unidos — foi propriamente colonizada.

No Sul do continente, aventureiros em parceria com as Coroas portuguesa e espanhola vinham ao Novo Mundo sem suas famílias, procurando fortuna rápida e explorando as riquezas da terra na mineração e no cultivo de *cash crops*; a relação dominante — quase exclusiva — de trabalho era o uso extensivo de povos nativos e escravos negros trazidos da África. Paralelamente, os colonizadores que vieram à América do Norte eram em sua maioria refugiados religiosos, políticos e colonos imigrantes em busca de uma vida melhor e de um novo começo no Novo Mundo; vinham com suas famílias e queriam construir uma comunidade livre das perseguições, opressão e vícios da sociedade que deixaram para trás.

Este traço distintivo da aventura colonial na Ibero-América tropical foi graficamente retratado por Diderot, no final do século XVIII, em *Histoire de deux Indes* (1772) — um amplo panorama histórico da empreitada colonial europeia, incluindo as tentativas das nações do Norte europeu de invadir e se estabelecer na América do Sul:

> Além do equador um homem não é inglês, holandês, francês, espanhol ou português. Ele se apega somente àqueles princípios e preconceitos de seu país de origem que justificam a sua conduta ou a ela servem de desculpa. Ele rasteja quando está fraco; ele é violento quando forte; ele tem pressa para adquirir, pressa para desfrutar, e é capaz de toda transgressão que o conduza mais rapidamente a seus objetivos. Ele é um tigre doméstico retornando à selva; a sede de sangue toma conta dele outra vez. É assim que todos os europeus, cada um deles

indistintamente, têm se mostrado nos países do Novo Mundo. Um frenesi coletivo toma conta deles — a sede de ouro.[3]

A diferença do espírito da colonização nas duas metades da América foi bem sintetizada pelo historiador brasileiro Sérgio Buarque de Holanda em *Visão do Paraíso* (1959), uma obra que explora em magnífico detalhe as representações do Éden na arte europeia e as expectativas dominantes nos primórdios da aventura colonial quanto ao que esperar — ou fazer — do Novo Mundo:

> Se os primeiros colonos da América Inglesa vinham movidos pelo afã de construir, vencendo o rigor do deserto e da selva, uma comunidade abençoada, isenta das opressões religiosas e civis por eles padecidas em sua terra de origem, e onde enfim se realizaria o puro ideal evangélico, os da América Latina se deixavam atrair pela esperança de achar em suas conquistas um paraíso feito de riqueza mundanal e beatitude celestial, que a eles se ofereceria sem reclamar labor maior, mas sim como um dom gratuito.[4]

Um segundo elemento nos caminhos divergentes das duas Américas tem a ver com a *religião* e seu impacto na vida prática: o contraste entre as perspectivas éticas católica e protestante.

Na Ibero-América católica vigorava o princípio da autoridade do clero em matérias religiosas. Ao mesmo tempo, havia uma enorme lacuna ou dissociação entre crenças religiosas, de um lado, e conduta na vida prática de outro. *Ultra aequinoxialem non peccari*: a máxima registrada pelo historiador holandês do século XVII, Caspar van Baerle, que fez a crônica da invasão do Nordeste brasileiro por Maurício de Nassau de 1630 a 1654, é sugestiva do clima de lassidão moral e permissividade que prevalecia na América católica pelos tempos coloniais e além. "Não existe pecado depois da linha do equador", assinalou Van Baerle, "como se a moralidade não pertencesse a todos os lugares

---

3. Denis Diderot, *Political writings* (eds. John Hope Mason e Robert Wokler, Cambridge, 1992), p. 178.
4. Sérgio Buarque de Holanda, *Visão do Paraíso* (São Paulo, 1992), p. xvii.

A CULTURA BRASILEIRA NO SÉCULO XXI

e povos, mas apenas aos do norte, e como se a linha que divide os hemisférios também separasse virtude e vício."[5] A prática católica se baseava numa concepção ritualística da religião — como ilustrado, por exemplo, na prevalência da missa *em latim* até meados do século xx — em que os sacramentos ocupavam o lugar de honra.

Na prática protestante, ao contrário, prevalece a autonomia do crente individual em questões religiosas. A ênfase recai na leitura e interpretação da Bíblia — uma experiência que conduz à interiorização da crença — e, mais importante, faz de *toda a existência* do indivíduo o campo próprio das obras religiosas. É por meio da ação — e não da confissão, arrependimento e comunhão — que o devoto revela sua vocação e sua fé. A ética do trabalho associada a essa doutrina enfatiza a noção de mérito e merecimento. (Daí, incidentalmente, a anedota de que protestantes e católicos consideram pecado apostar em loterias, mas por motivos opostos: se para o protestante é porque você pode *ganhar* e seria pecado lucrar sem merecer, já para o católico é porque você pode *perder* e seria pecado desperdiçar.)

Por fim, destaco *a relação entre sociedade civil e Estado*. Na experiência histórica sul-americana o Estado cria e precede a nação, que existe em função dele, ao passo que no padrão norte-americano o ente estatal emerge da sociedade civil na medida em que esta se vê impelida a lidar com a necessidade de ações coletivas.

O processo de colonização na Ibero-América foi uma empreitada essencialmente conduzida pelo Estado, por meio da qual as monarquias espanhola e portuguesa nomeavam particulares como representantes locais e doavam grandes áreas do território a parceiros escolhidos. Um tipo de sociedade civil, constituída a princípio quase que inteiramente de senhores e escravos, foi criada do nada e como que "fabricada" pelo Estado para os seus próprios fins, tendo em vista a necessidade de proteger o território de invasões estrangeiras e de render vassalagem e tributos à Coroa além-mar.

Na Anglo-América, ao contrário, o Estado foi criado por uma sociedade

---

5. Carl van Baerle, *História dos feitos recentemente praticados durante oito anos no Brasil* (trad. Cláudio Brandão, Belo Horizonte, 1974), p. 49.

civil já existente, e surgiu essencialmente da demanda da comunidade por resolver problemas de ação coletiva em áreas como justiça, segurança e infraestrutura. É sintomático que, quando a monarquia britânica tentou aumentar os impostos em suas treze colônias ao sul do Canadá no último quarto do século XVIII, ela desencadeou um movimento de oposição e uma rebelião fiscal — consagrada no lema *No taxation without representation* (a recusa em aceitar impostos decretados pelo Parlamento britânico) — que deu o ímpeto inicial à independência estadunidense.

Na experiência brasileira em particular, a precedência histórica do Estado sobre a sociedade civil levou a uma série peculiar de inversões que foram resumidas de forma inspirada por Hélio Beltrão (economista e ministro da Desburocratização durante o final do regime militar no início dos anos 1980):

A verdade é que o Brasil já nasceu rigorosamente centralizado e regulamentado. Desde o primeiro instante, tudo aqui aconteceu de cima para baixo e de trás para diante. Quando Tomé de Souza desembarcou na Bahia em 1549, nomeado Governador-Geral pelo regime absolutista e centralizador vigente em Portugal, já trouxe consigo um Regimento pronto e acabado elaborado em Lisboa, que representou, na verdade, a primeira Constituição do Brasil. Ainda não havia povo nem sociedade, mas já existia, pré-fabricado e imposto, do alto e de longe, o arcabouço administrativo que deveria moldar a ambos. Esse modelo passou a prevalecer. A estrutura burocrática sempre precedeu e condicionou a organização social. Já consignava João Camilo de Oliveira Torres "o fato realmente espantoso de que, no Brasil, o Estado precedeu fisicamente o povo". Essa circunstância é assinalada por todos os estudiosos de nossa colonização. Segundo Raymundo Faoro, "desde o primeiro século de nossa história, a realidade se faz e se constrói com decretos, alvarás e ordens régias". Tristão de Athayde vai mais além: "fomos um país formado às avessas, que teve Coroa antes de ter povo; parlamentarismo antes de eleições; escolas superiores antes de alfabetização; bancos antes de ter economias".[6]

6. Hélio Beltrão, palestra proferida na cerimônia de entrega do prêmio Homem de Visão e publicada em *O Globo* em 9 de dezembro de 1980.

A CULTURA BRASILEIRA NO SÉCULO XXI

Embora seja inegável que muita coisa mudou nas últimas décadas, especialmente a partir das transições política (democracia) e econômica (mercado) iniciadas em meados dos anos 1980, ainda assim é verdade que em aspectos-chave da vida brasileira a relação invertida entre sociedade civil e Estado continua conosco: a carga tributária no Brasil chega a 36% do PIB e um único banco estatal de desenvolvimento, o BNDES, responde por quase a metade de todos os empréstimos (subsidiados) ao setor empresarial. Ao mesmo tempo, uma enorme parcela da população espera do Estado a resolução de seus problemas: 40 milhões de domicílios, onde residem cerca de 60% da população, dependem de transferências do governo financiadas por impostos — e não das trocas voluntárias no mercado — para cobrir suas despesas mensais.

III. O SONHO BRASILEIRO

O passado condiciona mas não aprisiona. Ao concebermos o nosso futuro, dois riscos simétricos precisam ser evitados: o fatalismo, que faz do passado uma camisa de força à qual estamos condenados; e o voluntarismo, que se imagina capaz de anular o passado e recomeçar do nada ao sabor da vontade. Existe um sonho capaz de mobilizar a alma e as energias dos brasileiros? A ideia aqui não é indagar o que *será* — o provável — nem o que *pode ser* — os limites do possível; mas o que nós, enquanto nação dotada de uma história e de uma identidade próprias, *aspiramos ser*: uma visão utópico-exploratória, porém calcada na inteligência das coisas idas, sobre o que o futuro pode guardar para a cultura brasileira no século XXI.

Começo com a observação de Vilfredo Pareto: "Há um ritmo do sentimento que podemos observar na ética, na religião e na política, como ondas que se assemelham aos ciclos da economia".[7] Acredito que algo similar se aplique aos altos e baixos do humor coletivo em diferentes países.

Depois de um período prolongado de maré baixa e descrença, o Brasil

---

7. Vilfredo Pareto, *The rise and fall of elites* (trad. H.L. Zetterberg, New Brunswick, 1991), p. 31.

experimenta [2012] uma peculiar fase ascendente do seu sentimento sobre o futuro. Embora sujeito a flutuações de curto prazo, parece razoável dizer que a partir do final dos anos 1980, com a redemocratização, e de meados dos anos 1990, com a conquista da estabilidade monetária propiciada pelo Plano Real, verifica-se um sentimento crescente de otimismo e autoconfiança entre os brasileiros; uma maré de confiança não vista desde o ocaso dos "anos dourados" da era JK em fins da década de 1950.

Esse processo tem sido reforçado nos últimos anos por diversos fatores: a capacidade de lidar relativamente bem com o desenrolar da crise econômica global de 2008; a maior mobilidade social e a emergência da chamada "nova classe média"; a baixa taxa de dependência associada ao dividendo demográfico; e o direito de sediar grandes eventos esportivos como a Copa do Mundo de 2014 e as Olimpíadas de 2016 no Rio de Janeiro. O Brasil, em suma, reencontrou a capacidade de sonhar e de ousar conceber que está à altura do desafio de cumprir sua promessa de "país do futuro".

O primeiro imperativo, sem dúvida, é vencer a pobreza em massa: a precariedade das dotações iniciais, especialmente em educação, saúde e habitação, que debilita e restringe o campo efetivo de escolha e desenvolvimento humano de tantos brasileiros. Isso define a dimensão prática e material de um ideal coletivo.

Mas é preciso olhar além: desenvolvimento *para quê*? Resolver problemas e superar deficiências não é o mesmo que afirmar valores. O fundamento de uma cultura é sua visão da vida, sua concepção de felicidade. A que vem o Brasil, afinal, como nação? Seria razoável supor que possamos aspirar oferecer alguma alternativa original ao modelo cultural ocidental centrado no crescimento econômico a todo custo ("pelos meios corretos se você puder, mas por quaisquer meios faça dinheiro") e na prioridade dada à afluência material — a idolatria do "sucesso"?

Há duas visões polares a respeito dessa questão. De um lado, está a visão mimética ou imitativa pela qual seria equivocado — e presunçoso — tentarmos criar uma alternativa original ao modelo ocidental. A observação do economista brasileiro Eugênio Gudin enuncia com lapidar clareza essa posição: "Os países da América Latina não precisam criar uma civilização. Ela já foi criada pela Europa nos últimos quatro séculos. Cabe-nos assimilar essa civilização".[8] Se tudo correr bem, estamos fadados a ser como qualquer outra nação desenvolvida — algo, digamos, não muito distinto de um estado sulista dos EUA ou um país do Sul da Europa. Tudo que devemos fazer é copiar e seguir o melhor que pudermos o caminho trilhado pelo "mundo rico".

No outro extremo do espectro, encontramos o que se poderia chamar de visão messiânica ou profética segundo a qual a busca e a afirmação vigorosa da identidade são a razão de ser de uma coletividade que se autorrespeite. Essa posição foi sustentada de forma eloquente por um personagem de Dostoiévski em *Os demônios*:

> Se um grande povo não acreditar que a verdade somente pode ser encontrada nele mesmo [...], se ele não crer que apenas ele está apto e destinado a se erguer e redimir a todos por meio de sua verdade, ele prontamente se rebaixa à condição de material etnográfico, e não de um grande povo. Um povo realmente grande jamais poderá aceitar uma parte secundária na história da humanidade, nem mesmo entre os primeiros, mas fará questão da primazia. Uma nação que perde essa crença deixa de ser uma nação.[9]

Penso que nenhuma dessas visões polarizadas deve ser aceita integralmente. Creio que ambos os lados estão essencialmente certos no que *afirmam*, mas errados naquilo que *negam*.

A visão messiânica introduz um salutar desafio para ousar e para criar, mas se aproxima do fanático e do delirante ao insistir que "a verdade" — o que quer que isso seja — pertence exclusivamente à cultura cuja "primazia" se afirma. O Brasil, seria tolo negar, tem muito a aprender e a assimilar do Ocidente. Seria um erro, no entanto, inferir disso que somos em última análise uma cópia defeituosa do modelo ocidental — uma tentativa canhestra de alcançar algo que somos incompetentes para ser.

Se o Brasil não se tornou um EUA do hemisfério Sul, é porque ele, em

---

8. Eugênio Gudin, *Análise de problemas brasileiros: 1958-1964* (Rio de Janeiro, 1965), p. 95.
9. Fiódor Dostoiévski, *Os demônios* (trad. Paulo Bezerra, São Paulo, 2004), p. 252.

essência, não o quis; é porque nunca se dispôs a sacrificar valores existenciais que lhe são caros no altar do "sucesso econômico". Em que pesem os nossos inegáveis problemas, a começar pela vergonhosa e debilitadora desigualdade de oportunidades, os brasileiros não estão dispostos a abrir mão de sua joie de vivre e de uma disposição lúdica e cordial de vida em nome da acumulação de capital e da afluência a qualquer preço.

Um Brasil digno de nossos sonhos não pode ser o devaneio de uma imaginação caprichosa. Deve ser construído a partir do que efetivamente somos: das virtudes e vícios que se entrelaçam em nosso destino como nação. Deve reconhecer as raízes e restrições do passado tendo em vista o mapa do que podemos ser e o norte do que aspiramos alcançar. É garimpando o legado de nossas realizações e fracassos que chegaremos a dar forma aos nossos saberes e potencial. O segredo da utopia, no seu melhor sentido, reside na arte de extrair luz de trevas. Há um futuro brilhante buscando se erguer das ameaças e promessas do presente.

Que possibilidades jazem à frente! Quando penso na nação ideal — a utopia tropical que excita minha imaginação —, lembro-me das palavras de John Maynard Keynes em seu ensaio de 1930, "As possibilidades econômicas de nossos netos":

> Os infatigáveis e obcecados fazedores de dinheiro podem nos levar consigo até o colo da abundância econômica. Mas aqueles povos que mantêm viva e cultivam a uma perfeição mais plena a arte da vida, e não se vendem pelos meios de vida, é que serão capazes de aproveitar a abundância quando ela chegar. [...] Os que verdadeiramente andam nas sendas da virtude e da sã sabedoria são aqueles que menos pensam no amanhã [...] [apenas eles] podem nos ensinar a colher a hora e o dia [...] as pessoas alegres que são capazes de extrair prazer do desfrute direto das coisas, os lírios do campo que não labutam nem fiam.[10]

É pena Keynes jamais ter visitado o Brasil para ver por si mesmo a encarnação de sua visão! O que realmente faz a diferença na cultura brasileira, creio,

---

10. John Maynard Keynes, *Essays in persuasion* (Nova York, 1963), p. 368.

é a presença em nossa alma de elementos pré-modernos, essencialmente africanos e ameríndios, e que resistem de forma aguerrida aos valores ferozmente competitivos e calculistas da cultura ocidental. Por isso a espontaneidade e a capacidade única de aproveitar vivamente o momento fugaz; a energia, o calor e a vitalidade das afeições nas relações interpessoais; a predominância do "doce sentimento da existência", independente de racionalizações ou motivos lógicos, e que confere uma qualidade intensamente poética e calorosa à vida cotidiana.

Quando vislumbro o sonho brasileiro, não nos vejo como conquistadores e donos da verdade ou como construtores de impérios. Não nos vejo curvados perante o bezerro de ouro, ou abrindo mão de nossa compreensão lúdica e amigável da vida na competição por uma pole-position na espiral do consumo e da destruição ecológica. Se a civilização ocidental, baseada na máquina, na competição feroz e no tempo medido a conta-gotas, tem alguma razão de ser, então ela deveria servir para libertar os seres humanos da preocupação obsessiva com objetivos econômicos, e não para enredá-los numa eterna e sempre renovada corrida armamentista do consumo e da acumulação de capital. Já não passa da hora, como propõe Theodor Adorno em *Minima moralia*, de desmascarar de uma vez por todas "o caráter ilusório e vão de todos os empreendimentos realizados a fim de se escapar da necessidade mas que, com a riqueza, reproduziram a necessidade numa escala ampliada"?[11]

Se ouvíssemos a utopia brasileira, o que ela contaria? Contaria de uma forma de vida assentada na tranquilidade de ser o que se é, como na atmosfera doce e harmoniosa da bossa nova. Contaria da existência natural do que é belo e da busca da perfeição pela filtragem de tudo que foge ao essencial; de uma nação segura de si, aberta ao mundo, e finalmente curada da doença infantil-colonial do progressismo macaqueador e seu avesso — o nacionalismo tatu. De um Brasil que trabalha e prospera e pensa no futuro (apenas o necessário) mas emana joie de vivre e libido por todos os poros — com meios módicos, mas usados com maestria.

---

11. Theodor Adorno, *Minima moralia* (trad. E.F.N. Jephcott, Londres, 2005), p. 157.

Um Brasil, em suma, capaz de aprimorar a forma da convivência sem abrir mão do calor dos afetos. Uma nação que se educa e civiliza, mas consegue manter a chama da vitalidade iorubá filtrada pela ternura portuguesa. Uma nação que poupa e constrói sua base de capital para o amanhã, mas preserva a disponibilidade tupi para a alegria e o folguedo: uma forma de vida capaz de tornar a dádiva da existência neste planeta em fonte perene de imotivada celebração.

Faz sentido a ideia de uma civilização brasileira? Uma resposta positiva não precisa implicar nenhum tipo de xenofobia ou húbris cultural; "o patriotismo", como já se disse com propriedade, "é a convicção de que seu país é superior a todos os outros só porque você nasceu nele". O que ela implica, isso sim, é a identificação de nossos próprios valores e uma efetiva adesão a eles. Implica a recusa da crença de que não podemos aspirar ou mirar nenhuma forma genuína de originalidade; que devemos nos resignar à condição de imitação modesta ou cópia empobrecida do modelo oferecido pelo "mundo rico".

Esse modelo, é inegável, tem grandes méritos, mas seus limites se tornam cada vez mais palpáveis, como testemunhado, entre outras coisas, pela degradação ambiental e pela ameaça ecológica que projeta. O "mundo ocidental", sustenta o poeta e pensador mexicano Octavio Paz, "gira sem fim no vazio; não se move para a frente, mas se repete [...] seu hedonismo é a outra face do desespero; seu ceticismo não é uma forma de sabedoria mas de renúncia; seu niilismo leva ao suicídio e a tipos degradados de crença [...]; seu erotismo é uma técnica, não uma arte ou uma paixão".[12] Ou como Goethe em seu tempo já advertira: "Especialistas sem espírito, sensualistas sem coração — e essa nulidade imagina ter atingido o pico da civilização".[13]

Sob a luz clínica do provável e do factível, a imaginação utópica agride o princípio de realidade. O sonho cultural de um Brasil *brasileiro* — não menos que o sonho social de uma sociedade mais justa e generosa — demanda coragem e ousadia. Ainda assim, o futuro será o que fizermos dele. Não importa

---

12. Octavio Paz, "Mexico y los Estados Unidos: posiciones y contraposiciones", em *El laberinto de la soledad* (ed. Enrico Mario Santi, Madri, 1993), p. 465.

13. Johann Wolfgang von Goethe, apud Max Weber, *The Protestant ethic and the spirit of capitalism* (trad. Talcott Parsons, Londres, 1992), p. 182.

A CULTURA BRASILEIRA NO SÉCULO XXI

quão remoto pareça, a visão de um Brasil ideal não precisa ser uma abstração vazia ou "um brado lírico em meio aos negócios". A força do seu apelo alimenta a esperança e ilumina o horizonte do nosso futuro. "*Tupi, or not tupi* that is the question", indaga o poeta modernista brasileiro Oswald de Andrade.[14] "*Tupi* and *not tupi*", podemos talvez responder, eis a resposta.

14. Oswald de Andrade, "Manifesto antropofágico", em *Obras completas* (Rio de Janeiro, 1978), v. 6, p. 13.

9. Agostinho da Silva, semeador de vida[1]

A leitura de um texto é a ocasião de um encontro. Quando o teor do escrito é predominantemente científico, técnico ou factual, os termos da troca entre autor e leitor tendem a ser claros e bem definidos: o que um oferece e o outro busca na leitura são enunciados teóricos, ferramentas de análise e dados ou informações relevantes para a obtenção de novos resultados. O contato entre as mentes é de superfície e a assimilação dos conteúdos transmitidos é mensurável.

Mas, quando se trata de um texto literário ou filosófico de conteúdo essencialmente reflexivo, a natureza da relação mediada pela palavra escrita é outra. Mais que uma simples troca entre autor e leitor, a leitura é o enredo do cruzamento de dois solilóquios silenciosos e separados no tempo: o diálogo interno do autor ele mesmo enquanto concebe e põe em palavras o que lhe vai pela mente; e o diálogo interno do leitor consigo enquanto lê e interpreta, avalia e recorda (ou não) o que leu. O texto semeia, a leitura insemina: o solilóquio do autor é a semente que finca raízes e frutifica (ou definha) no solilóquio do leitor. A aposta é recíproca, a resultante imprevisível.

Por que ler Agostinho da Silva hoje? Porque o que ele tem a dizer *nos diz respeito*. Porque os dilemas e impasses que formula, não menos que os sonhos

---

1. Introdução à edição brasileira das obras do filósofo português Agostinho da Silva, organizadas por Amon Pinho, com publicação prevista para 2018.

e aspirações que projeta, permanecem agudamente atuais; porque a necessidade que o seu pensamento expressa, não importa quão ofuscada pelas sombras e atribulações do momento, está mais do que nunca viva em nós; porque estudar os seus textos e poder revisitá-los de tempos em tempos, como caros e verdadeiros amigos, tonifica a alma e expande a imaginação criadora daqueles que se dispõem a dialogar com eles. A mensagem de Agostinho diz especial respeito a nós, brasileiros, linha de frente do mundo lusófono, mas vai muito além disso.

Muito se enganaria quem, ao ler Agostinho, imaginasse travar contato com *um filósofo a mais*. Pois mesmo nos textos de caráter pedagógico ou introdutório, como os *Cadernos de informação cultural*, o autor das *Sete cartas a um jovem filósofo* é tudo menos um filósofo acadêmico-burocrata: carreirista titulado de rendosas imposturas, profissional da "exposição sedentária de doutrinas alheias"; tudo menos um doutrinador de escola: catequizador sectário, filiado a partido, facção ou ismo da moda.

"No seu ponto mais alto", desafia ele, tendo claramente Platão como estrela guia, "a filosofia é uma criação perfeitamente similar à criação artística ou religiosa ou amorosa; quem não tem nervos de artista, força de imaginação e quem não tem ao seu dispor uma vida rica pode ser professor de filosofia, mas duvido que chegue alguma vez aos planos em que vale realmente a pena ser filósofo."[2] Nos seus picos de alta voltagem reflexiva e inspiração mitopoética, a obra de Agostinho se mostra à altura do desafio.

Também procurará em vão quem se propuser a buscar em Agostinho o conforto de respostas mastigadas ou o regaço de uma metafísica apaziguadora. A orientação do seu espírito valoriza inquietudes acima de soluções; a intuição acima de raciocínios lógicos estreitos; a pluralidade de perspectivas relevantes acima da harmonia asfixiante dos sistemas.

"A cisterna contém; a fonte transborda."[3] O pensamento de Agostinho

---

2. Agostinho da Silva, *Sete cartas a um jovem filósofo*, em *Textos e ensaios filosóficos* (ed. Paulo Borges, Lisboa, 1999), v. 1, p. 264.
3. William Blake, *The marriage of heaven and hell*, em *The complete poems* (ed. Alicia Ostirker, Harmondsworth, 1977), p. 184.

não é cisterna-sistema: credo fechado à cata de discípulos e exegetas. Ele é cais de aventura ("uma aventura vale na medida em que é perigosa") e fonte transbordante de ousadas prospecções do espírito. Mais que aceitar ou rejeitar *o que ele disse*, importa acima de tudo pensar *com ele* — a favor ou contra ou o que for o caso, mas sempre *para além dele*. Com o endosso da lógica — "a prudência convertida em ciência"[4] — até onde ela alcança, mas sem se deixar prender e apequenar por ela em cautelas de mar costeiro. Em mar aberto e ignoto, se preciso for, e sem outro ensejo senão o apelo do longe.

Diante da disjuntiva opondo ortodoxos e heterodoxos em surda polarização, como nos eternos embates entre crentes e ateus, adeptos da razão e da emoção, nacionalistas e globalistas, esquerda e direita, Agostinho nos faz ver como "cada um deles só exprime metade da vida"[5] e nos provoca ao movimento conjuntivo do paradoxo revivificador — do arco retesado capaz de recolher e acolher aos dois e, depurando-os, projetá-los em renovada e promissora tensão. Se o "ou" disjuntivo repele e congela os polos em atrito, o "e" conjuntivo abraça-os e impele à superação dos contrários.

*

O que tem Agostinho a nos dizer? O cerne da sua contribuição filosófica, creio eu, contempla dois componentes estreitamente ligados. O *primeiro*, de ordem epistêmica, remete aos limites do entendimento lógico-racional do universo, nos moldes da ciência moderna, e à incontornabilidade da dimensão transcendente na experiência humana da vida e do mundo.

O *segundo*, de ordem ético-prática, remete ao imperativo do amor dos homens concretos e da ação transformadora: o inconformismo na busca da justiça e da vida plena para todos. À idolatria da ciência, da técnica e da riqueza material a qualquer preço, fruto da vitória da vertente nórdica-europeia no início da era

---

4. Guimarães Rosa em entrevista concedida ao crítico literário alemão Günter Lorenz, janeiro de 1955.
5. Agostinho da Silva, *Pensamentos à solta*, em *Agostinho da Silva: uma antologia* (ed. Paulo Borges, Lisboa, 2006), p. 24.

moderna, Agostinho responde, sem por isso desprezar as conquistas da modernidade, com a utopia ibérico-tropical de uma compreensão mística, lúdica e fraternal da convivência humana. O dom da vida como celebração imotivada.

A ignorância infinita desconcerta o saber finito. Nossas ideias sobre o mundo, não importa quão sofisticadas, são o produto de uma parte finita e contingente do universo, nós mesmos, procurando dar conta de uma realidade infinita, mutável e infinitamente complexa na qual *nada é igual a nada* (a ideia de igualdade é uma abstração humana) e *tudo está rigorosamente ligado a tudo* (a ideia de causalidade idem).

A precariedade da nossa condição epistêmica, como ilustra Agostinho, nos reduz à situação de um homem que "tendo visto apenas a milésima parte de um milímetro do dente de uma roda de engrenagem tivesse opiniões firmes sobre o gênero de papel ou de bolacha fabricada pela máquina que não a percebe no seu conjunto".[6] Nossas ilhas de conhecimento provisório e local — tudo que a experiência sensível, a lógica e a pesquisa científica especializada nos facultam saber — representam uma parcela ínfima dos vastos oceanos de trevas e mistério que nos cercam de todos os lados.

Sucede, entretanto, que, a partir do advento da ciência moderna no século XVII e da sua crescente e imperial ascendência sobre todas as demais formas de busca e apreensão do mundo, firmou-se, de um lado, a crença de que a inteligência humana disciplinada pela lógica seria capaz de penetrar e render os segredos do universo, visto que há uma coincidência entre a razão e a ordem do mundo; e, de outro, a progressiva obliteração da dimensão do mistério na consciência humana e, com ela, a supressão da experiência do sagrado em nossas vidas.

O produto desse movimento responde pelo nome de *cientismo*: a crença de que qualquer questão genuína sobre a natureza do universo e a condição humana pode ser — e com o tempo será — decifrada pelo avanço da pesquisa científica, ao passo que as questões que não se prestam a uma abordagem nos moldes da ciência não constituem questões ou buscas legítimas e, por isso, devem ser banidas do rol das nossas demandas e inquietudes.

Tema nuclear de sua filosofia, o anticientismo radical de Agostinho

6. Idem, *Sete cartas a um jovem filósofo*, op. cit., p. 231.

ENREDOS BRASILEIROS

jamais se confunde, porém, com uma postura de menosprezo ou rejeição da ciência moderna. "A filosofia que não se apoia num perfeito encadear de raciocínios e numa informação que tem de ser a mais sólida e a mais ampla", adverte ele, "é apenas literatura, e da pior literatura, porque é a literatura dos que não tiveram a força criadora suficiente para escreverem teatro ou poesia lírica ou romance."[7] O interesse apaixonado de Agostinho pela evolução do pensamento racional desde o mundo grego pré-socrático e pelos mais recentes avanços na fronteira da física e da biologia dá testemunho do seu apreço pela aventura da descoberta científica.[8]

O problema não reside na investigação lógico-científica em si, fonte de grandes e inequívocas realizações humanas, mas na ausência de uma compreensão adequada dos seus feitos e limites: na pretensão equivocada de que possa fornecer respostas ao nosso irreprimível impulso de transcendência e busca do significado e do fundamento últimos da nossa existência pessoal e coletiva. "Não *como* o mundo é, é o místico, é ele *ser*", na fórmula lapidar do primeiro Wittgenstein.[9] Ou como observou o físico experimental inglês Brian Pippard, pioneiro da supercondutividade, em palavras que soariam como música aos ouvidos de Agostinho: "Um físico que rejeita o testemunho de santos e místicos não é melhor do que alguém surdo à tonalidade dos sons que ridiculariza o poder da música".[10] *Nada é tudo*: o mundo sensível e a ideia de finito, ao serem postos e nomeados, evocam o que lhes sobrepuja. A música, como o universo a que pertencemos, sugere *o que na música não está*.

*

O passado se presta a ser conhecido, mas não pode ser mudado — é lenha calcinada. O futuro é desconhecido e nem sempre obedece ao passado,

7. Idem, ibidem, p. 249.
8. Ver, por exemplo, os ensaios "Filosofia pré-socrática", "Filosofia nova" e "Ciência e mística".
9. Ludwig Wittgenstein, *Tractatus logico-philosophicus* (trad. C.K. Ogden, Londres, 1922), p. 187.
10. Brian Pippard, "Master-minding the universe" (resenha do livro *God and the new physics*, de Paul Davies), *The Times Literary Supplement*, 29 de julho de 1983, p. 795.

mas responde à força e à ousadia do nosso querer — é promessa de combustão. Se o "talvez" referido ao passado pode em tese ser dirimido por meio de estudo e pesquisa, o "talvez" referido ao futuro incita e provoca não só o apuro das artes preditivas, mas o exercício da imaginação. Daí que as escolhas humanas, quando existem, se deem sempre entre pensamentos, pois será sempre demasiado tarde para escolher entre os fatos. Resta-nos a escolha entre caminhos e futuros imaginados — nítida ou obscuramente — no presente vivido. Os sonhos secretam o porvir.

A filosofia da história de Agostinho da Silva nasce do seu compromisso com a ação transformadora; da sua firme recusa a "contemplar em sossego os desvarios do mundo", como ele assinala nas críticas à resignação estoica e à felicidade da abstenção defensiva e deleitosa do epicurismo. Movido pela "insatisfação com as deficiências de toda a vida que somos obrigados a viver", ele propõe em diversos momentos da sua obra — e com ênfases, interpretações e recortes cambiantes no decorrer do tempo — uma leitura original e abrangente do passado; um diagnóstico da crise civilizatória da nossa época, fruto da irresistível e avassaladora ocidentalização do mundo desde a era dos descobrimentos e do Renascimento europeu; e, tangenciando por vezes a desmedida do impossível, uma visão utópico-profética de futuro, consubstanciada na mitopoética da missão dos povos de língua portuguesa na conversão do mundo ao Reino do Espírito Santo.

Qual é a distribuição temporal do bem e do valor — da plenitude de realização e da excelência da condição humana — no conjunto da história da nossa espécie? Na visão de Agostinho, o desenrolar do drama da trajetória humana obedece a um *enredo circular de redenção*: um enredo em que a ida, afinal, é um regresso, e o arco da história constitui um longo e tortuoso pesadelo — ainda que necessário para o fecho do périplo — do qual a humanidade luta por despertar.

O motor do processo é "o irredutível amor da liberdade que é a essência do homem",[11] e o fato capital da trama — "a catástrofe da qual nunca nos

---

11. Agostinho da Silva, *Educação de Portugal*. Lisboa, 1989, p. 113.

recuperamos", na expressão do biólogo evolucionário Jared Diamond[12] — foi a passagem, há cerca de 12 mil anos, do modo de vida livre e errante dos agrupamentos de coletores, baseados na coleta e na caça, para as sociedades agrícolas e pastoris nas quais surgem e se afirmam, em populações cada vez maiores, o trabalho servil ou a soldo, a exacerbação do sentido de posse, a subordinação da mulher, as religiões organizadas e o poder político centralizado.

A domesticação de plantas e animais teve como contrapartida um não menos violento processo de domesticação dos humanos — uma "guerra à natureza" externa e interna — em que a "educação das crianças" passa a ter papel decisivo. Como ele destaca no ensaio introdutório de *A comédia latina* (e elabora, mais tarde, em *Educação de Portugal*), "a pedagogia de que tanto nos orgulhamos" não é mais que uma capitulação às exigências do mundo do trabalho e da obediência às leis, o disciplinamento calcado na "submissão e extinção gradual dos instintos e das espontaneidades criadoras que não podem ter cabimento na vida social", daí se originando no correr do tempo, e com redobrada força a partir do início do mundo moderno e da Revolução Industrial do século XVIII, "tudo que depois se tomou por natureza humana e que não é senão o resultado da pressão e da deformação a que, por necessidade de defender a vida, foi submetido o homem".[13]

O efeito dessa crescente e implacável domesticação visando a máxima desanimalização possível da humanidade foi "uma separação entre a natureza humana e o comportamento humano": um processo de maceramento do psiquismo arcaico em que se "trocou a espontaneidade pela regra, a alegria pelo sacrifício, a natureza pela sociedade e, se não receássemos ir longe demais, diríamos que se trocou o instinto pela razão ordenadora [...] uma quebra entre os impulsos mais profundos e a necessária vida social".[14]

O quadro descrito por Agostinho, ao retratar a precariedade das coordenadas morais e culturais da modernidade ocidental, guarda parentesco com o

---

12. Jared Diamond, "The worst mistake in the history of the human race", *Discover*, 1º de maio de 1999 (disponível on-line na internet).

13. Agostinho da Silva, *A comédia latina* (Porto Alegre, 1952), p. xii.

14. Idem, ibidem.

mito da degradação humana a partir da Idade do Ouro narrado pelo poeta grego Hesíodo em *Os trabalhos e os dias* e, sobretudo, com o panorama traçado por Lucrécio, no *De rerum natura*, sobre o aviltamento moral vivido pela civilização romana: se nos primórdios, ponderou o poeta latino, "era a fome que trazia a morte, agora, ao contrário, é a abundância que nos destrói; naquela época, os homens muitas vezes ingeriam veneno por ignorância; hoje em dia, mais bem instruídos, eles se envenenam uns aos outros".[15]

De modo análogo, sustenta o filósofo português, se o triunfo da civilização tecnocientífica ocidental permitiu, por um lado, derrotar o fatalismo das pragas, doenças e carências materiais do mundo arcaico, ele também se fez acompanhar, por outro, de um radical estreitamento ético e da progressiva corrosão dos laços afetivos e de qualquer senso de transcendência e propósito na vida.

> A vida tornou-se laica e tornou-se feroz, implacável e, o que é pior ainda, sem sentido nenhum que eleve a vida além da vida. É uma série de momentos em que se produz para se consumir e se consome para se poder produzir de novo. As relações do finito com o infinito, da parte com o todo parecem, em instantes mais críticos, correr o risco de se perder por completo; o ato gracioso da oferta aos seres fraternos, [...] a gratuidade de viver, desaparecem rapidamente de um mundo que se dessacraliza.[16]

Desprovidos de fé no futuro e aspiração de grandeza, pertencendo ao mundo como percevejos raciocinantes ou mariposas hedônicas, os homens e mulheres se portam como o seu anêmico e minúsculo horizonte espiritual recomenda.

O prejuízo humano dessa perda, contudo, não obstante a privação de liberdade e de plenitude sacrificadas no caminho, justificava-se pela promessa de emancipação que encerrava. Pois, se é verdade que "o progresso técnico se fez à custa do fundo moral", Agostinho acreditava também que ele, ao mesmo

---

15. Lucrécio, *De rerum natura*, Livro v, linhas 1006-10.
16. Agostinho da Silva, *A comédia latina*, op. cit., p. xv.

ENREDOS BRASILEIROS

tempo, havia criado as condições materiais necessárias para um retorno, em novas bases, à paz, harmonia e espiritualidade perdidas. "A fome na vida do homem primitivo", sustentou, "pôs em risco a sua alma porque não pode haver real sentido do divino com estômagos vazios; a salvação da alma do homem implicava a luta contra a fome, o que se fez e está fazendo pelo progresso técnico; os descobrimentos científicos vão permitir que as almas se salvem; vão permitir o regresso do divino."

Em contraste com o mundo greco-romano, as condições para o esperado avanço estariam agora objetivamente postas, tendo em vista que "temos hoje à nossa disposição os meios técnicos de dominar a fome e a miséria e de dar ao homem uma liberdade sem limites para exprimir a sua verdadeira natureza".[17] O preço foi pago e a carta de alforria arrematada. O que nos impede de começar a colher os frutos espirituais e afetivos das nossas conquistas materiais?

A crença no potencial emancipador do progresso técnico não é nova. Quando os fusos e as rocas trabalharem sozinhos, especulava Aristóteles na *Política*, os aprendizes, mestres e escravos deixarão de existir. Variações sobre o tema aparecem, em diferentes contextos, tanto na tradição dos economistas ingleses, como Mill e Keynes, quanto na linhagem da filosofia crítica alemã de Marx a Marcuse. A expectativa, porém, teima em frustrar-se. Os milagres da tecnologia e o brutal aumento da produtividade dos últimos séculos não eliminaram a faina do trabalho a contragosto em troca de bom troco para a maioria (os que têm a "sorte" de um emprego), e o afã de consumo e enriquecimento atropelou o sonho de que as questões ligadas a economia e finanças deixassem de nos atormentar e pudessem afinal ser relegadas a um plano secundário — ao "assento traseiro", como dizia Keynes[18] — no rol das preocupações humanas.

Agostinho partilhava nesse ponto da crença otimista dos seus antecessores. "É quase certo", chegou a afirmar, "que está muito mais perto do que ge-

17. Idem, ibidem, pp. xv-xxiii.
18. John Maynard Keynes, "Economic possibilities for our grandchildren", em *Essays in persuasion* (Nova York, 1963), p. 366.

ralmente se julga o fim do tempo do sacrifício e da batalha."[19] O seu inconformismo diante do fosso entre a realidade e o potencial humanos, aliado à sua fé na energia criadora e "nas possibilidades divinas do homem", foi o esteio da sua visão de futuro, ainda que por vezes ele aventasse o temor, logo afastado, de que a humanidade pudesse "nunca reencontrar o caminho" e de que o enredo circular de redenção desse lugar ao seu reverso: uma espiral descendente de perdição na qual o homem se põe e se considera, cada vez mais, "como o dono do mundo, com o direito de destruir os animais e as plantas, de escravizar os irmãos homens e de transformar a vida inteira nalguma coisa que não tem outro fim senão o de sustentar a sua vida material".[20] O pessimismo dessas palavras, é certo, nunca foi a tônica da visão de futuro agostiniana. Mas seria exagero dizer que o meio século transcorrido desde que foram escritas só fez reforçar a sua urgência e atualidade?

*

Mas o que é absolutamente original em Agostinho — e de especial relevância para nós, brasileiros do século XXI — é o que ele tem a dizer sobre a função planetária dos povos e culturas de língua portuguesa e seu potencial de liderança na afirmação de valores e na construção de formas de vida e sensibilidade capazes de superar os impasses e ameaças a que chegamos na trilha do tecnoconsumismo ocidental. O tom por vezes messiânico e a roupagem mitopoética da sua mensagem não deveriam obscurecer a essencial pertinência e a justeza do seu argumento.

O substrato de uma cultura é a sua visão da vida: seus valores e crenças; temores e sonhos; anseios e esperanças. Os séculos XVI e XVII presenciaram o embate definidor dos rumos da modernidade ocidental. Nos albores da Renascença, da revolução copernicana e da aventura colonial, duas variantes distintas da civilização europeia — os países da península Ibérica católica e as nações emergentes do Norte protestante — rivalizaram-se pela supremacia

19. Agostinho da Silva, *A comédia latina*, op. cit., p. xxiii.
20. Idem, ibidem, p. xv.

não apenas geopolítica e econômica, mas também cultural e espiritual do mundo em expansão.

O tempo, sabemos, foi cruel com as pretensões dos povos ibéricos. Portugueses e espanhóis lutaram com as armas de que dispunham, como retratou Agostinho, "com os seus místicos, os seus navegadores e exploradores, os seus artistas e autores de teatro [...] pela permanência dos ideais cristãos da Idade Média [...], mas acabaram vencidos; o capitalismo, o cientismo e o protestantismo mais ou menos laico dos povos nórdicos eram movimentos demasiadamente fortes e estavam demasiadamente dentro da lógica da história para que as esperanças peninsulares pudessem ter qualquer possibilidade de triunfo".[21]

As consequências desse desfecho dominaram os últimos três séculos: de um lado, a retração da cultura do mundo ibérico ("a Europa se vendeu ao Diabo e o dinheiro que nisso ganhou lhe serviu para comprar Portugal", ironizou Agostinho);[22] e, de outro, a irresistível ascensão e esmagador predomínio, em escala planetária, dos valores mais caros à cultura nórdica anglo-americana vitoriosa: o culto da ciência, da tecnologia e da riqueza material como métricas de sucesso ou fracasso das nações e como passaportes da felicidade humana.

Sucede, contudo, que o ciclo ascendente da civilização anglo-americana tem dado sinais evidentes de esgotamento. O Ocidente tecnoconsumista promoveu uma aceleração do trabalho e da cobiça por riqueza como jamais o mundo conheceu. A exacerbação do elemento competitivo — quantificável e calculista — tomou conta de todas as esferas da vida; a utilidade e a máxima eficiência em tudo tornaram-se a pedra de toque de todas as escolhas e conclusões.

E tudo em nome do quê? Em vez de se libertarem do jugo da ansiedade, da ganância e do primado da economia sobre suas vidas, as sociedades ocidentais se precipitaram, como que tomadas por louca compulsão, rumo à reprodução da riqueza e da necessidade numa escala ampliada. A ascensão de forças regressivas, xenófobas e populistas nas democracias maduras ocidentais, o

---

21. Idem, ibidem, p. xxiii.
22. Idem, *Um Fernando Pessoa*, em *Agostinho da Silva: uma antologia*, op. cit., p. 191.

AGOSTINHO DA SILVA, SEMEADOR DE VIDA

apelo a formas infantilizadas de religião, como o *prosperity gospel* estadunidense, e a fuga hedonista para estados alterados de consciência e gratificações dígito-ilusórias de toda sorte são índices da angústia e do niilismo que corroem o Ocidente.

Mas o ponto crucial é que a espiral deflagrada pela hegemonia dos valores nórdico-europeus em escala planetária não poderá durar indefinidamente. *A natureza impõe limites.* O agravamento da crise ambiental, de um lado, materializada na extinção em massa de espécies, na predação dos recursos hídricos e na mudança climática; e os sinais de uma emergente crise da ecologia psíquica, de outro, evidenciada pela epidemia de transtornos mentais, pela erupção recorrente de atos violentos sem motivação aparente e pela explosão da demanda por drogas lícitas e ilícitas (antidepressivos, ansiolíticos, soníferos, estimulantes, narcóticos e substâncias psicoativas), definem os limites de um projeto civilizatório que fez da "guerra à natureza" — externa e interna — o seu leitmotiv e razão de ser. Como sintetiza de forma lapidar o papa Francisco na encíclica *Laudato si'*, dedicada ao poeta, pregador e asceta medieval Francisco de Assis, inspirador-mor do ideário agostiniano: "Os desertos externos estão aumentando no mundo porque os desertos internos se tornaram tão vastos".[23]

*

Por onde ir? Agostinho nunca foi ou se propôs a ser um estratego da revolução. Se uma transformação pretende ser genuína e a mais profunda possível, ela não pode ser simplesmente instaurada de cima para baixo pela vontade férrea de uma autoproclamada vanguarda. Nada de saltos, rupturas abruptas com o passado ou assaltos ao poder. A transformação que interessava a Agostinho não era política, no sentido mais estreito do termo — a charlatanice da "grande Revolução" —, mas *espiritual*: a transvaloração dos valores e a afirmação de novas formas de vida e sensibilidade pelo contágio e gradual

---

23. *Encyclical letter Laudato si' of the Holy Father Francis on care for our common home* (Vaticano, 2015), §217, p. 158.

conversão das almas, como na absorção e conquista do Império Romano por uma obscura seita judaica chamada cristianismo. O caminho da mudança não viria de uma "cura súbita" ou salto pseudorrevolucionário, mas de um processo incremental que se deveria semear no mais íntimo de cada um e, uma vez concretizado historicamente, haveria de inaugurar um novo tempo, sem a necessidade de centros de poder político ou religioso ortodoxos.

"As grandes épocas de crise", observou Agostinho, "são exatamente aquelas em que o progresso técnico é o mais elevado possível e a consciência moral uma luz mínima que parece a cada momento ir apagar-se de todo no fragor das tempestades econômicas e políticas."[24] Em face da crise civilizatória em que desembocou o mundo colonizado pelos valores estreitamente utilitários da cultura anglo-americana, com sua idolatria do sucesso competitivo, Agostinho propõe uma profunda reavaliação dos nossos ideais culturais.

Os povos de origem lusófona não deveriam se perceber como cópias pioradas ou caricaturas de um padrão de convivência pautado por uma métrica de sucesso que nunca foi a sua, mas como cultura dotada de individualidade própria e, sobretudo, como alternativa real a um mundo caduco: como cultura imbuída de valores e saberes aptos a oferecer caminhos originais e vetores corretivos diante dos dilemas e desafios da modernidade.

Agostinho sempre teve como alvo maior a ampliação dos nossos horizontes imaginativos — o desbravar das "Índias espirituais" — e a expansão mais plena das energias e da criatividade de que cada ser humano é portador: "homens vivendo na sua integridade uma vida inteira e não despedaçados na angústia, econômica e noutras, só farrapos de vida".[25] E o Brasil, onde viveu e trabalhou por mais de vinte anos, de 1947 a 1969 ("voluntariamente me tornei brasileiro"),[26] e onde realizou importantes iniciativas de cunho institucional, como a criação do Centro de Estudos Afro-Orientais em Salvador em 1959,[27] converteu-se com o tempo em depositário de suas mais caras esperanças.

---

24. Agostinho da Silva, *A comédia latina*, op. cit., p. xv.
25. Idem, *Reflexão*, em *Agostinho da Silva: uma antologia*, op. cit., p. 189.
26. Idem, *Educação de Portugal*, op. cit., p. 99.
27. Ver Antonio Risério, *Avant-garde na Bahia* (São Paulo, 1995), pp. 74-87.

AGOSTINHO DA SILVA, SEMEADOR DE VIDA

"Que tome o Brasil inteiramente sobre si, como parte de seu destino histórico", sustentou ele diante do "abatimento tenaz, indiferente e abjeto" da gente portuguesa, "a tarefa de, guardando o que Portugal teve de melhor e não pôde plenamente realizar e juntando-lhe todos os outros elementos universais que entraram em sua grande síntese, oferecer ao mundo um modelo de vida em que se entrelaçam numa perfeita harmonia os fundamentais impulsos humanos de produzir beleza, de amar os homens e de louvar a Deus".[28] A fusão singularmente brasileira das culturas afro-indígenas com a matriz lusa — "onde os sangues misturam-se a tal ponto que a alma perdeu seus limites", como anotou Albert Camus em seu diário durante visita ao Brasil[29] — fazia a diferença.

Ciente de que para falar ao coração dos homens e expandir a imaginação moral não basta dirigir-se apenas ao intelecto ou ao senso estético, Agostinho imbuiu sua visão de futuro não apenas de utopia, mas de mito, entendido não como fábula ou ficção de outro mundo, mas como fonte de sentido deste e como estrela guia da mudança. "A preocupação essencial", diz ele, "se não põe em discutir ou construir sistemas, mas em dar aos homens a esperança de que sua miséria não será eterna e que tempos virão em que a fome, a cadeia, o temor em qualquer das suas formas, o trabalho como superior ao sonho, o homem de ação como superior ao poeta, serão apenas péssimas lembranças do passado."[30]

Surge aí a mitopoética do advento do Reino do Espírito Santo, inspirada na teologia da história do abade cisterciense calabrês Joaquim de Fiori, e consubstanciada na visão agostiniana do retorno em novo patamar — alicerçado pelas conquistas tecnocientíficas e materiais da modernidade — dos ideais de cooperação, irmandade, despojamento e espírito igualitário praticados pelos povos de cultura ibérica na Idade Média. Como prefiguração simbólica desses novos tempos, Agostinho evoca a tradição popular do Culto do

28. Agostinho da Silva, *Reflexão*, em *Agostinho da Silva: uma antologia*, op. cit., p. 190.
29. Albert Camus, *Diário de viagem* (Rio de Janeiro, 1997), p. 108.
30. Agostinho da Silva, "Algumas considerações sobre o culto popular do Espírito Santo", em *Agostinho da Silva: uma antologia*, op. cit., p. 195.

Espírito Santo, criado em Portugal pela rainha Isabel e d. Dinis no século XIV, e que mais tarde se espalharia pelo mundo lusófono, especialmente Brasil e ilhas açorianas, nas chamadas Festas do Divino.

A celebração do Divino ritualiza a chegada de uma era de abundância, liberdade e criatividade metaforicamente representada pela coroação de uma criança (ou pessoa pobre) como rei ou rainha, acompanhada da oferta de presentes aos casais jovens, da soltura dos presos e de um banquete servido gratuitamente a todos. O poder régio conferido à criança simbolizaria, nas palavras de Agostinho, "que desse momento para diante não é o trabalho que valerá mais no mundo, mas sim o jogo; não é o cálculo que levará a palma, mas sim a fantasia; não é a chamada realidade que manietará o sonho, mas sim o sonho que subjugará o real, ou, afastando o véu das ilusões, nos mostrará em que sombras acreditávamos em lugar de deixar que nos banhasse um sol pleno".[31]

A Festa do Divino, em suma, seria a prefiguração embrionária ou ensaio geral da concretização histórica e coletiva de um novo mundo, pautado pelos valores de um Portugal que não é lugar geográfico, mas o Portugal-ideia do Quinto Império de Antônio Vieira e do sebastianismo erudito de Fernando Pessoa: o espírito lusíada como categoria metafísico-religiosa.

Tempos sombrios, utopias fulgurantes. Não é preciso aceitar os detalhes e o colorido particular da visão mitopoética agostiniana — em boa dose obsolescida no que ela tem de embasamento teológico-cristão e fundo rural — para reconhecer a pertinência da intuição central da qual ela decorre e a atualidade do anseio que a alimenta. A ruína e o vazio que enxergamos ao mirar a degradação da natureza externa e as ameaças ambientais que nos acossam, frutos espúrios da arrogância e da ganância humanas, são a contrapartida da devastação que se alastra em nossa natureza interna, no subsolo da consciência civilizada. Quanto mais racionais e ciosos do autointeresse individual almejamos ser — calculistas, competitivos e eficientes em tudo —, mais miseráveis nos tornamos. A "mão invisível" caminha a passos largos e de braço dado com o *mal invisível.*

31. Idem, ibidem, p. 198.

O espírito, como o vento das grandes mudanças, sopra onde quer, quando quer e para onde quer. O que aí está a desertificar o planeta e a deprimir os humanos não pode durar. Agostinho da Silva, alma febril da estirpe dos navegadores, afirma a primazia da fé sobre o desencanto; da entrega sobre o cálculo; do congraçamento sobre a competição feroz; do brincar sobre o pelejar; do amor sobre a troca de equivalentes. "A maturidade do homem", como propõe Nietzsche, "significa reaver a seriedade que se tinha quando criança ao brincar."[32] Agostinho da Silva, alma atlântica da estirpe dos descobridores, provoca quem navega e dialoga com ele a ousar para além das fronteiras do universo conhecido e adentrar o mar aberto do mistério e do chamado. A não se contentar com nada que seja menos que sonhar, descobrir e criar um novo mundo.

---

32. Friedrich Nietzsche, *Além do bem e do mal: prelúdio a uma filosofia do futuro* (trad. Paulo César de Souza, São Paulo, 1996), §94, p. 71.

SEGUNDA PARTE
DISPERSOS LITEROMUSICAIS

10. Por que ler Aristóteles hoje[1]

Existem autores que obcecam a posteridade. As interpretações de seu pensamento passam, mas o vigor da obra, qual motor imóvel, permanece vivo e capaz de animar as novas gerações a retornar a ela.

Vinte e quatro séculos de interpretação produziram os mais diversos Aristóteles: o diluidor do platonismo dos neoplatônicos e "o mestre dos que sabem" de Dante; o "príncipe dos filósofos" dos exegetas islâmicos e a viga mestra da escolástica cristã medieval; a bête noire de Galileu, Descartes e Hobbes e o empirista infatigável dos tratados biológicos; um proto-hegeliano e um adepto do senso comum escocês; a "consciência possível" do mundo grego e o inimigo da ordem liberal; um existencialista heideggeriano avant la lettre e um precursor da filosofia analítica anglo-americana; o sistematizador dogmático e o cultor de aporias. O elenco dos Aristóteles possíveis — criados e potenciais — parece não ter fim.

Cada um desses Aristóteles tem a sua dose de verdade. Todos reivindicam o seu direito à cidadania na história das ideias e oferecem uma pequena antologia de textos, cuidadosamente extraídos da obra do mestre, a fim de legitimar o pleito. Afinal, como lembra o próprio Aristóteles em outro contexto, "algumas dessas coisas vêm sendo ditas por inúmeras pessoas há um bom tempo, e

---

1. Artigo publicado na revista *Entrelivros*, número especial "Grécia em cena", n. 1, 2005, pp. 80-3.

outras por algumas poucas merecedoras de respeito; é razoável supor que nenhuma delas tenha errado totalmente o alvo, mas que cada uma tenha acertado ao menos em certas coisas, ou até mesmo em muitas delas" (*Ética a Nicômaco*, 1098b26).

O equívoco seria imaginar que alguma leitura, por mais exaustiva e criteriosa, possa representar a palavra final ou a verdade plena sobre ele. Sobre alguém tão grandioso e multifacetado como Aristóteles, o máximo que podemos legitimamente aspirar são verdades parciais — interpretações fadadas a serem corrigidas por novas abordagens e deslocadas por outras verdades parciais. É indutivamente confortável prever que novos Aristóteles continuarão a ser gerados (ou ressuscitados) no futuro.

Como explicar a perene atualidade de Aristóteles? Qual a fonte do sempre renovado interesse por sua obra? Parte da resposta, creio, está na espantosa abrangência e qualidade de sua contribuição aos mais diferentes ramos do conhecimento: lógica, ciências naturais, metafísica, psicologia, ética, política, economia, retórica e estética. É plausível supor que nenhum outro pensador, em tempo algum, tenha chegado a saber e sistematizar uma proporção tão vasta de tudo que havia para se saber em sua época. O sistematizador do sabido, contudo, não sufocou o desbravador do saber.

O padrão se repete. É surpreendente verificar a frequência com que trabalhos especializados de pesquisa — não apenas em filosofia, mas em diversos ramos das ciências naturais e sociais — terminam de algum modo aprofundando pistas, recuperando abordagens ou tangenciando ideias que já estavam delineadas em tratados aristotélicos. Entre os casos recentes figuram, por exemplo, a "teoria das catástrofes" do físico-matemático francês René Thom, a economia do bem-estar desenvolvida pelo prêmio Nobel de economia Amartya Sen e a "nova retórica" do lógico belga Chaim Perelman.

Se há uma ponta de ironia na observação de Aristóteles de que, "com toda a probabilidade, cada habilidade e cada filosofia já foi descoberta muitas e muitas vezes e novamente sucumbiu" (*Metafísica*, 1074b10), parece justo afirmar, no entanto, que a história das ideias registra, sim, movimentos cíclicos e que estes, por seu turno, teimam em retomar, às vezes por caminhos inesperados, trilhas e temas peripatéticos.

O principal, porém, não é isso. O que verdadeiramente diferencia Aristóteles e lhe dá um lugar de absoluta preeminência na história da filosofia não são as doutrinas, teorias ou teses substantivas que chegou a propor. É a qualidade do seu *fazer filosófico*. Não só a forma como ele cuidadosa e pacientemente baliza e encaminha o trabalho investigativo, recolhendo saberes, pesando evidências e ajustando conceitos, mas a extraordinária força e engenhosidade da argumentação empregada na busca do saber.

Para além de todos os resultados concretos colhidos por Aristóteles em seu trabalho de pesquisa e reflexão, é no pensamento *in statu fiendi*, isto é, o pensamento a se fazer e se moldar — a se desdobrar e testar os seus limites —, que reside, acima de qualquer outra coisa, o valor perene e a sempre renovada força de atração de seu legado. É por isso que, mesmo que todas as suas teorias e conclusões viessem a ser positivamente refutadas — o que está longe, é claro, de ser o caso —, sua obra não se reduziria à condição de peça de antiquário, restrita a um punhado de excêntricos e exegetas. Ler Aristóteles é caminhar e refletir com ele. O ponto de chegada é provisório; a estrada percorrida, imortal.

*

Entre as características gerais do fazer filosófico aristotélico — e tendo em vista a sua possível relevância contemporânea —, três aspectos me parecem especialmente dignos de destaque: (1) os preliminares de uma investigação; (2) o compromisso com a clareza e os cuidados referentes ao uso da linguagem; e (3) o caráter cooperativo e aberto da busca genuína do conhecimento.

1) *Preliminares da investigação.* O primeiro passo em qualquer trabalho de pesquisa ou reflexão é a determinação da exata natureza do problema a ser investigado. Chegar à *pergunta certa*, ou seja, a uma questão ou problema central que tenha sido devidamente identificado e que seja merecedor de um esforço de investigação, não é tarefa fácil. Nessa etapa da jornada costumam naufragar inumeráveis aventuras de descobrimento. "É necessário, tendo em vista o conhecimento que buscamos, investigar de início quais são as primeiras

questões a serem feitas. Isso inclui tanto os pensamentos de outros sobre elas como qualquer outra coisa que eles tenham porventura omitido. Para aqueles que almejam solucionar questões é proveitoso colocar essas questões bem, pois a resposta que emergir consistirá na solução de dificuldades previamente encontradas e é impossível desatarmos algo a não ser que saibamos qual é o nó" (*Metafísica*, 995a24). Qual é o nó a ser desatado? Uma boa pergunta é, com frequência, metade da pesquisa.

Essa preocupação percorre todo o trabalho maduro de Aristóteles e, ao que parece, já se fazia presente em seus diálogos de juventude — escritos nos tempos de estudante na Academia dirigida por Platão —, que eram precedidos por um proêmio no qual o autor delineava as questões a serem debatidas pelos participantes. Uma argumentação bem conduzida pressupõe um desafio bem formulado e uma questão compartilhada. Embora não se restrinja a isso, uma das funções centrais da dialética de Aristóteles consiste no recolhimento das opiniões preexistentes sobre determinada questão teórica ou prática visando: (a) a sua melhor formulação e (b) a busca de soluções por meio de um trabalho de elucidação e avaliação que incorpore, na medida do possível, as opiniões passadas como contribuições parciais.

2) *Uso da linguagem.* "Pensar como um sábio, falar como uma pessoa comum." O compromisso com a clareza, sem prejuízo da profundidade, é um dos traços definidores do fazer filosófico aristotélico. Aristóteles não se trancou na cela de uma terminologia técnica altamente especializada, repleta de termos especiosos, nem fez da obscuridade o biombo da absurdidade. Sua opção preferencial é pela transparência e acessibilidade da linguagem comum, ainda que por vezes ele julgue necessário depurá-la de impurezas e ambiguidades. A recomendação wittgensteiniana — "por vezes uma expressão necessita ser retirada da linguagem e submetida a uma lavagem antes de ser recolocada de volta em circulação" — poderia ter perfeitamente saído de um tratado aristotélico.

Ao mesmo tempo, Aristóteles evita recorrer às artimanhas da sedução estética em seu trabalho filosófico. "Tudo aquilo que é dito metaforicamente não está claro" (*Tópicos*, 139b34). A inversão em relação a Platão é completa. Enquanto o seu ex-mentor se serviu à larga do arsenal poético e retórico em seus diálogos, mas pretendeu banir os poetas e condenou veementemente a retórica, Aristóteles preserva o mais frio distanciamento e neutralidade nos meios de expressão que emprega, mas sustenta a legitimidade da poesia no âmbito da pólis e oferece uma análise penetrante e uma fundamentação racional da arte retórica. Ele sabe que com imagens, alegorias e dramatizações é possível persuadir e convencer, mas não provar ou justificar racionalmente. Daí que o apelo do persuasivo e do convincente, embora perfeitamente válido em suas instâncias apropriadas, deva ser evitado pelos que perseguem o saber racional. "A clareza é a virtude do estilo" (*Retórica*, 1404b2). Quando se trata do uso da linguagem, o belo e o verdadeiro podem impelir o filósofo em direções não convergentes.

Nem por isso, contudo, Aristóteles perdeu de vista os limites do rigor e da precisão no uso da linguagem em teorias e argumentos que se pretendem pautados pela disciplina da razão. Ainda que o *ideal* do conhecimento apodíctico (demonstrativo e irrefutável) seja válido para todas as ciências e áreas do saber, isso não significa que ele resolva todos os problemas ou possa ser indiscriminadamente usado. "A marca de uma pessoa educada é buscar tanta precisão em cada classe de coisas quanto a natureza do assunto permite. Demandar uma demonstração lógica de um orador seria tão absurdo quanto permitir a um matemático servir-se das artes da persuasão. [...] Não se pode exigir o mesmo grau de precisão em todas as discussões" (*Ética a Nicômaco*, 1094b23).

A falta e o excesso — extremos simétricos — se tocam. Quando o afã da razão ignora e atropela os limites da racionalidade, a irracionalidade irrompe. O pai da lógica analítica e formalizador do método dedutivo — capaz de fornecer conclusões demonstrativamente verdadeiras a partir de premissas aceitas — foi também o primeiro a reconhecer o domínio restrito de sua aplicabilidade. A húbris cognitiva é inimiga do conhecimento. "Recordar-se de que se é tão somente um homem", alerta Aristóteles no fragmento de um texto juvenil que se perdeu, "é algo que convém não apenas ao afortunado, mas também ao lógico."

3) *Caráter do conhecimento*. Com Aristóteles a filosofia alcança a maioridade da autoconsciência. Ele é o primeiro filósofo ocidental do qual temos

registro que se mirou e colocou a si mesmo, de modo explícito e sistemático, em seu próprio contexto histórico. Sua dialética representa um esforço criterioso de resgate, assimilação e filtragem do saber constituído — a afirmação do caráter eminentemente cooperativo e aberto ao novo de toda busca genuína do conhecimento.

O presente é o herdeiro do passado, assim como o futuro herdará um dia tudo aquilo que pudermos legar a ele. Especialistas ou leigos, físicos ou poetas, "todos têm algo a contribuir". Sem abrir mão da verdade como alvo da cognição, Aristóteles jamais incorre na suprema imodéstia, comum a tantos intelectuais antigos e modernos, de decretar que só são válidas as perspectivas tomadas de um único ângulo, ou seja, aquele que ora ocupamos. Quando o saber verdadeiro (*episteme*) ou a sabedoria do agir (*fronesis*) estão em jogo, ele afirma, "está aberto a qualquer um fornecer o que falta". "O tempo é um ótimo descobridor e aliado nessas coisas" (*Ética a Nicômaco*, 1098a22).

Ao lado do crivo lógico, o trabalho empírico tem um papel fundamental no processo de filtragem e conquista de novos saberes. O contraste com o autor do *Timeu* é nítido. Da meteorologia à ética e política, todas as investigações aristotélicas são balizadas pelos dados da experiência e pela evidência empírica. Em nenhuma ocasião Aristóteles invoca um mundo transcendente de formas platônicas — o acesso privilegiado a algum tipo de realidade que extrapole os fatos observáveis e a experiência comum — como critério de verdade.

Um exemplo singelo da biologia aristotélica ilustra bem o ponto: "Este, então, parece ser o modo de reprodução das abelhas, a julgar pela teoria e pelo que parecem ser os fatos sobre o assunto. Os fatos, entretanto, não foram ainda devidamente certificados. Mas, se vierem a sê-lo, então devemos confiar na evidência dos sentidos, ao invés de na teoria, e nas teorias apenas caso as suas conclusões estiverem de acordo com os fenômenos" (*De generatione animalium*, 760b28).

Na colmeia como nos céus, a observação criteriosa e o uso do instrumental lógico-crítico — e não o apego a essências ou princípios apriorísticos — decidem provisoriamente a questão. De igual modo, em sua ética Aristóteles mantém as janelas da reflexão abertas ao arejamento da experiência vindoura. Ao ponderar, por exemplo, as diferenças de opinião entre os sábios e as pessoas comuns acerca da felicidade (*eudaimonia*), ele conclui que, embora "as opiniões dos sábios pareçam, portanto, se harmonizar com nossos argumentos", não obstante "a verdade em questões práticas é discernida a partir dos fatos da vida" (*Ética a Nicômaco*, x.9). Nenhum saber é final.

Não se trata, é evidente, de reincidir em anacronismos historiográficos e transformar Aristóteles em protótipo do "homem de ciência" ou empirista lockiano embrionário. O que se busca é evidenciar como a orientação empírica do seu pensamento — tal como a dialética, uma nota constante ao longo de sua obra — concorre para assegurar o caráter genuinamente cooperativo e aberto ao novo de sua paixão pelo conhecimento. Não é preciso omitir ou negar o que há de caduco e equivocado em Aristóteles — os excessos teleológicos; o otimismo ingênuo de sua psicologia moral; a defesa da escravidão; a condenação dos juros e do comércio; a pletora de erros factuais em anatomia, zoologia, astronomia — para reconhecer o que há de fértil e duradouro em sua vasta contribuição e a isso render tributo.

*

Vivemos hoje em dia sob o impacto de um big bang informacional. Estima-se que a quantidade total de informação no mundo — o volume acumulado de exabytes (10^{18} bites cada) armazenados em papel, filme e mídias ópticas e eletrônicas — tenha dobrado nos primeiros três anos do novo milênio. Ocorre, no entanto, que, embora a massa bruta de informação disponível tenha crescido explosivamente desde os tempos do iluminismo grego de Sócrates, Tucídides e Eurípides, a capacidade intelectual dos homens, ao que tudo indica, permanece mais ou menos a mesma. O poder da mente individual não cresce na proporção do aumento do estoque de saber acumulado. Estamos fadados a nos tornar cada vez menores e mais insignificantes em relação ao universo de dados, informações, símbolos e inteligência publicamente disponível que nos cerca.

O estudo dos clássicos da cultura grega é um aliado valioso — talvez o melhor de que dispomos — contra o estilhaçamento da atenção e o caos informacional que nos acossam. Ler e estudar Aristóteles não é adentrar uma redoma de ideias feitas e valores fósseis — é desfrutar do privilégio de fazer contato com o poder sereno, penetrante e inigualável de sua mente. É ingressar na fabulosa arena de argumentação racional de sua filosofia e exercitar-se na disciplina austera de raciocínio, ponderação, crítica e reflexão que ensina a transformar informação em conhecimento e capacidade analítica em sabedoria de vida. Aristóteles não é doutrina ou sistema — é ferramenta de pensar e bússola do agir. Ao caminhar alguns passos em sua companhia, vislumbramos o que seria viver à altura do que há de melhor em nós.

11. Como vencer o canto das sereias?[1]

Quem é tão firme que por nada pode ser seduzido? O canto das sereias é uma imagem que remonta às mais luminosas fontes da mitologia e literatura gregas. As versões da fábula e os detalhes da narrativa variam de autor para autor, mas o sentido geral da trama é comum.

As sereias eram criaturas sobre-humanas: ninfas de extraordinária beleza e de um magnetismo arrebatador. Viviam sozinhas numa ilha do Mediterrâneo, mas tinham o dom de chamar a si os navegantes, graças ao irresistível poder de sedução do seu canto. Atraídos por aquela melodia divina, os navios costeavam a ilha, batiam nos recifes submersos da beira-mar e naufragavam. As sereias então devoravam impiedosamente os tripulantes. O litoral da ilha era um gigantesco cemitério marinho em que repousavam as incontáveis naus e ossadas tragadas por aquele canto desde o início das eras.

Doce o caminho, amargo o fim. Como escapar com vida do canto das sereias? Muitos tentaram, mas pouquíssimos conseguiram salvar-se. A literatura grega registra *duas* soluções vitoriosas.

Uma delas foi a saída encontrada, no calor da hora, por Orfeu, o incomparável gênio da música na mitologia grega. Quando a embarcação em que navegava entrou inadvertidamente no raio de ação das sereias, ele tocou uma música ainda mais sublime do que aquela que vinha da ilha e, assim,

---

1. Artigo publicado no caderno Pensar e Agir do *Estado de Minas* em 25 de maio de 2013.

conseguiu impedir que a tripulação perdesse a cabeça. Os tripulantes, com apenas uma exceção, ficaram tão atentos ao canto de Orfeu que nem deram ouvidos ao som das sereias. O navio atravessou incólume a zona de perigo. O brilho do canto órfico ofuscou a promessa de calor do canto sirênico.

A outra solução foi a encontrada por Ulisses no poema homérico. Ao contrário de Orfeu, o herói da *Odisseia* não era um ser dotado de talento artístico sobre-humano. Sair cantando do perigo, portanto, estava fora de questão no seu caso. Sua principal arma para vencer as sereias não foi o golpe de gênio ou a improvisação talentosa. Foi o reconhecimento franco e corajoso da sua própria fraqueza e falibilidade — a aceitação dos seus inescapáveis limites humanos.

Ulisses sabia que, quando chegasse a hora, ele e seus homens não teriam força e firmeza para resistir ao poder de feitiço das sereias. Foi por isso que, no momento em que a embarcação que comandava começou a se aproximar da ilha, ele mandou que todos os tripulantes tapassem os ouvidos deles com cera e ordenou que o amarrassem ao mastro central do navio. Avisou ainda que, se por acaso ele exigisse, com gestos e gritos, que o soltassem, a ordem era prendê-lo ao mastro com mais cordas e redobrada firmeza.

Dito e feito. Quando chegou a hora, Ulisses foi seduzido pelas sereias e fez de tudo para convencer os demais tripulantes a deixá-lo livre para se juntar a elas. Seus subordinados, contudo, souberam negar-lhe tais apelos e cumpriram fielmente a ordem de não soltá-lo, sob nenhum pretexto, até que estivessem suficientemente longe da zona de perigo. Ulisses, é verdade, por pouco não enlouqueceu de desejo. Mas as sereias, desesperadas diante daquela derrota para um simples mortal, afogaram-se de desgosto no mar.

Orfeu escapou das sereias como divindade; Ulisses como mortal. Ao se aproximar do espaço-tempo das sereias, a escolha diante do herói homérico era clara: o bem aparente, com a falsa promessa de gratificação imediata, de um lado, e o bem permanente do seu projeto de vida — prosseguir viagem, retornar a Ítaca e reconquistar Penélope —, do outro. O mais surpreendente é que Ulisses não tapou com cera os seus próprios ouvidos — ele *quis ouvir*. Estava ciente de que não resistiria, mas fez questão de se deixar seduzir e enlouquecer de desejo por algo que sabia letal.

COMO VENCER O CANTO DAS SEREIAS?

Saber não basta. Ulisses não se furtou à experiência de desejar desesperadamente aquilo que o levaria ao naufrágio e à morte certa. Da parcialidade suicida do seu desejo pela máxima promessa de prazer imediato, não importa a que custo ou sacrifício, ele não escapou.

O que salvou Ulisses não foi a consciência da falsidade mortal do canto, mas a sabedoria de não superestimar em momento algum a sua capacidade de resistência ao poder de sedução das sereias. Atando-se ao mastro do navio, ele abriu temporariamente mão de sua liberdade no presente a fim de salvar a sua vida e liberdade futuras. Mortal, porém capaz de respeitar os próprios limites, soube lidar racionalmente com a sua vertiginosa miopia temporal, criando um estratagema engenhoso de proteger-se dela.

O que é feito da melodia e do canto — vibrações sonoras que se propagam no ar — na vivência interna de quem ouve e se encanta? A verdadeira vitória de Ulisses foi contra si mesmo. Foi contra a fraqueza, o oportunismo suicida e a surdez delirante que ele soube ouvir e reconhecer em sua própria alma.

O embate entre Ulisses e as sereias dramatiza um conflito que acompanha a nossa prosaica odisseia pela vida e dá a este proporções épicas. Como alerta David Hume, "não existe atributo da natureza humana que provoque mais erros fatais em nossa conduta do que aquele que nos leva a preferir o que quer que esteja presente ao que está distante e remoto, e que nos faz desejar os objetos mais de acordo com a sua situação do que com o seu valor intrínseco".

O que não pode vir a ser *canto de sereia* no contexto singular de uma trajetória de vida e na textura volitiva da mente individual?

É o bar em cada esquina no caminho da oficina da canção popular; é a esticadinha de "alguns minutos" de sono extra quando o despertador toca mas que termina engolindo a manhã de trabalho; é o meio litro de sopa adicional pelo qual um prisioneiro em campo de concentração nazista era tentado a trocar a sua alma e sua lealdade; é o vício no ópio que levou o poeta Coleridge à insólita decisão de contratar um funcionário com a missão de barrá-lo fisicamente toda vez que se dirigisse à farmácia para adquirir a droga; é o hábito e o prazer de fumar charutos que Freud não conseguiu vencer apesar de décadas de autoanálise e da consciência dos seus efeitos nocivos e posterior câncer na boca; é o sono envolvente que faz um motorista adormecer ao volante do automóvel; é o fumante que paga, no mesmo dia, por cigarros e por remédios para parar de fumar; é a mulher obesa que frequenta a doceira ao lado do escritório e a clínica de emagrecimento... a lista é sem fim. A cantoria prosaica das sereias, como a lendária garrafa de Guinness, tem o dom de tornar-se a encher e de encantar de novo toda vez que é esvaziada. "Cada homem faz o seu próprio naufrágio."

O conflito subjacente a todas essas situações opõe *dois personagens* que disputam pela autoridade na assembleia intrapessoal de cada um. O primeiro deles é o *eu-agora*: um jovem entusiasta, frequentemente inebriado de desejo, sempre disposto a desfrutar o que o momento pode oferecer de melhor, generoso sem dúvida, mas com a vista curta e forte inclinação a descontar pesadamente o futuro. O bem imediato é o seu único foco.

Do outro lado, na bancada da coalizão moderadora e conscienciosa — de fato retrógrada e repressora, alega a oposição —, está o seu eterno e austero oponente, o *eu-depois*: um senhor desconfiado, frequentemente avinagrado de preocupações, sempre com um olho na própria saúde e no carnê da Previdência, cioso do seu horizonte profissional, cauteloso em meio a um mar de dúvidas, mas capaz de enxergar um pouco mais longe que o *eu-agora*, ainda que ao custo de descontar pesadamente o presente. O bem remoto é sua razão de ser.

O *eu-agora* vive de forma intensa a sua subjetividade e tende a encarar a vida não em seu conjunto, mas como uma sequência de situações-oportunidades isoladas, sem um fio condutor que lhes dê maior coerência ou unidade. O *eu-depois*, por seu turno, busca estabelecer uma boa distância crítica de si mesmo e procura encarar sua existência, se não como um todo, de fralda a fralda, ao menos como uma sequência razoavelmente estruturada e coerente de opções estratégicas.

A arte da convivência interna está ligada à busca de equilíbrio entre essas forças. Os excessos podem advir dos dois lados. O *eu-agora* sem a perspectiva disciplinadora do *eu-depois* é, no limite, um primata desmiolado e impulsivo — ração de sereias. Mas o *eu-depois* sem o entusiasmo sonhador do *eu-agora* não passa de um autômato calculista e previsível — um ente surdo a qualquer chamado que ameace a sua existência futura em condição indolor de conforto: "casado, fútil, cotidiano e tributável". O robô e o macaco precisam um do outro.

12. Um prefácio para *Dom Casmurro*[1]

O texto semeia, a leitura insemina. O leitor lê o livro, mas há livros que leem o leitor. À medida que lia, relia e me preparava para escrever este prefácio — santa ousadia! —, fui também me dando conta de uma imagem teimosa que volta e meia aflorava e me perseguia em meio ao trabalho: o olhar zombeteiro de Machado de Assis emergindo do fundo das páginas de *Dom Casmurro* e caçoando dos meus esforços em devassar os segredos da obra.

Não era uma imagem propriamente visual. Era a sensação difusa e semiconsciente de estar sendo observado. De que Machado calculara de algum modo tudo aquilo, armara milimetricamente o jogo, e depois se postara em algum camarote da eternidade para desfrutar do seu engenho e entreter-se às minhas custas. De repente, sentia, os papéis se invertiam: a obra se divertia comigo. Ela me interrogava; eu me explicava. Se os livros tivessem olhos, os de *Dom Casmurro* seriam oblíquos e dissimulados — capazes de tragar em suas linhas gerações de intérpretes empenhados em decifrá-los.

---

1. No início de 2001, recebi um convite do meu editor Luiz Schwarcz para integrar uma antologia de prefácios. A ideia era a de que cada autor escolhesse um livro clássico de sua predileção e compusesse um prefácio original para ele. Aceitei a proposta e enviei um texto para *Dom Casmurro*, mas o projeto acabou não vingando. Uma versão resumida da minha contribuição para a frustrada antologia foi publicada no caderno Mais da *Folha de S.Paulo* em 22 de junho de 2008.

Textos seduzem. O fato é que *Dom Casmurro* se oferece ao nosso deleite, enfeitiça-nos com sua arte, bole com a nossa intimidade, mas jamais se deixa possuir plenamente. O romance secreta ambiguidade por todos os poros. A superfície polida que o envolve é análoga à da vida que retrata: uma fina película de decoro sob a qual se agitam — sem nunca irromper — as mais violentas, traiçoeiras e inconfessáveis correntezas. Farsa e profundidade aparecem unidas por uma química irredutível.

*

Dom Casmurro não tem prefácio. A autobiografia ficcional de Bento Santiago é uma redoma inexpugnável. Nela permanecemos imersos, como peixes num aquário. Tudo a que temos acesso são os estados mentais e o universo personalíssimo de um narrador fictício que resolve contar, movido pelo tédio de uma velhice amarga e reclusa, episódios cruciais de sua vida: sua percepção íntima dos fatos e das pessoas que o cercam; suas preocupações, fantasias, ideias fixas e reminiscências ondulantes.

Farta em divagações e digressões, a narrativa carece de acontecimentos. Atrofia da vontade, hipertrofia da cogitação. A máxima que inspira a trama não é o "no princípio era verbo" bíblico ou o "no princípio era a ação" faustiano. Para o Otelo anêmico de Machado, *no princípio era a elucubração*.

A perspectiva interna de Dom Casmurro — o Bentinho cético e avinagrado da velhice ("homem calado e metido consigo") — governa brutalmente o retrospecto de sua vida. Tudo que sabemos dele e dos demais personagens foi filtrado por sua memória e ótica singulares. A grande incerteza — a dúvida que Machado arquiteta, semeia e instila com incomparável maestria a cada passo do livro — reside no grau de confiabilidade do relato.

Até que ponto a retrovisão do narrador corresponde ao que de fato se passou com ele? O que seria real ou irreal em tudo aquilo? Em que se fiar? A incerteza é radical. Quanto mais se busca contê-la, pinçando aqui e ali resíduos de objetividade, mais ela se espalha. Imagine, para efeito de raciocínio, no que se transformaria aquela mesma trama, só que reconstruída a partir do ponto

UM PREFÁCIO PARA *DOM CASMURRO*

de vista de Capitu ou de seu presumido amante? Como seria a vida de Bentinho contada pelo agregado José Dias?

O desfecho é fatal. O leitor fecha o livro e a pergunta o assalta. Afinal, *traiu ou não traiu?* Por mais irrespondível e irrelevante que seja, a questão não cala. O leitor volta ao texto e, lupa na mão, ganha ares detetivescos. Sai à cata da chave secreta ou detalhe revelador. Os personagens são interrogados; as alusões eruditas, esmiuçadas. Não há chave, não há prova, não há nada. O equilíbrio das evidências é exato. A saída lógica, no caso, seria a suspensão da crença, mas a curiosidade não arreda. Quem sabe um fato novo? E se, por absurdo, um manuscrito inédito de Machado ou uma carta extraviada de Capitu fossem um dia descobertos e revelassem toda a verdade sobre os amores e as desventuras de Bento Santiago? Estaria solucionado o mistério?

Nem tudo é claro na vida ou nos livros. O verdadeiro enigma de *Dom Casmurro* não é tanto o suspense indecidível da intriga, mas a força do transporte ficcional que o romance provoca, a ponto mesmo de despertar uma demanda espontânea por respostas objetivas às dúvidas que suscita. Quase sem se dar conta, o leitor é transportado ao universo suburbano de Bentinho e se descobre a interrogar e cobrar a verdade dos fatos em meio a um enredo que, como ele bem sabe, não passa do retrospecto semidelirante de um narrador imaginário, espectador crepuscular de sua vida malograda.

O mais intrigante é que tanto essa ilusão de realidade como a demanda por uma suposta verdade objetiva que esclareça os fatos emerjam de uma narrativa que prima pela violação sistemática das regras e convenções do romance realista. Como no *Tristram Shandy* de Sterne ou no *Jacques le fataliste* de Diderot, seus tios-avôs europeus, o romance de Machado vira do avesso o projeto de embalar o leitor fazendo-o esquecer que está lendo um livro.

Reminiscências se sucedem atabalhoadamente, como que ao sabor do acaso. Um dos capítulos ("Anterior ao anterior") aparece na ordem trocada: como o autor teve preguiça de renumerar as páginas, deixou-o assim mesmo. O desenrolar da trama é entrecortado a cada fôlego por toda sorte de digressões caprichosas, apartes eruditos, gozações e recados velados ou explícitos aos leitores. A certa altura, uma "leitora castíssima" é tranquilizada: "Sim... podeis ler o capítulo até ao fim, sem susto nem vexame". Mas o ápice da audácia na

DISPERSOS LITEROMUSICAIS

ruptura das convenções realistas é quando o narrador, temendo perder a sua "querida leitora" por ter levado a trama até a beira de um precipício moral, dirige-se a ela em tom irônico-afetuoso e suplica-lhe que não deite fora o livro: "Não faça isso, querida; eu mudo de rumo". E o que sucede? Uma guinada de 180 graus.

Dom Casmurro sapateia sobre os cânones do realismo, ainda que preservando um meticuloso andaime de referências às datas e ao sítio urbano-geográfico dos acontecimentos, às idades e feições dos personagens e, principalmente, ao modo como cada um deles parasita o seu ganha-pão. O surpreendente, contudo, é que essa ruptura libertária com o bom-mocismo narrativo em nada prejudique ou comprometa o alcance do transporte ficcional que a leitura do romance suscita. Ao contrário. Ao escancarar as entranhas do fazer literário e tudo que ele tem de postiço e arbitrário, o livro produz um efeito não de frio distanciamento, mas de hiper-realismo.

O narrador-personagem Casmurro — o autor desabusado que abrevia a metade final do livro por causa da falta de papel e ainda lamenta que "um dos sacrifícios que faço a esta dura necessidade é a análise das minhas emoções aos dezessete anos" — revela-se mais capaz de nos arrastar ao seu mundo e órbita de preocupações do que o narrador onisciente e modelar de *A mão e a luva*, obra máxima da fase convencional de Machado. A negação metaboliza e ultrapassa o negado. A ruptura do realismo intensifica a ilusão de realidade. A troça do romance escapista também se presta ao escapismo.

*

Mas nem só de alquimia narrativa e fria perfeição de engenharia sintática é feito *Dom Casmurro*. Se o romance rompe, de um lado, com o realismo literário, ele abraça com revigorado ímpeto o realismo psicológico, de outro. O apuro formal da obra não está a serviço de um esteticismo estéril ou do mero entretenimento. Ele é o veículo de uma causa cognitiva precisa.

A vida mental dos personagens — a começar, é claro, pela do próprio narrador que se autoexamina sem cessar — é exposta e dissecada com precisão cirúrgica pelo bisturi machadiano. O cientista Fortunato, do conto "A causa

UM PREFÁCIO PARA *DOM CASMURRO*

secreta", não faria melhor. Do verme das pequenas vaidades que envenenam o cotidiano ao alvoroço íntimo de um amor que desponta, poucas vezes o psiquismo humano foi flagrado com tamanha acuidade. Bem lido, *Dom Casmurro* vale por um tratado de psicologia moral — uma investigação implacável da economia subterrânea da alma e das tergiversações especiosas da mente.

Cada indivíduo é um microcosmo. A ideia de que a mente em seu estado normal abriga pulsões desconhecidas e, por vezes, capazes de assombrar quem as detecta em si, não precisou esperar pelo advento da psicanálise. Há uma fera indomada e pronta para o bote rondando os recessos de nossa psique. Platão vai ao ponto: "Em cada um de nós, mesmo naqueles que parecem mais comedidos, existem desejos terríveis por seu caráter selvagem e sem leis, e que se deixam revelar pelos sonhos" (*República*, 572b). A fera subterrânea aí está. Como lidar com ela?

As estratégias para chegar a um modus vivendi com os impulsos arcaicos e exigências instintivas que nos habitam em segredo configuram o campo de forças da personalidade. O equilíbrio é fluido e sujeito a súbitas reviravoltas. O mesmo Bentinho que recém-formado ouvia fadas ("tu serás feliz, Bentinho!") e recém-casado "inventava passeios para que me vissem, me confirmassem e me invejassem", transformou-se no morto-vivo Dom Casmurro ("moro longe e saio pouco, tenho-me feito esquecer"); alguém que, ao receber a conta das despesas com o túmulo do filho Ezequiel, precocemente morto e enterrado no exterior, limita-se a suspirar: "Pagaria o triplo para não tornar a vê-lo".

"Aquele que deseja mas não age, fomenta a pestilência." O provérbio do Inferno de William Blake vai ao cerne do drama de Bentinho. Filho único e superprotegido de mãe viúva, educado em casa por um padre antes de ser mandado a contragosto para o seminário católico, Bentinho se transforma no protótipo do bom moço, modelo de correção, bondade e comedimento. Vive para agradar os outros. "Um dos costumes da minha vida", observa, "foi sempre concordar com a opinião provável do meu interlocutor, desde que a matéria não me agrava, aborrece ou impõe." "O homem mais puro do mundo", no dizer de Capitu.

Ocorre, porém, que a vida de "anjo do céu" não é fácil. Para nunca desapontar os que o cercam, ele maltrata e lacera a si mesmo. O efeito dessa autoanulação sistemática é que os impulsos e apetites que não encontram vazão no mundo passam a se voltar para dentro, minando e corrompendo a natureza de sua relação com Deus e consigo próprio. Preserva-se a respeitabilidade a qualquer custo, salvam-se as aparências e o decoro externo e interno, mas o preço do desejo inibido é cada vez mais alto: a pestilência se espalha. O anjo sufoca a fera, mas a fera, atiçada e enervada pelos persistentes maus-tratos, não se rende. De sua jaula, ela assombra e deforma o anjo.

O conflito intrapessoal e o retorno do reprimido pontuam a trama de *Dom Casmurro*. As escaramuças e armistícios viscosos entre o anjo e a fera dão a tônica do romance. Em três momentos críticos, a escalada do conflito aflora à superfície e permite entrever a besta subterrânea em ação: o seminarista Bentinho deseja secretamente a morte da mãe enferma; o marido da adorada Capitu beira o adultério com a esposa de seu melhor amigo ("foi um instante de vertigem e pecado"); e o pai outrora exemplar de Ezequiel por um triz não mata o filho inocente, enfiando-lhe goela abaixo o café com veneno preparado para o seu malogrado suicídio.

O relâmpago de egoísmo e luxúria no episódio do "desmaio da piedade filial" é exemplar. O jovem Bentinho está obcecado pelo desejo de casar com Capitu, no entanto não pode consumar a paixão: ele foi prometido pela mãe, desde o berço, ao seminário e à vida religiosa. Uma tentativa de se abrir com ela e pedir-lhe a compreensão para o caso resulta em humilhante fiasco. A covardia o emudece e o futuro seminarista aquiesce. Em vez de confessar o que sente por Capitu e magoar a mãe, ele apenas declara: "Eu só gosto de mamãe". (Em frases lapidares, relembrando o refugo, o narrador pondera: "Quantas intenções viciosas há assim que embarcam, a meio caminho, numa frase inocente e pura! Chega a fazer suspeitar que a mentira é muita vez tão involuntária como a transpiração".)

Um dia, porém, a mãe adoece. Bentinho é chamado às pressas do seminário e, no trajeto de volta para casa, em meio ao terror e aflição pela mãe enferma, vislumbra um raio torto de esperança. Em vez de rezar pelo seu pronto restabelecimento, como era dever de filho, abriga a fantasia de que, com a mãe morta, o caminho ficaria livre para os braços da amada. A equação é cristalina: "Mamãe defunta, acaba o seminário".

UM PREFÁCIO PARA *DOM CASMURRO*

No devido tempo, é claro, d. Glória melhora e Bentinho se arrepende da maldade contemplada. Consumido pelo remorso, propõe-se a expiar a culpa com um gesto típico das negociações fraudulentas por meio das quais restaurava o seu armistício moral.

> Então levado do remorso, usei ainda uma vez do meu velho meio das promessas espirituais, e pedi a Deus que me perdoasse e salvasse a vida de minha mãe, e eu lhe rezaria dois mil padre-nossos... A crise em que me achava, não menos que o costume e a fé, explica tudo. Eram mais dois mil, onde iam os antigos? Não paguei uns nem outros, mas saindo de almas cândidas e verdadeiras tais promessas são como a moeda fiduciária, — ainda que o devedor as não pague, valem a soma que dizem.

Bentinho dissimulou à mãe o que sentia, fraquejando no intento de abrir-lhe o coração. O que ele afinal não consegue, porém, é dissimular de si mesmo, sem fraquejar, o que sentia por ela. Quando a mãe cai enferma e o momento oportuno aparece, o monstro sacrílego toma o assento do candidato a santo vigário. A voz selvagem e calculista de um egoísmo obsceno abafa temporariamente o minueto do decoro e atropela a voz da consciência. A pusilanimidade é a salvaguarda do matricídio.

Recuperada, contudo, certa compostura íntima, bate o remorso e restaura-se o status quo. O ódio da mãe e de tudo que o separa de Capitu desaparece do campo da atenção consciente. O "ajuste de contas morais" transcorre sem intermediários, em linha direta com Deus: "Jeová, posto que divino, ou por isso mesmo, é um Rothschild muito mais humano, e não faz moratórias, perdoa as dívidas integralmente, uma vez que o devedor queira deveras emendar a vida e cortar nas despesas".

Bentinho, contrito, retorna ao seminário como o bom filho que sempre fora, inadimplente nos pai-nossos, mas incapaz de magoar ou desapontar a mãe. A fera subterrânea se retrai, mas não sucumbe. A paixão mórbida e devoradora do ciúme que já desponta e atormenta o namorado secreto de Capitu ("Vão lá raciocinar com um coração em brasa, como era o meu!", exclama Bentinho ao sentir "o segundo dente de ciúme" roendo a alma) será o seu grande feito — a vingança derradeira.

Nem sempre é fácil sentir o que em nós está sentindo. Bentinho desde logo compreende que a arte da dissimulação requer não apenas duplicidade, mas duplo talento. Fingir *para fora* não é o mesmo que fingir *para dentro*: "Uma certidão que me desse vinte anos de idade poderia enganar os estranhos, como todos os documentos falsos, mas não a mim". Ou, como ele se queixaria mais tarde, na maré montante da suspeita e da repulsa pelo filho que cada vez mais faz lembrar Escobar, "mas o que pudesse dissimular ao mundo, não podia fazê-lo a mim, que vivia mais perto de mim que ninguém". Há limites para o que podemos *nos fazer* acreditar, assim como há limites para o que podemos *fazer os outros* acreditarem. Dois limites, dois talentos.

O peculiar no caso de Bentinho é como esses dois talentos vão juntos, um alimentando o outro. Ele se acostuma de tal modo a se disfarçar dos outros que acaba se disfarçando e se perdendo de si. À mentira pública e risonha que era o seu convívio em família e sociedade corresponde a mentira íntima em que se transforma a sua convivência interna consigo. Na liga insossa do seu caráter, as fronteiras desvanecem. À falsidade externa do hipócrita social, virtuose da afabilidade, junta-se a falsidade essencial do hipócrita interior, virtuose do autoengano.

O resultado é a perda de vitalidade, fruto da desintegração psíquica, e o esfarinhamento progressivo da personalidade. Ideias sem pernas, fantasias profusas, orgias de racionalização. Agir, só em último caso. Um querer subjetivo e inerte o paralisa. Ameaça muito, nada executa; promete e jura de boa-fé, não cumpre. Premido pela fera brava do ciúme, Bentinho perde o pé de sua realidade interna e o senso de realidade. Desesperado, resolve matar-se. A cena farsesca do seu pseudossuicídio, anticlímax dramático do romance, revela o ponto a que chegou na arte da dupla dissimulação.

Bentinho vai à farmácia e compra o veneno. Sai pelas ruas levando a morte no bolso, como que a despedir-se da vida. Visita os parentes, janta fora e vai ao teatro — estão levando *Otelo*. Quando Desdêmona, suplicando inocência, morre assassinada pelo marido, o público irrompe em "aplausos frenéticos". Do que o Mouro não foi capaz por causa de um simples lenço! A desproporção agride. A conclusão de Bentinho tem a força de um teorema: "o último ato mostrou-me que não eu, mas Capitu devia morrer". Do que a

UM PREFÁCIO PARA *DOM CASMURRO*

distorção egocêntrica aliada à lógica voraz do ciúme — *green-eyed monster* — não é capaz?

Imerso em sonhos, Bentinho vagueia desnorteado até a madrugada. Retorna a casa, mete-se no escritório e decide que é hora de consumar o ato. Manda vir o café para misturar a droga. Enquanto aguarda, uma imagem lhe vem à cabeça. É que Catão, o paradigma da virtude entre os romanos antigos, antes de se matar leu e releu um livro de Platão. Por que não reviver aquela bela cena? "Não tinha Platão comigo; mas um tomo truncado de Plutarco, em que era narrada a vida do célebre romano, bastou-me a ocupar aquele pouco tempo, e para em tudo imitá-lo, estirei-me no canapé." Assim disposto, nosso Catão de subúrbio se entrega por alguns instantes à leitura edificante e à "cocaína moral dos bons livros".

Logo, porém, outra imagem lhe surge. Bentinho se observa de fora. O que imaginarão os outros quando ele for encontrado ali, estirado no divã, o volume caído a seu lado? Bento imitando Catão? Resolve desistir da ideia. "Entretanto, querendo fugir a qualquer suspeita de imitação, lembra-me bem que, para não ser encontrado ao pé de mim o livro de Plutarco, nem ser dada a notícia nas gazetas com a cor das calças que eu então vestia, assentei de pô-lo novamente no seu lugar, antes de beber o veneno."

A inversão é sublime. Sozinho no escritório, sem ninguém por perto que pudesse vê-lo, Bentinho, na hora mais grave de sua vida, simula a pose de varão romano perante si mesmo — é como ele se imagina. Quando lhe ocorre que a pose, veiculada nos jornais, pode empanar a integridade do ato, dissimula a simulação — é como quer que os outros o imaginem. Para não parecer o que ele é (simulacro de Catão), ele finge ser o que não é (ele próprio). Onde termina o hipócrita social, onde começa o hipócrita interior? Como dialética entre *pose íntima* e *pose pública* seria difícil pedir mais.

O dia amanhece, a casa desperta, Ezequiel vem ter com o pai no escritório. A vontade suicida de Bentinho esmorece, mas o filho é que por pouco não morre com o café frio do não suicídio do pai. Como diria Dom Casmurro, "a alma é cheia de mistérios".

*

DISPERSOS LITEROMUSICAIS

O enigma da paternidade de Ezequiel seria hoje passível de solução: um teste de DNA o resolveria. Mais escorregadia é a questão da paternidade autoral do livro. Machado, ninguém duvida, é o genuíno pai da criança. Mas qual a natureza da relação que mantém com o pai de aluguel da obra, este híbrido de memorialista e moralista cético que é Casmurro? Em que medida o autor fictício do livro não serve de médium ou cavalo de santo, como se diz no candomblé, para as ideias e o espírito do verdadeiro autor? Onde está Machado em *Dom Casmurro*?

A opção pela primeira pessoa narrativa permite ao autor dizer o que pensa (ou não) sem jamais se expor, escondido sob a pele do personagem-narrador. Machado serve-se com maestria do expediente. Em *Dom Casmurro*, como já fizera em *Memórias póstumas*, a confissão inadvertida franqueia o acesso aos escaninhos mais ocultos e inconfessáveis da alma. Ao mesmo tempo, a voz do escritor se insinua de forma intermitente nas falas e escrita do narrador, sem que nunca saibamos ao certo se é ele mesmo ou o personagem que tem a palavra. O espantoso talento literário do filho de d. Glória só faz crescer a suspeita de contrabando.

Em algumas passagens, poucos discordariam, o timbre machadiano é inconfundível. Penso nos epigramas lapidares, muito ao estilo dos moralistas franceses do século XVII, espalhados como dádivas pelo texto. Três exemplos: o aparte sobre a procrastinação — "Prazos largos são fáceis de subscrever; a imaginação os faz infinitos"; o comentário maliciosamente autorreferencial sobre o prazer vicário — "Também se goza por influição dos lábios que narram"; e a deliciosa tirada sobre a metafísica do cantor lírico que perdeu a voz — "Há filósofos que são, em resumo, tenores desempregados" (é o que vai sugerir, aliás, quase meio século depois o lógico-positivista alemão Rudolf Carnap ao afirmar, tendo Heidegger em mira, que "os filósofos metafísicos são músicos desprovidos de habilidade musical").

Mas a presença de Machado em *Dom Casmurro* não se reduz a pitadas virtuosísticas. Epigramas e anedotas à parte, o romance traduz uma concepção geral e uma atitude perante a vida. "Se alguém tiver de ler o meu livro com alguma atenção mais da que lhe exigir o preço do exemplar", provoca o narrador-personagem com a habitual ironia, "não deixe de concluir que o Diabo

UM PREFÁCIO PARA *DOM CASMURRO*

não é tão feio como se pinta." O contexto da tirada, vale lembrar, é o da morte lenta e sofrida do leproso Manduca, atenuada pela acesa polêmica com Bentinho sobre a Guerra da Crimeia... Mas o que dizer do efeito geral de *Dom Casmurro*? Que visão da condição humana emerge das profundezas do livro?

Amor, religião, política, ciência, poesia, filosofia, amizade — escolha um caminho para a salvação do homem, um sentido possível para o existir: nada escapa ileso da lâmina machadiana. No *Dom Casmurro* — como de resto nas obras da maturidade, após a "crise dos quarenta anos" —, Machado não faz concessões: escava e goza; descasca e ri. O método é o desmascaramento, e o efeito geral, o desencanto.

O contraste com Dostoiévski é gritante. No mais tenebroso crime do escritor russo há um vislumbre de esperança — um quê de mistério e transcendência. Em Machado não há crime: tudo se afrouxa e esmorece. Mas também não há esperança: nenhuma janelinha entreaberta para o além, nenhuma brecha para o aquém da realização pessoal ou coletiva. Com um olho terrível para a sordidez e o oportunismo do animal humano, Machado escarafuncha a miséria inconfessa dos personagens, mete a agulha na ferida e escancara o que há de postiço, mesquinho e absurdo em suas crenças, estratagemas e aspirações. "Oh! como a esperança alegra tudo", recorda Casmurro de sua mocidade. "Amai, rapazes!" Nem o desengano entusiasma.

O pessimismo machadiano é um fato, mas como interpretá-lo? Mário de Andrade, por ocasião do centenário do autor de *Quincas Borba*, fez um balanço de sua obra e indagou: seria possível *amar* Machado? A comparação com outros mestres da literatura, menos amargos e pessimistas, leva-o a concluir: "Aos artistas a que faltem esses dons de generosidade, a confiança na vida e no homem, a esperança, me parece impossível amar. A perfeição, a grandeza da arte é insuficiente para que um culto se totalize tomando todas as forças do crente... A um Machado de Assis só se pode cultuar protestantemente".

Cito a opinião de Mário de Andrade para me contrapor a ela. É mais fácil admirar Machado que amá-lo, disso não discordo. Mas o veredicto do modernista padece de uma falta de empatia e generosidade ainda maior do que aquela que atribui a Machado. Tudo pesado e refletido, suspeito que o Diabo em forma de pessimismo no seu legado talvez não seja tão feio como se pinta.

Machado, é patente, castiga e escarnece de muita coisa: o sentimentalismo derramado dos românticos; o consolo precário e oportunista das religiões; as pretensões da ciência moderna; as aberrações da política; o ardor fugaz dos amantes; os embustes da moralidade; a vaidade do fazer literário; sonhos de glória; qualquer forma de entusiasmo ou exaltação do ânimo. O capítulo das negativas vai longe.

O seu pessimismo, contudo, não é um lamento queixoso ou a lamúria das ilusões perdidas. Nele não há traço de ressentimento ou rancor. O que temos, ao contrário, é um *pessimismo viril* em que o distanciamento, o apuro da forma, o humor e uma espantosa acuidade psicológica sustentam uma atitude de crítica e desafio perante nossa tragicomédia de subúrbio.

À negatividade de superfície que recobre o projeto machadiano de flagrar nossa miséria inconfessa é preciso contrapor os valores que sua obra afirma: o valor *estético* da perfeição formal perseguida com afinco e refinamento; o valor *cognitivo* de sua minuciosa psicologia; o valor *existencial* do humor como arma de defesa, reação e transcendência em face da vida tal como está. Parafraseando Albert Camus em *O mito de Sísifo*, para quem o "desprezo" seria a resposta derradeira do homem diante do seu absurdo, em Machado não há destino que não se transcenda pelo humor.

Quem escreve uma obra, por mais sombria, trai algum otimismo. Se os pessimistas realmente acreditassem no que pregam, não haveria sentido em dizê-lo; o silêncio bastaria. Se tudo é falso e nada importa, então por que haveria de importar a falsidade e desimportância de tudo? Se ela *importa*, então negamos a premissa — algo tem valor. Mas se *não importa*, como de resto tudo mais, então voltamos ao ponto de partida — a pregação pessimista também não importa. A vida segue o seu curso.

Imagine um cético acerca da possibilidade do conhecimento mas que defende o seu ponto de vista com argumentos precisos, evidências robustas e lógica impecável. Instabilidade análoga perpassa Machado. Por mais compacto e implacável que possa parecer à primeira vista, o fato é que o pessimismo machadiano aloja em seu âmago uma singular contradição: *ele almeja compartilhar o seu desencanto*. A pergunta que não cala é: por que dividir e propagar assim a desesperança? Em nome do quê, imortalizar o legado de sua descrença?

O ato desmente a fala. A busca e o sofrimento humanos não deixam Machado indiferente. A vida errada é senha de outra vida, não a que é narrada. Do fundo do desencanto compartilhado, a voz humilde da esperança — fé selvagem que nada explica mas não há quem não entenda — teima em se fazer ouvir, dizendo que há algo por que existe e por que vale a pena viver. "Todas as coisas boas", observa Nietzsche, "estimulam à vida, mesmo um bom livro escrito contra a vida." O pessimismo machadiano, concluo, não é ponto de chegada, mas travessia. É preciso passar por ele, mas justamente para assimilar a sua força e ir além dele. A casca protege o fruto.

13. *Leite derramado*[1]

Farsa e profundidade. *Leite derramado* é o relato em primeira pessoa de um duplo malogro: a decadência da família Assumpção, egressa do patronato político brasileiro, e o colapso de um casamento carioca, provocado pelo misterioso sumiço da jovem esposa do narrador. Uma vida desde o fim.

Obra de alta carpintaria literária, o quarto romance de Chico Buarque impressiona mais pela beleza e astúcia de peças isoladas — soluções felizes de linguagem espalhadas como dádivas pelo texto — do que pelo efeito conjunto do quebra-cabeça que ele nos instiga a montar. A leitura encanta e arrebata, mas o todo é menor que a soma das partes. O romance se desmancha em sopro assim que termina.

Eulálio Montenegro d'Assumpção, o narrador, tem mais de cem anos, está à beira da morte e conta sua história, entremeada de delírios, incongruências e devaneios, a partir de um leito de hospital. Ele é um elo — frágil ponto de inflexão — numa vasta linhagem de Eulálios que medrou no Brasil desde a vinda da corte portuguesa.

O seu bisavô paterno, feito barão por d. Pedro I, traficava escravos moçambicanos; o seu bisneto, nascido em hospital do Exército onde os pais comunistas estavam presos pela ditadura, morre assassinado num motel; o der-

---

1. Resenha de *Leite derramado* (São Paulo, 2009) de Chico Buarque de Holanda publicada no caderno Ilustrada da *Folha de S.Paulo* em 28 de março de 2009.

LEITE DERRAMADO

radeiro Eulálio, tataraneto do narrador, é traficante de drogas para a elite carioca. Do barão negreiro ao baronato do pó, o ciclo se fecha. É "o fim da linha dos Assumpção".

Duas preocupações soberanas governam a autobiografia ficcional de Eulálio: o furor de se distinguir da ralé com que ele cada vez mais se confunde e o amor possessivo por Matilde, a jovem "escurinha", filha adotiva de um ex-correligionário de seu pai senador, com quem se casa à revelia da mãe viúva. O valor supremo de Eulálio, um oportunista ingênuo cercado de aproveitadores espertos por todos os lados, é se dar bem a qualquer preço. Mas os resultados trucidam as intenções.

Paixões egoístas, deformações egocêntricas. A insegurança social, insuflada pelo declínio da família, leva o narrador a perder-se em delírios de grandeza: quanto mais infla o seu prestígio, mais ele murcha. O ciúme corrosivo da esposa desemboca no grande mistério da trama — mote de ótimos momentos de suspense — que é o sumiço de Matilde, sem bilhete e sem mala, ainda lactante, poucos meses depois do nascimento da primeira filha.

Qual o motivo da fuga? "Doença de pobre" (tuberculose) ou "doença da luxúria" (adultério)? As hipóteses proliferam como gatas de rua. Claramente, ela era mais mulher do que ele era homem. As pegadas de *Dom Casmurro* surgem a cada passo do livro; o parentesco Eulálio-Bentinho e Matilde-Capitu seguramente dará ensejo a rica produção acadêmica.

O que é real? Na construção da trama, Chico Buarque impele o leitor a um exercício finamente calculado de buscar pontos de apoio e informações confiáveis em meio ao labirinto de espelhos que são as memórias movediças do narrador. O toque de mestre está na arte sutil que faz do relato crepuscular de Eulálio uma confissão involuntária e poderosa o bastante para dar ao leitor a sensação de que sabe mais sobre o personagem e seu mundo que o próprio autor-narrador. Os achados estilísticos da obra são um banquete de mil talheres.

E, não obstante, algo se frustra. A primeira pessoa confessional é um gênero exigente. Os delírios da decrepitude de Eulálio são fiéis à vida, mas a situação narrativa do autor decrépito não convence. Não se sabe por que ele conta sua história e, menos ainda, como o relato se fixa e vira texto. Ora ele dita à enfermeira-taquígrafa, ora fala com o teto; ora sonha em voz alta, ora conversa com mortos; dirige-se ora à filha ora ao leitor. A trama do ato de contar é tecnicamente débil — não para em pé. A indefinição da situação narrativa no romance deixa entrever em vários momentos o que em *Memórias póstumas* e *Dom Casmurro*, por exemplo, jamais transparece: a presença intermitente do criador do narrador como narrador onisciente.

Simplismos esporádicos à parte, *Leite derramado* cutuca e devassa com olhar cortante as mazelas da vida brasileira: a desigualdade obscena; a promiscuidade público-privado; a subserviência colonizada; a corrupção larvar; o preconceito velado pela cordialidade. O que falta, porém, é a construção de ao menos um personagem com o qual se possa ter um vínculo de empatia.

Baratas e formigas circulam no farelo. Os Eulálios senhoriais são calhordas; os Balbinos da estirpe servil, quando aparecem em cena, mais parecem boçais; os franceses a quem Eulálio se vendia como testa de ferro são cretinos; e Matilde é um hieróglifo sem vida interior. Falta aos personagens da trama a fratura do abismo: as reentrâncias da alma por onde se infiltram as sombras e luzes do mistério humano. A sociologia festeja, mas a filosofia rasteja.

Se o novo romance de Chico fosse uma partida de futebol, seria uma daquelas repletas de lances memoráveis, fintas deslumbrantes, toques de gênio, mas nas quais o conjunto do time e o desenrolar da peleja deixam a desejar. Falta armação de jogo. O autor de "Retrato em branco e preto", "Deus lhe pague" e "Futuros amantes" foi mais longe.

14. A genialidade de Mozart[1]

Suspeito que alguns de vocês possam estar se perguntando: "Como esse economista veio parar aqui?". A pergunta procede. Confesso que, quando recebi o convite da Casa do Saber para falar no "Uma hora antes..." do Programa Mozart da Osesp, hesitei bastante antes de decidir. Não tenho formação em música — nem sequer leio uma partitura. Um mínimo de prudência recomendaria evitar o desafio.

Por outro lado, a fisgada da tentação era forte. Há mais de vinte anos tenho feito da audição quase diária de Mozart um pequeno ritual doméstico — uma espécie de "prece matinal cotidiana". Aqui estava uma oportunidade de compartilhar, e quem sabe elucidar para mim mesmo, a enorme força de atração que sua música desperta.

Mas o ponto decisivo não foi esse. Acontece que o tema proposto — "o gênio de Mozart e as condições de sua criação" — me permitiu vislumbrar a possibilidade de juntar a paixão amadora que alimento por sua música com minha área profissional de pesquisa. Como estudioso de história das ideias, tenho especial interesse pelo iluminismo europeu do século XVIII. Por que não usar essa bagagem na tentativa de identificar algumas relações relevantes entre

---

1. Palestra proferida em 7 de dezembro de 2006 no Salão Nobre da Sala São Paulo. Uma versão resumida da palestra foi publicada no caderno Mais da *Folha de S.Paulo* em 7 de janeiro de 2007.

Mozart e o "século das luzes"? E assim a tentação venceu a prudência. Resolvi correr o risco.

*

As perguntas que pretendo abordar são basicamente três. Primeira: no que mais precisamente consiste a genialidade do músico austríaco? Segunda: qual a gênese do gênio de Mozart? E, por fim, o que sua música tem a nos dizer no século XXI: qual o mistério do seu perene poder de encanto?

Começo pela natureza do gênio de Mozart. A trilha do argumento é do geral para o particular. O que define a genialidade em arte? Uma primeira aproximação é a permanência no tempo. A obra de arte genial encerra o dom da perpétua revivescência — ela dribla de algum modo o efeito debilitador da passagem do tempo e adquire o poder de dizer coisas novas e reveladoras a sucessivas gerações de apreciadores.

Essa propriedade, vale dizer, define um sentido claro em que a produção artística se distingue da produção científica, por mais genial que esta seja. As grandes obras da ciência, como os tratados hipocráticos, os *Principia* de Newton ou a *Botanica* de Lineu, foram criações que marcaram época mas que a passagem do tempo reduziu à condição de peças de antiquário. Se chegamos a nos debruçar sobre elas — o que poucos fazem —, é com o espírito de alguém que visita um museu de arqueologia, exuma cadáveres ou decifra documentos antigos.

Com a arte é diferente. O melhor da produção artística de uma época, como o drama grego, a pintura renascentista, Shakespeare ou Aleijadinho, são obras que parecem dotadas do dom da eterna juventude. Embora também se prestem à lupa antiquária do historiador cultural, elas conseguem neutralizar a natural senescência a que estão sujeitos os produtos da mente: falam diretamente aos espíritos vivos das novas gerações. A grande arte, ao contrário da ciência, não enterra o seu passado.

O processo seletivo, no entanto, é brutal. Muitos são chamados, mas poucos os escolhidos. No caso da música culta ou erudita, por exemplo, um levantamento cuidadoso feito há alguns anos revela que, embora tenham existido milhares de compositores nos últimos quatro séculos, as obras que são ainda regularmente executadas nas salas de concerto do mundo foram compostas por não mais que cerca de 250 autores. E mais: 36 desses compositores respondem por 75% das obras executadas, sendo que apenas três deles — Bach, Mozart e Beethoven — perfazem 20% do total.[2]

Se existe algum gênio da música que por qualquer motivo se perdeu no caminho e acabou soterrado por esse processo brutalmente seletivo, é difícil saber. Uma coisa, porém, é certa. Seria absurdo negar o predicado de genialidade ao seletíssimo grupo dos que sobreviveram e triunfaram sobre as garras do tempo.

*

A obra de arte genial transcende à sua época. Mas ela é fruto de uma época — de um tempo e um lugar determinados. Toda produção artística tem uma história e guarda uma relação profunda, de afirmação ou negação, com o contexto artístico e intelectual em que foi concebida. A formação do artista se dá nos marcos de uma tradição estética e cultural mais ou menos definida e o produto do seu trabalho inevitavelmente reflete, de forma mais ou menos consciente, os valores de uma época — o "clima de opinião" ou aquilo que os alemães denominam "zeitgeist", ou seja, o espírito ou ânimo definidor de um período histórico particular.

Dois séculos e meio nos separam do nascimento de Mozart. Os seus 36 anos de intensa e quase vertiginosa atividade musical transcorreram inteiramente dentro do século XVIII. Sua morte, em 1791, praticamente coincide com o fim do Ancien Régime e o desfecho dramático do "século das luzes" que foi a Revolução Francesa.

O legado mozartiano é fruto desse período definidor da modernidade. Ele é herdeiro de uma rica tradição na história da música — a escola clássica austríaca — e reflete princípios, crenças e valores emblemáticos do iluminismo. A genialidade de Mozart, desejo mostrar, resulta de um duplo movimen-

---

2. R. Ochse, *Before the gates of excellence: the determinants of creative genius* (Cambridge, 1990), p. 56.

DISPERSOS LITEROMUSICAIS

to: do modo particular como ele incorporou a tradição musical a que pertence e da maneira como conseguiu dar expressão universal a um ponto vital do
zeitgeist iluminista.

Uma tradição estética, qualquer que seja, estabelece as regras e restrições
às quais se deve obedecer no trabalho de criação. O artista internaliza essas
regras e restrições formais e exerce sua criatividade fazendo escolhas dentro
dos limites que elas definem.

De tempos em tempos, é claro, surgem aqueles que se propõem a subverter as regras e restrições operantes, ou seja, artistas que não se contentam em
fazer escolhas dentro dos marcos definidos e aceitos pelos adeptos de uma
tradição estética — colegas, críticos e o público — mas almejam ir além e escolher por si mesmos as regras do fazer criativo. As obras de extraordinário
valor na arte podem resultar tanto de escolhas feitas no interior de uma tradição — criações *do lado de cá* da fronteira — como de escolhas que subvertem
ou suspendem regras e convenções vigentes — *transgressões* da fronteira.[3]

Em sua formação musical Mozart assimilou desde muito cedo, sob a rigorosa tutela do pai, Leopold, a tradição clássica austríaca que tinha em Joseph
Haydn a sua mais consumada expressão. Na juventude, Mozart se empenhou
com extraordinário afinco ao desafio de dominar essa tradição. Evidências
disso são, por exemplo, as anotações minuciosas que fez sobre partituras das
fugas de Bach (buscando aprimorar a técnica do contraponto) e dos quartetos
opus 17 de Haydn. O maestro Kucharz, que regeu a estreia de *Don Giovanni*
em Praga, em 1787, registra ter ouvido de Mozart, durante os ensaios, um
verdadeiro desabafo a esse respeito: "Eu não poupei nem cuidados nem trabalho a fim de produzir algo excelente para Praga. Além disso, é um erro pensar
que a prática da minha arte se tornou fácil para mim. Eu lhe asseguro, caro
amigo, ninguém mais dedicou tanto empenho ao estudo de composição
quanto eu. Não existe talvez um único mestre da música cuja obra eu não tenha frequente e diligentemente estudado".[4]

3. O arcabouço conceitual utilizado nessa passagem baseia-se em Jon Elster, *Ulysses unbound*
(Cambridge, 2000), cap. 3.
4. Apud *Mozart: the man and the artist* (ed. F. Kerst, Nova York, 1965), p. 6.

A GENIALIDADE DE MOZART

Mas o reconhecimento definitivo da maestria conquistada por Mozart no âmbito da escola austríaca veio de ninguém menos que o próprio Haydn. Em comentário feito ao pai de Mozart (até então reticente quanto ao talento autoral do filho), logo após uma audição privada, em 1785, de seis quartetos recém-compostos, Haydn afirmou: "Perante Deus e como um homem honesto, quero dizer-lhe que seu filho é o maior compositor de que tenho conhecimento, seja em pessoa ou pelo nome. Ele tem bom gosto e, mais que isso, possui o mais profundo conhecimento de composição".[5]

Seria difícil pedir mais. Haydn, é bom lembrar, não era dado a hipérboles. Ao publicar os quartetos, meses depois, Mozart dedicou-os a seu mestre.

A linha evolutiva que vai de Haydn a Mozart é cristalina. De fato, creio que o melhor antídoto contra a ideia equivocada do gênio de Mozart como um raio em céu azul — como algo milagroso e inexplicável — é simplesmente uma boa audição das maiores realizações de Haydn, como as Sinfonias de Paris ou o esplêndido oratório *A Criação*. A compreensão da condição de possibilidade de um Mozart — e da natureza peculiar do seu gênio — só tem a ganhar com o reconhecimento da profunda continuidade e perfeita afinidade estética entre sua obra e a do mestre do classicismo austríaco.

No que consiste a genialidade de Mozart? Perícia técnica e apuro formal fazem parte da resposta, mas estão longe de esgotá-la. O legado mozartiano não é uniforme. Ele descreve uma curva ascendente, com um claro ponto de inflexão rumo à eternidade nos "anos de ouro" da última década — o período que se abre com a mudança do músico de Salzburgo para Viena em 1781.

Mozart não foi um revolucionário, como Beethoven e Schoenberg. Ele jamais se propôs a subverter ou transgredir os marcos da tradição na qual se fez músico. A sua genialidade resulta de um tipo particular de tensionamento — uma tensão construída passo a passo ao longo da curva ascendente do seu percurso, e que atinge o seu ápice na fase vienense.

O que é assombroso constatar é como a expansão do potencial criativo de Mozart foi conquistada *do lado de cá* da fronteira, ou seja, sem que ele jamais precisasse afrouxar o arco teso de uma estrita adesão aos rigores formais do

5. Apud *Cambridge Mozart encyclopedia* (ed. C. Eisen e S. Keefe, Cambridge, 2006), p. 213.

código clássico. Sua inigualável inventividade é pautada por uma não menos impressionante contenção estética e impecável aderência às regras e restrições da escola austríaca. Mozart desloca a fronteira sem transgredi-la. Ele explora no limite da máxima tensão o conflito entre o ímpeto desbravador do seu espírito, de um lado, e os contornos definidos pelo contrato estético do classicismo, de outro.

O efeito eletrizante dessa tensão, fruto de um verdadeiro furor criativo submetido a uma não menos exigente disciplina formal, projeta a obra de Mozart a um dos pontos mais destacados e sublimes da música universal. O lapso ocasional de um otimismo fácil ou maneirismo frívolo apenas ressalta e torna ainda mais saliente a excepcional integridade de sua produção.

Mozart arrancou palmo a palmo o direito de expandir o território de sua liberdade expressiva. É difícil imaginar que o grau de tensão entre respeito à tradição e ímpeto desbravador jamais tenha sido levado a um ponto tão extremo na história da música. Fogo esculpido, relâmpago lapidado.

*

Em Mozart ouvimos o *grand finale* de um capítulo da história da música. Depois dele, dirão alguns, *o dilúvio*. Seria exagero supor que ele tenha esgotado o universo das possibilidades de invenção nos marcos do classicismo. Mas não seria descabido especular que o peso opressivo do seu gênio tenha contribuído para impelir a geração de Beethoven a explorar *o lado de lá* da fronteira — a zarpar em busca de novas paragens e embarcar na aposta radical da ruptura romântica. Pois, se é verdade, como dizia Marx, que "a tradição de todas as gerações mortas oprime como um pesadelo o cérebro dos vivos",[6] que dizer de uma tradição na qual desponta e floresce um Mozart?

O ponto que desejo destacar, contudo, é que a esse movimento interno na história da música no fim do século XVIII corresponde um movimento mais amplo, no contexto intelectual do período, caracterizado grosso modo pelo apogeu e declínio do iluminismo europeu. O legado de Mozart, ouso crer, é

6. Karl Marx, *O 18 Brumário* (trad. Leandro Konder, São Paulo, 1974), p. 17.

não só o coroamento de um percurso estético, mas a expressão musical mais viva e contundente das crenças, valores e sonhos de um tempo que "ousou saber" — de um projeto transformador que fez da luz da razão sua principal arma de luta, e da emancipação intelectual e moral dos indivíduos sua grande bandeira.

"Aquele que tem ciência e arte", refletiu Goethe, "tem também religião; quem não tem nenhuma delas, que tenha religião!"[7] Há muito de arte na ciência, assim como há muito de ciência na arte. As maiores realizações do espírito humano são totalidades complexas que não respeitam as convenções da linguagem e as demarcações burocráticas do saber. O valor de uma criação artística, em qualquer gênero, combina elementos sensíveis, emocionais e cognitivos. O prazer dos sentidos é apenas a porta de acesso para uma experiência de fruição que mobiliza um amplo espectro de faculdades da mente — sensibilidade e razão, intelecto e emoção.

Uma das características salientes do iluminismo do século XVIII é que nele arte e ciência, embora diferenciadas em seu modo de apreender o mundo, eram partes de uma mesma cultura e projeto. Ao contrário do que viria a suceder mais tarde, quando o acirramento da cisão entre os adeptos da razão, de um lado, e os adeptos da emoção, de outro, provocaria uma fragmentação da consciência europeia, no século XVIII prevalecia uma cultura bem integrada em que poetas enalteciam os feitos da ciência e os pensadores celebravam as realizações da arte.

No pensamento iluminista, arte e ciência não haviam se tornado ainda, como ocorreria de forma crescente a partir do início do século XIX, "duas culturas" separadas por um vasto abismo de incompreensão e hostilidade recíprocas. Arte e ciência eram duas forças aliadas trabalhando, cada uma a seu modo, em prol de uma visão compartilhada.

As evidências textuais da unidade entre arte e ciência no "século das luzes" dariam para encher um tratado. Existe, contudo, uma passagem que ilustra com especial clarividência esse ponto e que nos remete diretamente ao cerne do vínculo entre a obra de Mozart e o zeitgeist iluminista. Trata-se de

---

7. Johann Wolfgang von Goethe, *Poemas* (trad. Paulo Quintela, Coimbra, 1958), p. 159.

uma observação feita pelo filósofo moral e expoente do iluminismo escocês Adam Smith num ensaio sobre estética publicado (postumamente) em 1795. Nesse ensaio, o pai da moderna teoria econômica traça um paralelo entre o prazer da música, de um lado, e aquele proporcionado pelo estudo de uma ciência teórica, de outro: "Quando contemplamos aquela imensa variedade de sons agradáveis e melodiosos, organizados e assimilados de acordo com a sua harmonia e sucessão, formando um sistema regular e completo, a mente na realidade experimenta não apenas um prazer sensível muito grande, mas também um prazer intelectual intenso, semelhante àquele que ela deriva ao contemplar um grande sistema em qualquer ciência".[8]

Uma das melhores definições sintéticas do iluminismo, formulada por Alfred Whitehead, retrata-o como "uma idade da razão baseada na fé".[9] Fé em quê? Fé no poder da razão para transformar o mundo e, ao mesmo tempo, fé na natureza como um princípio racional e como expressão de uma inteligência transcendente e benévola. Na ideia de natureza do século XVIII, o bem, o belo e o verdadeiro — ética, estética e ciência — convergem harmoniosamente: "os axiomas da física traduzem as leis da ética e todo processo natural é a versão de uma sentença moral; a lei moral aloja-se no centro da natureza e irradia-se pela circunferência".[10]

Da física newtoniana à teoria econômica, a ciência iluminista procurou sistematicamente desvendar a existência de ordenamentos complexos autorregulados — a existência de uma ordem espontânea onde se esperaria encontrar apenas o caos. Como ouvir as palavras de Adam Smith sobre a relação entre música e ciência — sobre o prazer a um só tempo sensível e intelectual que proporcionam — sem associá-las imediatamente às majestosas construções de Mozart no apogeu de sua glória? Sem nos recordarmos dos ordenamentos de suprema beleza e luminosa complexidade que encontramos em suas criações?

---

8. Adam Smith, "Of the nature of that imitation which takes place in what are called the imitative arts", em *Essays on philosophical subjects* (eds. W. Wightman, J. Bryce e I. Ross, Oxford, 1980), p. 205.

9. A.N. Whitehead, *Science and the modern world* (Londres, 1928), p. 83.

10. Ralph Waldo Emerson, "Nature", em *Complete works* (ed. A.C. Hern, Edimburgo, 1907), p. 830.

A GENIALIDADE DE MOZART

Leibniz descreve a grande música como "um exercício inconsciente de matemática no qual a mente efetua cálculos sem se dar conta de que o está fazendo". Schopenhauer emenda a observação e diz que "a música é um exercício inconsciente de metafísica no qual a mente não se dá conta de que está filosofando".[11] No caso específico de Mozart, creio, não precisamos escolher entre uma ou outra dessas proposições — ambas se prestam como uma luva à apreciação e elucidação de sua obra.

A estrutura matemática e o apego à simetria formal das composições transparecem mesmo para aqueles que, como eu, não possuem treino algum em música. Quanto à metafísica, a mensagem é clara e fulminante como um jato de luz, em especial no ápice criativo que são as sinfonias da maturidade. O sentimento infundido por elas na alma receptiva pode ser descrito como um impulso de exaltação do ânimo — um estado de *confiança cósmica* — que redime o universo e reafirma a existência por si mesma, independentemente de qualquer razão ou juízo reflexivo.

Assim como existe um componente estético nas construções da ciência abstrata, existe um elemento cognitivo na fruição do belo. A experiência estética ultrapassa a esfera do prazer sensível e do transporte emotivo. Ela produz ressonâncias na corda metafísica. Na obra de Mozart, o espírito de uma época se fez sonoridade melódica e contagiante harmonia. Nela encontramos a mais completa, eloquente e inspirada manifestação da crença iluminista na ordem natural — essa premissa oculta que, como um raio ordenador, atravessa quase tudo aquilo que de melhor o "século das luzes" foi capaz de nos legar. Tônico metafísico, música das esferas. Ao som dessas notas, o cosmos baila e o sentido irrompe do firmamento.

*

Como entender a gênese de um gênio da estatura de Mozart? A imagem da criança prodígio, que aos oito anos arrebatou com seu virtuosismo no

---

11. Arthur Schopenhauer, *The world as will and representation* (trad. E.J. Payne, Nova York, 1969), v. 1, p. 256. A citação de Leibniz acima no parágrafo aparece na mesma página.

piano as cortes de Londres e Versailles, pode sugerir pistas enganosas — a ideia de dons sobrenaturais ou talentos geneticamente determinados. Aos olhos de Leopold, por exemplo, seu caçula era "o milagre que Deus havia permitido nascer em Salzburgo".[12] O assombro, contudo, embora compreensível, não precisa enveredar para o fatalismo.

Como pondera o biólogo americano Edward Wilson ao analisar a relação entre genes e cultura:

> Não existe um gene para tocar bem piano, ou mesmo algum tipo de "gene Rubinstein" para tocá-lo extremamente bem. O que há, em vez disso, é uma ampla conjunção de genes cujos efeitos favorecem a destreza manual, criatividade, expressão emotiva, foco, espectro de atenção e controle de tom, ritmo e timbre [...] Essa conjunção também torna a criança bem-dotada propensa a tirar proveito da oportunidade certa na hora certa. Ela tenta um instrumento musical, provavelmente dado a ela por seus pais musicalmente talentosos, recebe deles o estímulo de um elogio merecido, repete o feito, é outra vez estimulada, e logo abraça aquilo que se tornará a preocupação central de sua vida.[13]

Nem todo prodígio é um gênio, assim como nem todo gênio é (ou foi) um prodígio. Mozart foi um prodígio que *se fez* gênio. O seu caminho de criança prodígio a gênio maduro, como procurei mostrar, revela o acerto do verso de Hesíodo: "Ante os portais da excelência, os altos deuses puseram o suor".

O surgimento de um Mozart, em suma, pode ser entendido como o efeito da convergência, estatisticamente improvável, de um grande número de circunstâncias felizes: excepcional dotação genética; a fortuna de uma educação exigente numa esplêndida tradição musical; a convivência com modelos inspiradores exemplares; um clima cultural especialmente propício e uma energia pessoal vulcânica ligada a um não menos generoso impulso criador. Acidentes felizes, é bom lembrar, acontecem.

12. Apud *Cambridge Mozart encyclopedia*, op. cit., p. 299 e p. 415.
13. Edward Wilson, *Consilience* (Nova York, 2000), p. 141.

A vida oprime, o som liberta. Mozart, é verdade, não tem a elevação espiritual de Bach ou a profundeza emotiva de Beethoven. Nem por isso, no entanto, é menor que eles. Acima de tudo que conheço, reverencio ou possa conceber, a vibração pulsante e a perfeição melódica destes sons traduzem, aos meus ouvidos, a ideia de um *universo bom*. O que pode qualquer doutrina ou religião instituída, calcada no miasma do verbo, diante da verdade infinita que emana de sua música?

Na obra de Mozart sentimos pulsar a força da crença, se não na existência, pelo menos na possibilidade de existência de uma ordem cósmica que nos transcende. Alguma coisa muito além da nossa capacidade de compreensão mas que nos é facultado entrever ou intuir no contato com o universo da música. Que a esperança viril e o ânimo luminoso dessa arte estejam conosco na difícil jornada que o século XXI prenuncia.

15. Os concertos para piano de Mozart[1]

Os 27 concertos para piano escritos por Mozart entre 1767 e 1791 cobrem o conjunto de sua trajetória autoral e ocupam lugar de relevo em sua obra. Ouvi-los na sequência em que foram criados é acompanhar o enredo de uma dupla e empolgante história de libertação: o triunfo de um gênio e o desabrochar de um gênero. Pois, na medida mesma em que Mozart se alçava à plenitude do seu poder criador pelo exercício corajoso do talento — "a vitória do gênio sobre a precocidade", na feliz expressão de Peter Gay —, ele simultaneamente elevou o concerto para piano, gênero até então tolhido por fórmulas e estereótipos restritivos, a um nível de sofisticação formal e intensidade dramática sem paralelo na história da música. Mozart fez pelo concerto para piano algo semelhante ao que fizeram Bach pela fuga, Haydn pelo quarteto de cordas e Beethoven pela sonata para piano.

Ao contrário do seu dom pianístico altamente precoce e em larga medida inato, a evolução de Mozart como compositor foi fruto de um longo e aplicado trabalho de estudo, imitação e aprendizado. Seus quatro primeiros concertos para piano, escritos a partir dos onze anos de idade, não eram ainda obras originais, mas transcrições de sonatas para piano solo de compositores em voga na época e admirados pela família Mozart, como, por exemplo, Johann Christian, filho caçula de Bach.

---

1. Artigo publicado na *Revista da Osesp*, n. 5, agosto de 2012.

OS CONCERTOS PARA PIANO DE MOZART

As partituras desses exercícios trazem as correções de notação e harmonia feitas por Leopold Mozart, que se referia ao virtuosismo do filho no piano como "o milagre que Deus permitiu que nascesse em Salzburgo". Anos mais tarde, quando Mozart se mudou para Viena, a descoberta e o estudo detalhado da arte do contraponto em Bach tiveram, ao lado de outros fatores, papel decisivo no extraordinário salto da sua fase derradeira. Ele não fugiu à regra: apesar do precoce talento instrumental, seu caminho rumo à originalidade foi pautado não só por influências, mimetismo e muito estudo, mas pela resistência de contemporâneos, a começar por compositores rivais e editores, e por alguns dos que lhe eram mais próximos, como o próprio pai.

O *Concerto para Piano n. 5* (KV 175) é considerado pelos estudiosos a primeira obra original de Mozart no gênero — aquela em que desponta a sua inconfundível identidade como compositor. Mas é no *Concerto n. 9* (KV 271) que a genialidade de Mozart se anuncia de forma inequívoca e arrebatadora. Escrita nos seus 21 anos de idade, a peça — que faz parte do miniciclo de concertos de Mozart da temporada de 2012 Osesp — não só denota a ousadia experimental do compositor e a sua disposição a correr riscos, como inaugura uma nova época na música de concerto. Durante muitas décadas, o *Concerto n. 9* foi conhecido como *Jeunehomme*, por ter sido dedicado a um jovem pianista cuja identidade nunca foi revelada. Em 2004, o musicólogo austríaco Michael Lorenz propôs tratar-se de Victoire Jenamy, filha de um dos melhores amigos de Mozart e excelente pianista. A partir de então, o concerto passou a ser chamado também de *Jenamy*.

Além das inúmeras inovações formais e estilísticas — como a proeminência dada aos instrumentos de sopro e a inédita paridade dialógica entre piano e orquestra, rompendo a tradição de mera subordinação do acompanhamento feito pela orquestra ao fio melódico executado pelo solista —, o emocionante segundo movimento ("Andantino") da "Eroica de Mozart", como chegou a ser apelidado (com certo exagero) o concerto, assinala um momento da mais intensa e profunda expressividade dramática e reflexiva que a música pode alcançar. A audácia teve o seu preço. O editor parisiense de Mozart, que havia publicado algumas de suas sonatas para violino e piano, recusou-se a publicar o *Concerto n. 9* por julgá-lo pouco comercial, ao passo que parte da

149

crítica considerou o segundo movimento demasiado longo e difícil. (Vale aqui o alerta de Jean Cocteau: "Precisamente àquilo pelo que vierem a reprová-lo devote toda a atenção — *é você*".)

O melhor, entretanto, ainda estava por vir. Ao transferir-se para Viena, em 1781, e tomar as rédeas de sua vida pessoal e profissional, desafiando a tutela do pai ao casar-se sem sua permissão e largando a condição de empregado subalterno na corte do príncipe-arcebispo de Salzburgo, Mozart comprou a sua carta de alforria e tornou-se o primeiro grande compositor a tentar viver diretamente da relação com o público, como freelance. É exatamente nesse momento que tem início a assombrosa tempestade de inspiração da qual resultam, em vertiginosa sequência, as obras-primas da maturidade. O "milagre" que nasceu em Salzburgo floresceu em Viena.

Ao trocar o mecenato pelo mercado, Mozart conquistou maior liberdade expressiva, chamou a si a responsabilidade pelo seu futuro como criador independente e elegeu o concerto para piano como gênero preferencial para se afirmar na nova fase. A aposta vingou para além da mais audaciosa expectativa. Em apenas cinco anos, entre 1782 e 1786, ele compôs nada menos que quinze concertos para piano, de primoroso apuro e prodigiosa vitalidade, entre os quais não seria talvez impróprio destacar, pela majestosa simplicidade, páthos dramático e inigualável beleza, os *Concertos* n. 20 (KV 466) e n. 24 (KV 491).

Os desafios de provar-se a si mesmo na capital imperial e conquistar a adesão do público para o seu trabalho, cativando tanto os entendidos como os simples amantes da música, levaram Mozart a buscar um novo equilíbrio e abrangência em sua produção musical. Como ele mesmo relata em carta de 1782 ao pai, referindo-se especificamente a três concertos para piano recém-terminados — n. 11 (KV 413), n. 12 (KV 414) e n. 13 (KV 415) — e procurando justificá-los aos olhos paternos:

> Esses concertos são uma média feliz entre o que é fácil demais e o que é demasiado difícil; são muito brilhantes, agradáveis ao ouvido e naturais, sem ser insípidos. Há trechos aqui e ali dos quais só os connaisseurs podem extrair satisfação; mas esses trechos estão escritos de tal modo que os menos entendidos não podem

deixar de ficar satisfeitos, embora sem saber por quê. [...] O meio-termo justo da verdade em todas as coisas não é mais conhecido ou apreciado. Para ganhar aplausos, devemos escrever coisas que são tão inanes que um cocheiro poderia cantá-las, ou tão ininteligíveis que agradam precisamente porque nenhum homem sensível pode compreendê-las.

Embora a tentativa inicial de vender cópias de partituras originais por assinatura não tivesse alcançado o retorno previsto, Mozart obteve enorme êxito artístico e financeiro ao lançar-se como solista de suas novas composições para piano e orquestra em concertos para o público vienense. Ao esforço bem-sucedido de encontrar "o meio-termo justo" entre a inanidade e a ininteligibilidade devemos a milagrosa sucessão de obras-primas dos anos da maturidade — composições dotadas de eterno viço e capazes de encantar e comover até nossos dias os amantes da música.

A vida oprime, o som liberta. Na *Metafísica do Belo*, Schopenhauer afirma que "a música é um exercício inconsciente de filosofia no qual a mente não se dá conta de que está filosofando". Para além do prazer sensível e da dimensão estética, a arte de Mozart expressa como nenhuma outra os valores e os ideais do iluminismo europeu do século XVIII — "o vislumbre de um mundo melhor", no dizer de Franz Schubert. Sua arquitetura límpida e envolvente infunde a crença na existência de uma ordem cósmica benigna; confere ao inevitável um elemento de esperança.

"Beethoven criava sua música", comentou certa feita o físico Albert Einstein com perspicácia, mas "a música de Mozart é tão pura que parece estar presente no universo desde sempre". Ela existe como se tivesse sido emprestada do mundo em vez de ter sido composta por um humano; como se tocasse a si mesma com a inexorabilidade de uma lei natural. A vibração pulsante e a perfeição melódica dos inigualáveis concertos para piano de Mozart traduzem, aos meus ouvidos, a ideia de um universo bom e de uma harmonia cósmica: o amor que move as estrelas feito som.

16. J.S. Bach: *Partita II* para violino solo[1]

Religião: *religare* e *relegere*. Ouvir concentradamente a *Partita II* de Bach constitui, para mim, a experiência religiosa por excelência: o restabelecimento do vínculo sagrado com a totalidade do universo (*religare*) e o retorno a uma síntese primeira, anterior à cisão da autoconsciência e à dor de formas repartidas (*relegere*). Acima de tudo que conheço, reverencio ou possa conceber, a pureza e a perfeição austera destes sons traduzem a ideia de absoluto.

O que pode qualquer metafísica ou religião instituída, calcada no miasma de uma doutrina, diante da verdade infinita — a espiritualidade em estado puro — que emana da música de Bach? Se o divino e o transcendente se rendem à força criadora do espírito humano, então é precisamente aqui, na geometria sublime desta arquitetura para além do tempo e do espaço, que encontro a sua mais bela e definitiva expressão. Templo sonoro do meu panteísmo.

Ao contrário do que ocorre com outras obras (menos exigentes) de Bach, como, por exemplo, os *Concertos de Brandenburgo*, os meus encontros com a *Partita II* costumam ser pouco frequentes. O direito de voltar a ela exige preparo e precisa ser reconquistado a cada nova audição. Ouvir *bem* — estar minimamente à altura do que se ouve — é trabalho exigente, normalmente precedido de um pequeno ritual. Silêncio, isolamento e concentração são essenciais: olhos cerrados, respiração apaziguada, corpo na horizontal.

---

1. Artigo publicado na seção "A música de minha vida" da revista *Diapason*, n. 1, 2006.

J.S. BACH: *PARTITA II* PARA VIOLINO SOLO

O valor da audição depende de uma ascese espiritual que, no cotidiano da metrópole, nem sempre pode ser desfrutada. A dádiva, muitas vezes, reside apenas em lembrar que esse espaço-tempo do sagrado *existe*, ou seja, que ele *está lá*, ao nosso alcance, como um elixir que nos permite escapar do circuito profano das miudezas do mundo — a cidade em que vozes e buzinas se confundem — para imergir no universo paralelo da espiritualidade atemporal de Bach. A vida oprime, o som liberta. Considero impossível ouvir devidamente a *Partita II* na companhia de quem quer que seja.

O meu primeiro contato com a *Partita II* se deu quando eu tinha dezesseis anos. Obra de um acaso feliz. Um amigo de escola, com quem costumava conversar longamente sobre música e literatura, apareceu um dia dizendo que ouvira a "Chaconne", num disco de uma coleção seriada sobre a história da música clássica que era vendido em bancas de jornal. Ele discorreu com tanto entusiasmo e paixão sobre a obra que tive imediatamente vontade de conhecê-la. Comprei um exemplar do fascículo poucos dias depois da nossa conversa e coloquei o disco na pequena vitrola que tinha em meu quarto. Por mais que esperasse — e confesso que cheguei a suspeitar que meu amigo exagerava em sua apreciação —, como imaginar o que estava prestes a encontrar?

Àquela altura, eu já conhecia alguma coisa de música erudita, especialmente na tradição romântica alemã. Logo me dei conta, porém, de que aquilo pertencia a outra ordem de expressão e espiritualidade. A experiência foi arrebatadora. Como era possível que um único instrumento — as quatro cordas de um violino — pudesse deflagrar uma arquitetura polifônica de tamanha beleza e complexidade? Que misterioso dom de transporte era aquele, capaz de nos conduzir a um mundo psicoacústico de formas puras e perfeitas — um mundo sem máculas e arestas e diante do qual aquele em que nos é dado existir não passa de arremedo e exílio? Tive a certeza instantânea de que aqueles sons me acompanhariam pelo resto da vida.

A passagem do tempo confirmou aquela intuição juvenil. Nada me faz sentir de maneira tão clara os limites de todas as demais formas conhecidas de expressão artística — poesia, artes plásticas, teatro, arquitetura, romance, cinema — quanto uma audição ideal da *Partita II*, coroada pelo monumental quinto movimento ("Chaconne"). A música permite a quem a ela se entrega

DISPERSOS LITEROMUSICAIS

um grau de absorção e imersão que nenhuma outra arte é capaz de proporcionar. Nela apenas se pode abstrair de tudo que existe e mergulhar no universo paralelo da completa transcendência.

A alma, quando sonha embalada pelo som, desligada do corpo e dos demais sentidos, refaz o mundo a seu modo — é criadora e criação de si mesma. Para onde vai o tempo enquanto estamos mergulhados, em estado de absorta concentração, na música das esferas de Bach? Os pouco mais de 25 minutos da *Partita II* bastam para escancarar o que há de errado com a ideia de medir e domesticar o tempo, submetendo-o à disciplina mecânica dos relógios. O intervalo finito demarcado por suas notas de abertura e encerramento contém em si nada menos que a eternidade.

17. A possibilidade do fisicalismo[1]

Resumo — A ciência moderna minou a crença em inumeráveis causalidades imaginárias. Qual é a natureza da relação entre mente e cérebro? Filósofos têm debatido a questão por milênios, mas apenas nos últimos vinte anos a evidência empírica começou a desvendar alguns dos segredos desse antigo enigma. Esta palestra explora a possibilidade de que os avanços na neurociência vão corroer e subverter a nossa compreensão intuitiva e mentalista da relação mente-corpo. Descobertas recentes da neurociência parecem apoiar as noções de que os eventos mentais (1) são uma subclasse de eventos neurofisiológicos e (2) são desprovidos de eficácia causal sobre o funcionamento do cérebro. Se o fisicalismo é verdade, então as crenças na potência causal de pensamentos conscientes e no livre-arbítrio estão destinadas a fazer companhia a inúmeras outras causalidades imaginárias que foram destruídas pelo progresso da ciência. *Palavras-chave* — fisicalismo, mentalismo, relação mente-corpo, relação mente-cérebro, eventos mentais.

---

1. Palestra de abertura proferida no 7º Congresso Brasileiro de Cérebro, Comportamento e Emoções, realizado em Gramado, Rio Grande do Sul, em 16 de junho de 2011. A palestra foi posteriormente publicada em inglês no periódico *Dementia & Neuropsychologia*, v. 5, n. 4, dezembro de 2011, pp. 242-50.

I

O problema da relação mente-cérebro. Dita dessa forma solene, pode parecer que se trata de uma questão técnica e abstrusa, afastada das realidades da vida: o tipo de assunto que só interessaria a cientistas de jaleco, filósofos e especialistas em doenças nervosas. Nada mais falso. O fato é que cada um de nós, do mais sisudo ao mais distraído, traz consigo um conjunto de crenças espontâneas sobre a relação que existe entre o nosso corpo — cérebro incluso — e o nosso mundo mental — "a exuberância tropical brutamente caótica da vida interior", no dizer do filósofo americano Thomas Nagel.[2]

Os primeiros e decisivos passos na fixação dessas crenças se dão na infância. Quando um bebê começa a firmar a atenção visual e a perceber que o seu corpo não se confunde com o resto do mundo; quando ele percebe como alguns movimentos que faz com os braços e as pernas *partem dele* ao passo que outros movimentos — como quando o suspendem e balançam — são produzidos de fora para dentro; quando ele aprende que, ao beliscar o braço da irmã, a irmã grita e ele nada sente mas que, quando a irmã belisca o seu braço, isso dói e ele grita mas a irmã apenas sorri; quando essa criança percebe, em suma, que certas coisas estão ligadas à sua vontade ao passo que outras, estranhamente, não, ela está na verdade aprendendo a andar com as próprias pernas no seu mundo mental em formação — ela está engatinhando na constituição de uma rica e intrincada rede de crenças sobre a relação mente-corpo que farão parte da sua autoconsciência pelo resto da vida. Todos nós passamos por isso.

No outro polo da vida, o enlace mente-cérebro não é menos conspícuo. Um idoso que passa a depender de soníferos por causa da insônia e constata que sua memória recente se esvai a olhos vistos ao passo que lembranças do passado remoto afloram sem pedir licença; uma pessoa lasciva a descobrir, com o passar dos anos, que a tirania dos desejos do corpo perdeu a antiga força, e que isso lhe traz uma estranha paz; uma anciã jovial que, por mais que tente fazê-lo, nunca é capaz de sentir-se, no espelho da mente, com a idade que

---

2. T. Nagel, "Concealment and exposure", em idem, *Concealment and exposure and other essays* (Oxford, 2002), p. 4.

seu corpo, diante do espelho da física, insiste em mostrar que ela tem; um doente terminal que passa a refletir, como nunca fizera antes, sobre o que será *dele* quando a hora fatal chegar — estão todos eles, conscientes ou não do fato, lidando com temas e inquietações acerca da relação mente-cérebro. Muitos de nós passaremos — se é que já não passamos — por algo parecido.

Das intuições pré-linguísticas da primeira infância aos delírios e regressões típicos da senescência, o arco da vida mental se completa. No intervalo entre esses extremos, e por menos elaboradas e articuladas que sejam suas concepções, todo ser humano tem um quê de filósofo espontâneo ou metafísico principiante — ele traz na bagagem uma rede de crenças e noções sobre o que significa ser uma pessoa dotada de percepção, consciência e vontade própria; sobre a relação que ela individualmente e as demais pessoas guardam com o universo em que agem e vivem. Que tipo de ser é o bicho-homem? No que ele se diferencia dos outros seres vivos? Existirá algo semelhante a um *senso comum* sobre esse peculiar amálgama de realidades corporais e mentais que se faz manifesto na vida de cada um?

II

Variações e idiossincrasias pessoais à parte, creio que é possível constatar a existência de um entendimento compartilhado: um senso comum pré-reflexivo e razoavelmente robusto, embora no mais das vezes latente e pouco explícito, acerca da relação mente-corpo. Essa rede de crenças espontâneas, adquiridas desde a primeira infância, está alicerçada em *dois pilares*.

O *primeiro* é a simples constatação de que parecem existir dois tipos de eventos bem distintos ocorrendo no mundo: de um lado, os acontecimentos que pertencem ao mundo físico externo e que podemos perceber por meio dos nossos sentidos; e, do outro, aqueles que pertencem ao nosso mundo mental e aos quais temos acesso por meio da nossa atenção consciente, introspecção e vida interior.

Os eventos do mundo físico são aqueles que podem ser observados e examinados de fora, ainda que em alguns casos somente mediante o uso de aparelhos sofisticados como microscópios, radares e tomógrafos. Se você ouvir um estrondo repentino, por exemplo, ou sentir o aroma perfumado do jasmim, isso produzirá alterações definidas e passíveis de observação e medida em milhões de células nervosas no seu cérebro. As vibrações sonoras geradas pelo estrondo, os elementos químicos voláteis associados ao aroma de jasmim e os estados do cérebro correspondentes a cada uma dessas duas experiências pertencem a esse mundo.

Com os eventos do mundo mental, contudo, não é assim. Tudo que nos vai pela mente — nossos pensamentos e lembranças, emoções e crenças, desejos e sensações — pertence à experiência pessoal de cada um e está inteiramente vedado à inspeção alheia, embora possamos tentar comunicá-lo por palavras ou outra forma de expressão.

O que se passa em sua experiência interna no momento em que você, por exemplo, *se assusta* com um estrondo abrupto ou *se delicia* com o aroma de jasmim jamais será visto ou vivenciado, percebido ou cheirado por outra pessoa exceto você, não importa quão sofisticadas possam se tornar no futuro as técnicas de pesquisa e os aparelhos de visualização das complexas alterações neurais produzidas pelo que os nossos sentidos transmitem ao cérebro. O sonho noturno é a experiência mental por excelência — o mental em estado puro. Daí que o lamento de Woody Allen — "Minha única mágoa na vida é que não sou outra pessoa" — pressupõe o que jamais podemos de fato saber, ou seja, *o que é ser outra pessoa* (suspeito, entretanto, que, se lhe fosse dada a chance, ele logo se arrependeria e quereria voltar a ser quem é).

A atribuição de experiência *mental* aos objetos do mundo — desde animais e outros seres vivos até fenômenos naturais e entes inanimados — é altamente variável. Enquanto um solipsista puro acredita que ele é o único ser dotado de vida consciente em todo o universo, um adepto do pampsiquismo imagina que não existe nada no mundo, nem mesmo as pedras, cachoeiras e bactérias, que não possua algum grau de interioridade e latência mental, por incipiente e rudimentar que seja quando comparado ao que sabemos sobre o nosso caso.

Embora no ambiente arcaico prevalecessem crenças muito distintas das nossas sobre a existência de almas, espíritos e vontades na natureza, a grande maioria das pessoas no mundo moderno, é razoável supor, prefere situar-se

A POSSIBILIDADE DO FISICALISMO

em algum ponto equidistante entre os extremos do puro solipsismo e do pampsiquismo radical. A diferença na atribuição de interioridade aos outros seres vivos ajuda a compreender por que a sensação de degolar uma galinha é tão mais perturbadora, para a maioria de nós, que a de pescar um peixe ou esmagar um besouro com o pé.

O *segundo* pilar sobre o qual assenta o nosso entendimento comum da vida e de nós mesmos é a crença de que o mundo físico e o mental não são coisas estanques, mas interferem a todo momento um no outro. O que ocorre no meu organismo — cérebro, tronco e membros — influencia o que me vai pelo mundo mental, assim como as minhas escolhas — o que penso e decido fazer — influenciam os movimentos do meu corpo. O físico e o mental pertencem a uma mesma realidade e, como numa movimentada via de mão dupla, o tráfego causal entre eles corre nas duas direções. Ambos se encontram em princípio abertos à interferência e à ação do outro. Se eu tomar um analgésico, a dor de dente some; se me lembrar de ir ao dentista, desloco-me fisicamente até o consultório. Se fumar um cigarro, ficarei mais alerta e animado; mas, quando penso nos males da nicotina, jogo o maço fora.

III

Nossa crença espontânea no poder causal da mente sobre a realidade física aparece de forma clara numa experiência que é comum a todos — *a torcida*. O que é, afinal, *torcer* por alguma coisa? O que se passa conosco enquanto torcemos — quando assistimos a um jogo de futebol, por exemplo?

Cada um, é claro, vive e sente as coisas do gramado à sua maneira. O *jogo jogado* é o mesmo para todos: o placar final tem a solidez do granito. Mas, quando se trata do *jogo vivido*, tudo se transfigura. Qual o segredo do arrebatamento a que nos abandonamos na agonia de torcer? Que tramas e surtos da mais singular subjetividade não se filtram pelos olhos e mentes grudados aos volteios da bola numa tela de TV?

Há toda uma metafísica da mais remota origem embutida na alma torcedora. A palavra "torcer", bem compreendida, capta o essencial. Torcer é se contorcer e remoer por dentro: é a sensação de esticar e distender os músculos e tendões dos nossos desejos e vontades; é enfiar-se com as emoções campo adentro como se estivessem misturadas aos corpos dos atletas e às trajetórias caprichosas da bola. As contorções faciais e os gestos dos torcedores são apenas o sinal visível da ginástica interna que os consome.

Mas não é só. O contorcionismo subjetivo do torcer está ligado a uma crença espontânea indissociável da inclinação torcedora — um modo mágico de pensar e sentir que irrompe na mente com o ímpeto de uma planta selvagem. Torcer é entregar-se à vivência primária e avassaladora de que as contorções que agitam e devoram a alma *torcerão* o curso dos acontecimentos na direção desejada. A explosão catártica do gol — ou de um pênalti defendido — é a confirmação da potência do meu bruto querer.

O torcer é parente do rezar, só que sem rodeios e intermediários. Na reza, o devoto se concentra e abre o canal da interlocução pela oração: ele se dirige ao santo ou divindade da sua predileção, rogando-lhe que interceda a seu favor. Promessas e sacrifícios podem facilitar o trâmite, mas a eficácia da prece não é fruto da vontade crua do devoto. Ela depende de um despacho da autoridade invocada.

O torcedor, é claro, também reza e promete, mas no calor da hora ele vai *direto ao ponto*. Não é algo consciente ou que se possa escolher e evitar. É um processo mental involuntário, de origem arcaica, e que nos transporta para um mundo mítico onde os nossos desejos e emoções gozam de *poder causal* sobre o enredo aberto e imprevisível do que está em jogo. O banco de reservas interiores do torcedor entra em campo, desvia a bola perigosa, corta o passe, mata no peito, cruza o escanteio, espalma e cabeceia, vibra no momento exato em que a sua onipotência se confirma na catarse do gol. Uma teia de medos e desejos, temores e esperanças cerca cada lance e afeta cada movimento da bola. Não é à toa que o bom torcedor se descobre extenuado no fim do jogo.

No fundo, a fé selvagem de quem torce é a crença de que podemos domar e torcer o curso natural das coisas — coagir o futuro — por meio da força bruta do nosso querer. O mundo, berra em silêncio a alma torcedora, não é surdo e indiferente ao meu desejo. O devir se rende à minha vontade soberana. (Quantas vezes na minha infância, no tempo em que não se transmitiam jogos

A POSSIBILIDADE DO FISICALISMO

ao vivo pela TV, não torci e vibrei intensamente ao assistir a partidas já encerradas mas cujo placar eu ignorava?)

A torcida diante da bola é um caso extremo de família numerosa. Torcemos para que alguém se recupere de uma doença grave; para que o avião vença a turbulência; para que o tempo melhore; para que os bons triunfem e os canalhas naufraguem; para que o telefone toque ou o e-mail chegue. Diante de um futuro aberto com desfecho incerto, o animal humano não se rende à sua impotência e desamparo cósmicos. Como um apostador inveterado, ele crê na sua vontade como causa de efeitos reais e investe o que pode na roleta mágica do seu louco querer: *quando eu me contorço por dentro, o mundo se torce a meu favor*. A psicologia do torcer é um escândalo da razão — fé animista que nos habita em segredo.

IV

Pois bem: nossas crenças espontâneas sobre a relação mente-cérebro refletem aquilo em que acreditamos. Ocorre, porém, que nem tudo aquilo em que acreditamos, por óbvio e familiar, é digno de crédito. A inclinação natural para acreditar em algo não constitui argumento válido em sua defesa, assim como a simples força de uma convicção não serve como critério de sua veracidade.

Uma coisa são as ideias e crenças que se vieram formando e fixando em nossa consciência, desde a infância, como uma espécie de mobília que fomos herdando, juntando e reunindo em nosso espaço interno; coisa muito distinta, todavia, é a tentativa de pôr ordem na casa, ou seja, examinar criticamente essas ideias e crenças, e avaliar o que merece ficar e o que vai para o despejo. É essa operação-faxina de reavaliação daquilo em que acreditamos que justifica falarmos do *problema* da relação mente-cérebro.

Tudo que sabemos sobre o mundo e sobre nós mesmos é produto da nossa mente. E o que nos vai pela mente — é produto do quê? De onde surge e como se processa a atividade mental que responde por tudo que sentimos, pensamos e sonhamos? Qual a origem da exuberante fauna e flora da nossa consciência e vida interior?

As especulações sobre o sítio da vida mental humana se perdem na noite dos tempos. No mundo arcaico, ao que parece, havia a crença de que nem tudo que nos vai pela mente tem origem no nosso corpo. Os sonhos noturnos e os delírios, as inspirações súbitas e o transe dos amantes, as paixões furiosas e o arrebatamento dos feitos heroicos, eram percebidos e vividos como manifestações ou intervenções de origem extranatural — como a invasão de alguma força divina ou demoníaca no espírito dos homens. Daí, aliás, o termo "entusiasmo", cuja raiz é o grego *enthous*: "tomado ou possuído por um deus/ *theós*". No *Dom Casmurro*, é curioso notar, Machado se refere à noção de que os sonhos noturnos, antes de se tornarem "filhos da memória e da digestão", eram sentidos como uma espécie de visitação divina ou de transporte à "ilha dos sonhos" onde a noite tinha o seu palácio: "Mas os tempos mudaram tudo. Os sonhos antigos foram aposentados, e os modernos moram no cérebro da pessoa".

A ideia de que a mente reside no corpo e que este responde pelo que se manifesta naquela passou por diversas variantes e extravios antes de aportar no cérebro. Entre os gregos antigos, por exemplo, foi popular a crença de que o fígado seria a sede das nossas paixões e desejos, bem como das flutuações do ânimo; um vestígio dessa concepção permanece vivo na linguagem: o termo "melancolia" deriva das palavras gregas *mélas*: "negro" + *kholé*: "bile" — a produção excessiva da bile secretada pelo fígado seria a causa dos estados sombrios e depressivos da mente.

Aristóteles, por sua vez, considerava o coração — e não o cérebro — o órgão responsável pelas emoções e pelo controle dos movimentos do corpo; evidência disso, sustentava ele, era o fato de que as galinhas podiam ainda correr por algum tempo mesmo depois de degoladas; o cérebro serviria apenas como uma espécie de órgão resfriador da temperatura do sangue.

A descoberta de que o cérebro é o sítio da mente — o lugar onde os eventos da nossa vida mental, sem exceção, se produzem — foi feita por médicos e filósofos gregos da escola hipocrática no século v a.C. A passagem em que Hipócrates destaca o papel do cérebro na existência humana, no contexto de uma refutação da crença dominante em seu tempo de que a epilepsia seria

A POSSIBILIDADE DO FISICALISMO

uma "doença sagrada" ou punição divina, é digna de registro — a serena limpidez do enunciado sobrepuja a distância no tempo:

> Os homens têm de saber que é do cérebro, e tão somente dele, que surgem nossos prazeres, alegrias, risos e divertimentos, bem como nossas tristezas, dores, pesares e lágrimas. É por meio dele, em particular, que somos capazes de pensar, ver e ouvir, e de distinguir o feio do belo, o mau do bom, o prazeroso do desprazeroso. [...] É no cérebro, ainda, que se dão a loucura e o delírio, assim como é ele que inspira temores e medos à noite ou de dia, que causa a insônia e o sonambulismo, pensamentos que não vêm, deveres esquecidos e excentricidades. Todas essas coisas de que padecemos provêm de uma condição enferma do cérebro; ele pode estar mais aquecido ou mais frio do que deveria estar, ou úmido ou seco em demasia, ou em algum outro estado anormal.[3]

O que Hipócrates jamais poderia supor era que, cerca de 2500 anos depois da sua descoberta, a busca fervorosa do sagrado e da salvação pela fé religiosa é que viriam a ser explicadas como "consequência de um certo tipo de epilepsia na chamada área temporal do cérebro", como propõe o biólogo Francis Crick, codescobridor do DNA. "Pessoas com esse tipo de epilepsia", sugere Crick, "frequentemente tendem a ter um comportamento religioso exagerado; uma figura histórica como São Paulo foi quase certamente epiléptica; em tempos mais recentes, Dostoiévski foi com certeza epiléptico. Muitos experimentos estão sendo feitos para ver se é possível induzir experiências religiosas excitando-se o cérebro."[4]

Se Freud chocou as almas piedosas de seu tempo sugerindo, em *Totem e tabu*, que a religião tinha um parentesco com a neurose obsessiva, da qual seria uma forma branda, Crick propõe que se vá um passo além: a experiência religiosa seria, no fundo, uma pequena embriaguez convulsiva de que padecem,

---

3. *Hippocratic writings* (trad. J. Chadwick e W.N. Mann, Londres, 1983), pp. 248-9.
4. F. Crick, Entrevista a Alessandro Greco no caderno Fim de Semana da *Gazeta Mercantil*, 12 de julho de 1998, p. 3.

DISPERSOS LITEROMUSICAIS

em graus variáveis, os cérebros sujeitos a descargas elétricas anormais no lobo temporal.

A hipótese de Crick, vale notar, corrobora a observação de filósofos que se dedicaram ao estudo do temperamento religioso como, entre outros, Nietzsche: "Em seguida ao treinamento de penitência e redenção encontramos tremendas epidemias epilépticas, as maiores de que fala a história, como as danças de São Vito e São João na Idade Média";[5] William James: "Os gênios da religião amiúde se revelaram portadores de sintomas de distúrbio nervoso";[6] e Cioran: "A maior parte dos agitadores, visionários e salvadores ou foi epiléptica ou foi dispéptica".[7]

Se para os gregos arcaicos, contra os quais se insurgiu Hipócrates, a epilepsia era uma doença sagrada, para a neurociência do século XXI é a experiência efusiva do sagrado e da presença divina, com seus transportes, transes e alucinações, que se revela o humano, demasiado humano subproduto de uma síndrome epiléptica.

V

Como entender a realidade e o que nela acontece? Nossa apreensão espontânea das coisas e do que vai pelo mundo se dá por meio dos cinco sentidos. Mas até que ponto aquilo que os nossos sentidos nos dizem sobre o mundo é digno de crédito? Até que ponto essas sensações e percepções das quais temos imediata consciência correspondem à realidade das coisas *como elas são*, e não apenas à maneira como elas *nos parecem ser*? O que a neurociência tem a dizer sobre a natureza da relação mente-cérebro?

Nada surge do nada. Há uma diferença crucial entre o que existe objetivamente no mundo, de modo independente de nós, e o que é apenas subjetivo,

---

5. Friedrich Nietzsche, *On the genealogy of morals* (trad. W. Kaufmann e R.J. Hollingdale, Nova York, 1969), p. 142.

6. William James, *The varieties of religious experience* (Londres, 1916), p. 6 e p. 13.

7. Emil Cioran, *The trouble with being born* (trad. R. Howard, Nova York, 1976), p. 112.

A POSSIBILIDADE DO FISICALISMO

ou seja, devido aos efeitos do mundo sobre os nossos sentidos e a nossa mente. O passo decisivo foi submeter as nossas sensações e percepções naturais das coisas a uma análise rigorosa. Foi mostrar que elas resultam de um processo de interação entre os fenômenos externos, o nosso aparelho perceptivo e o nosso sistema nervoso, e oferecer uma teoria detalhada das suas bases físicas, ou seja, do que vai por detrás da nossa experiência mental dos diferentes sons, cores, tatos, gostos e cheiros das coisas.

O resultado dessa investigação foi a descoberta de que o mundo que nos é familiar e dentro do qual transcorre a nossa vida subjetiva difere radicalmente do mundo como ele de fato é. Ao examinarmos nossas experiências sensíveis de fora para dentro, é possível constatar que as coisas que apreendemos estão sendo processadas, traduzidas e recodificadas por nós, gerando assim sensações que transfiguram a realidade objetiva e provocando eventos mentais que estão para o mundo externo assim como *o nome das coisas*, mera convenção linguística, está para *as próprias coisas*.

Dois exemplos simples ajudam a ilustrar o ponto. O primeiro é a sensação de cócegas. Imagine que alguém roce delicadamente uma pluma na sola do seu pé e que isso provoque em você uma sensação formigante de cócegas. O que é isso? O que são e onde estão as cócegas — na pluma, na sola, no contato entre elas?

Na verdade, as cócegas em si têm uma existência restrita à vida mental ou experiência subjetiva de quem as sente. O que existe de fato é uma leve fricção entre os átomos da pluma e os átomos da pele, gerando um fluxo de átomos; este percorre o nervo que liga a superfície da pele ao sistema nervoso e, por fim, produz uma pequena agitação de átomos no cérebro à qual se convencionou dar o nome de "cócegas". (Um fato intrigante, recentemente desvendado pela neurofisiologia, é que, apesar de nós as sentirmos quando feitas por outrem, especialmente se nos pegam desprevenidos, nós nunca conseguimos fazer cócegas em nós mesmos.)

A prova mais contundente, todavia, provém de experimentos efetuados no cérebro exposto de pacientes submetidos a neurocirurgias. Como a massa encefálica — o tecido esponjoso onde são recebidas e processadas *todas* as sensações de qualquer natureza oriundas do resto do corpo — é ela própria insensível à dor, os experimentos intracranianos podem ser conduzidos com o paciente desperto, ou seja, apto a relatar durante o procedimento o que lhe vai pela mente, bastando a aplicação de um anestésico local no couro cabeludo e nas membranas que recobrem o cérebro.

Quando um suave pulso elétrico é diretamente aplicado à superfície do córtex somatossensorial — a área do cérebro que recebe as mensagens sensoriais oriundas de todas as partes do corpo —, o paciente experimenta a sensação consciente de que há algo sendo aplicado à sua pele, como, por exemplo, um alfinete pinicando ou uma lixa raspando um ponto particular do seu braço, barriga ou outra região do corpo; quando o eletrodo é deslocado pela superfície do córtex, a localização da sensação subjetiva e ilusória associada ao estímulo também se desloca, especificamente para aquela região do corpo que transmite informações sensoriais ao ponto particular do córtex que está sendo estimulado.

Os córtices sensório e motor contêm uma espécie de "mapa" que reproduz toda a topologia do resto do corpo. Todas as sensações provindas de algum ponto do organismo, o nariz, por exemplo, ou o joelho, podem ser geradas por meio da estimulação direta do córtex, sem que o nariz ou o joelho tenham sido de algum modo afetados.

Quando cortamos o dedo ou recebemos um carinho, a sensação de dor ou de prazer que experimentamos não se dá realmente no local da ferida ou do agrado, mas no ponto do cérebro que processa as mensagens nervosas originárias dessas áreas. A ilusão de que a dor ou o prazer se localizam na parte afetada do corpo, e não no ponto correspondente do córtex somatossensorial, só ocorre porque o cérebro, além de receber a informação relevante, *projeta* de volta ao local particular da ferida ou do afago a mensagem evolucionariamente relevante de que algum tipo de dano a ser evitado ou de prazeroso agrado teve lugar ali.

O cérebro despista a mente. A estimulação elétrica de outras regiões de um cérebro exposto é capaz de produzir não só movimentos musculares involuntários nos membros correspondentes do corpo, mas também sensações visuais, olfativas e auditivas, alucinações e até mesmo reminiscências agudamente vívidas de rostos, melodias, cenas e experiências da infância. Na experiência interna do paciente tudo se passa como se fossem experiências reais.

A POSSIBILIDADE DO FISICALISMO

Na realidade, contudo, sabemos que se trata tão só dos efeitos produzidos artificialmente por uma astuciosa estratégia de experimentação científica — artefatos do manejo de um eletrodo aplicado ao encéfalo numa sala cirúrgica. Átomos em movimento.

VI

Consideremos agora a relação entre o pensar e o agir. O que poderia ser mais familiar para qualquer pessoa do que a relação que obviamente existe, à luz de nossa faculdade introspectiva, entre um ato de vontade consciente, de um lado, e uma ação na vida prática, de outro? É simples como "Eu quero, eu faço!". E, no entanto, ao examinarmos de perto a real natureza desse elo causal entre o pensar e o agir, à luz de tudo que sabemos sobre o mundo que nos rodeia, é difícil conceber alguma coisa que seja menos óbvia, menos clara ou menos inteligível.

O primeiro passo é destrinchar a relação entre a vontade consciente, de um lado, e a ação muscular, de outro. Afinal, qual é a natureza e o que se esconde por detrás desse singularíssimo vínculo?

Cada um de nós pode verificar em si: a condição humana padece de uma peculiar *cisão*. Quase tudo que ocorre dentro do nosso organismo — uma infinidade de processos metabólicos indispensáveis à sobrevivência — está inteiramente vedado aos ditames da nossa vontade consciente. O coração bate, o sangue circula e o alimento é digerido; sob efeito do estímulo apropriado, o fígado secreta a bile; os poros da pele, o suor; e as glândulas suprarrenais, a adrenalina.

Como se dá tudo isso? O órgão cerebral responsável pela maioria desses processos automáticos de controle e ajuste chama-se "hipotálamo" (grego *hipo*: "sob" + *thálamus*: termo que designa a área do cérebro para a qual converge a intrincada rede de fibras nervosas ramificada como uma teia de aranha pelo nosso corpo). Ele pesa não mais que quatro gramas e pertence ao sistema límbico (termo que designa uma região mais primitiva do cérebro em termos evolutivos, associada às sensações viscerais e ao processamento das emoções). Embora pequeno em tamanho, o hipotálamo abriga um complexo feixe de fibras e células nervosas que fazem dele o mais denso e conectado órgão em todo o cérebro, isto é, aquele que mais recebe e envia mensagens.

O curioso é que, quando passamos do metabolismo interno do corpo para as nossas ações no mundo externo, esse quadro parece se alterar radicalmente. Daí falar-se em *cisão*: pois o fato é que um subconjunto relevante dos músculos do nosso corpo, como os que governam as mãos, os braços, as pernas e a língua, guarda uma relação distinta com o cérebro e com o que nos vai pela mente.

Se eu decidir ativar minhas glândulas lacrimais agora, não serei capaz de fazê-lo (uma atriz experimentada teria mais sucesso). Mas, se eu decidir piscar ou cerrar as pálpebras, elas obedecerão sem pestanejar. Um preso político pode optar por uma greve de fome como forma de protesto, ainda que nenhum esforço da sua vontade consciente permita que ele não sinta fome ou evite que o alimento, uma vez ingerido, seja devidamente digerido e assimilado.

A experiência da cisão é incontornável. Como entendê-la? Duas perguntas básicas afloram. A questão *científica*, ainda não plenamente elucidada, é: *por que existe a vontade consciente?* Se o nosso metabolismo vital é capaz de cuidar de si, de forma automática monitorando uma infinidade de demandas do corpo, reagindo a elas e ajustando-as, então por que não é tudo assim? De que modo surgiu e como foi gradualmente se delineando, na trajetória evolutiva dos seres vivos e do *Homo sapiens* em particular, a fronteira entre os processos fechados à nossa escolha e vontade conscientes, de um lado, e aqueles que nos parecem abertos e receptivos aos decretos e alvarás do eu-soberano, de outro?

Os vegetais são imóveis; os animais se movem. Quanto mais rudimentar o sistema nervoso de um animal, menor o seu repertório de respostas motoras diante das situações com que se depara. O que diferencia o animal humano nesse quesito é a grande complexidade anatômica e fisiológica do seu sistema de controle dos movimentos do corpo. Nosso leque de respostas motoras vai do simples reflexo automático — tirar a mão do fogo num átimo de segundo ou coçar uma irritação da pele durante o sono — até o mais exigente e sutil movimento dos dedos da mão — executar uma neurocirurgia ou um solo de piano.

O controle fino dos músculos voluntários do nosso corpo é uma ope-

A POSSIBILIDADE DO FISICALISMO

ração complexa, que envolve a ação sincronizada de diversas regiões do cérebro, entre as quais se destaca o *córtex motor*: uma região cerebral de origem recente do ponto de vista evolutivo e relativamente avantajada no caso do homem. O estímulo elétrico de pontos específicos do córtex motor produz movimentos nos músculos correspondentes sem que a pessoa pense ou delibere fazê-los.

A ampliação do repertório de respostas motoras diante das ameaças e oportunidades que o ambiente oferece faz todo o sentido evolutivo. Ela deu ao *Homo sapiens* uma inédita e altamente proveitosa flexibilidade de ação na vida prática, e dessa forma lhe permitiu submeter outros seres e processos naturais, a começar pela domesticação de plantas e animais, a seus interesses e caprichos. O controle que o ser humano exerce sobre a natureza externa não deixa de ser, no fundo, uma continuação, por outros meios, do controle que algumas partes de nós parecem exercer sobre outras partes de nós.

Tomemos como exemplo a relação entre um cavalo e seu cavaleiro. Nenhum cavalo nasce pronto — é forçoso domá-lo. Sua vontade arisca precisa ser "quebrada", ou seja, submetida à vontade do domador por meio da manipulação dos seus mecanismos de associação e aprendizado. Mas, quando o cavalo está treinado e finalmente no ponto, o que temos? Os músculos do cavalo respondem como uma máquina bem ajustada aos comandos que lhe são transmitidos pelos músculos voluntários do cavaleiro mediante o uso das rédeas, esporas, chicote e estímulos sonoros: um se transforma na extensão natural do outro.

Na prática, o sistema motor do cavaleiro cooptou o sistema motor do cavalo, assim como os nossos músculos voluntários foram cooptados pelo nosso córtex motor e se tornaram, no mais das vezes, dóceis e obedientes aos seus ditames. A diferença é que, no caso do cavalo, o controle é exercido por meio do aparelho sensível do animal — com o toque das rédeas, a irritação das esporas, a voz do cavaleiro —, ao passo que, no nosso caso, a comunicação das ordens se dá através de ondas elétricas — átomos eletricamente carregados de sódio e potássio —, que ligam as células e sinapses do cérebro aos músculos relevantes por meio dos filamentos nervosos ramificados pelo nosso corpo. E tudo em frações de segundo.

A cisão é real: a fisiologia de um músculo como o coração, com suas sístoles e diástoles, não se confunde com a dos músculos voluntários do corpo. Até este ponto do argumento permanecemos no âmbito da ciência, com seus métodos, hipóteses e evidências empíricas.

VII

A questão *filosófica* suscitada pela experiência humana da cisão é: qual a natureza dessa dualidade? Existe uma diferença ontológica radical — um salto de absoluta descontinuidade — entre o que acontece em nosso metabolismo interno do corpo e o que se passa quando movimentamos os nossos membros para agir no mundo externo? O que realmente se esconde por detrás dessa peculiar distinção?

A visão mentalista, calcada na nossa psicologia intuitiva, sustenta haver um fosso radical que separa os dois processos: enquanto um deles é puramente automático, rígido e regido por leis cegas independentes da nossa vontade, o outro é prerrogativa humana e diz respeito a um sistema de controle muscular em que a mente é soberana. A vontade consciente — um estado mental — pilota e cavalga os processos neurológicos relevantes, ao passo que estes, por sua vez, fazem a cavalaria trotar.

Mas será mesmo isso? O que de fato está acontecendo? A visão fisicalista questiona a nossa psicologia intuitiva e propõe uma visão essencialmente distinta do que se esconde por detrás da cisão. Se estados mentais afetam estados do corpo, então o único ponto em que o contato efetivo se torna uma realidade concreta é o elo causal entre o pensar e o agir. Mas o que ocorre quando eu penso e decido, digamos, *levantar o dedo*?

Graças a novas técnicas de monitoramento e visualização da atividade cerebral em tempo real, sabemos que algo observável acontece no exato instante em que a decisão é tomada — algo envolvendo alterações químicas e elétricas nas centenas de milhões de células nervosas das quais o meu cérebro é feito. Mas qual é, de fato, a relação entre o evento mental e privado, que é a minha decisão

A POSSIBILIDADE DO FISICALISMO

intencional de erguer o dedo, e o evento cerebral e observável, que é a singular configuração microscópica da complexa rede neural correlata a esse ato?

Serve aqui o alerta feito, em outro contexto, pelo duque de La Rochefoucauld: "O homem com frequência pensa que está no controle quando ele é que está sendo controlado".[8] Um ato voluntário envolve a intenção de agir e a ação muscular relevante. No lapso de tempo entre a intenção, de um lado, e a realização do ato, de outro, ocorre uma escalada de atividade neural nas regiões do cérebro responsáveis pelo controle motor dos músculos acionados. Nada disso surpreenderia um mentalista. O ponto nevrálgico é o que vem a seguir. E a intenção de agir — de onde, afinal, ela surge? Como se produz na mente a vontade de levantar o dedo?

O fato espantoso, empiricamente explicitado e mensurado de forma rigorosa pelo neurocientista americano Benjamin Libet, é que a escalada de atividade neural — o evento físico no cérebro — *precede* no tempo não apenas a ação muscular, mas também o evento mental, ou seja, *a própria consciência da decisão de agir.*

Uma intenção da qual nos tornamos cientes tem uma origem e se produz no tempo. O registro eletroencefalográfico do que ocorre quando eu tomo a decisão de erguer o dedo revela que o processo neurológico do ato tem início cerca de três décimos de segundo *antes* de eu me tornar ciente da minha intenção de executá-lo. Ou seja: é como se o meu cérebro soubesse, antes de mim, o que estou prestes a fazer e farei em seguida, e ainda tivesse a gentileza não só de me avisar da decisão que se tomou em mim, mas de fazê-la acompanhar-se da gratificante sensação de que é a minha vontade consciente — o meu eu-soberano — que está no comando e decidindo realizar aquilo.

O hiato temporal pode soar minúsculo, como tanta coisa no mundo dos neurônios e das sinapses, mas ele é real, mensurável e tem consequências práticas e filosóficas. O processo que culmina numa ação aparentemente voluntária tem início no cérebro de modo pré-consciente, antes que a intenção de agir aflore ao espelho da mente.

Uma pesquisa em neuroeconomia, baseada em imagens obtidas por res-

---

8. La Rochefoucauld, *Maxims* (trad. L. Tancock, Londres, 1981), p. 42.

sonância magnética, mostra que diante de uma opção de compra duas áreas do cérebro medem forças e disputam o controle da ação. De um lado está o *núcleo accumbens*, com seus receptores de dopamina sempre a postos quando uma oportunidade de gratificação se oferece; e, de outro, está a *insula* (termo latino para "ilha"), uma região do córtex associada a sensações de desconforto e desprazer, como as que nos são causadas por mau cheiro, insultos ou desembolso de dinheiro.

O fato surpreendente é que, mediante a observação do grau de ativação dos circuitos neurais envolvidos no embate entre o núcleo accumbens e a insula, é possível prever com segundos de antecedência se um potencial comprador vai ou não adquirir um determinado bem. Enquanto o freguês hesita e pondera se vai ou não pôr a mão no bolso, o cérebro já tem a resposta. A expressão do rosto não revela, mas o contraste entre um avarento, como o tabelião Vaz Nunes do conto "O empréstimo" de Machado, que "roía muito caladinho os seus duzentos contos de réis", e um gastador inveterado, como Custódio, que "nascera com a vocação da riqueza, mas sem a vocação do trabalho", pode ser claramente apreciado na tela de um computador.

Na visão fisicalista, portanto, nossas experiências mentais não surgem do nada, mas são fruto da atividade dos neurônios e sinapses no cérebro; elas não nascem prontas, mas se dão no tempo. O autoconhecimento humano é precário. O elo entre o pensar e o agir esconde uma realidade objetiva complexa a que não temos acesso introspectivo: nossa vida consciente e nossas ações no mundo são a culminância de uma vasta e intrincada atividade neural que se desenrola abaixo do nosso nível de perceptividade mas que a ciência vem passo a passo conseguindo explicitar, medir e elucidar.

Não é a vontade consciente que ativa o córtex motor e produz a ação. É a atividade das células nervosas em certas áreas específicas do cérebro, como o córtex pré-frontal, que aciona o córtex motor e os músculos do corpo, fazendo-se acompanhar da sensação subjetiva de que o pensamento responde pela ação. Imaginar que a vontade consciente é a causa de uma ação seria como supor que a espuma formada por uma onda ao quebrar no mar é a causa da rebentação.

VIII

Do relâmpago ao voo da libélula, tudo que acontece no mundo físico é passível de explicação mediante a explicitação de leis e princípios físicos. O conhecimento científico da natureza mostrou que não é necessário recorrer a nenhuma variável extrafísica — como espíritos, forças ocultas, vontades, entes psíquicos, demônios ou intervenções do além — para compreender os fenômenos do mundo natural. O mundo físico é autossuficiente, ou seja, ele abriga no interior de si tudo aquilo que é necessário e suficiente para entender e explicar o que nele sucede.

Pois bem: é difícil conceber, para dizer o mínimo, que o ser humano de carne e osso, fruto da união de dois gametas, não pertença integralmente a este mundo. *A natureza não dá saltos.* Mas, se tudo que tem lugar no mundo físico, do qual nosso organismo é parte e onde nossa vida transcorre, pode ser plenamente entendido e explicado mediante variáveis físicas, então por que seria diferente conosco?

O cérebro humano é um órgão de extraordinária complexidade — o mais intrincado e intrigante de que se tem registro. No entanto, isso não faz dele uma milagrosa "caixa-preta": um órgão extranatural, regido por princípios estranhos a tudo que sabemos sobre o mundo, e que teria de algum modo ficado isento das leis naturais de causa e efeito ou das relações de tempo e espaço que se verificam no resto da natureza.

Mas, se os nossos corpos e organismos — cérebro incluso — são entes físicos que nascem, crescem e se movimentam no espaço físico, como acontece com todo ser vivo do planeta, então não é necessário recorrer a nenhuma variável extrafísica, como nossos pensamentos, desejos e vontade consciente, para dar conta da nossa existência e ações no mundo. Daí que o entendimento estritamente científico do *Homo sapiens*, pautado pela busca de resultados claros, inteligíveis e sujeitos à aferição pública, exclua o recurso a estados mentais de qualquer natureza quando o que está em jogo é a elucidação do que nos faz ser como somos e agir como agimos.

A neurociência não foge à regra. Como relata o neurocientista americano Roger Sperry, falando aqui em nome dos seus colegas de profissão, "a convicção da maioria dos estudiosos do cérebro — cerca de 99,9% de nós, segundo creio — é a de que forças mentais conscientes podem seguramente ser desconsideradas no que diz respeito ao estudo científico objetivo do cérebro".[9]

Em nenhum momento, é bom frisar, se nega a realidade da consciência ou dos eventos mentais: o que se descarta é a sua utilização como princípios válidos de explicação. Em nenhum momento se subestimam as lacunas que ainda persistem no estudo científico da relação mente-cérebro. Quem quer que procure inteirar-se dos resultados alcançados há de concordar com o bioquímico americano Julius Axelrod quando ele afirma que "a linguagem eletroquímica do cérebro é tão rica e sutil como a de Shakespeare — e estamos apenas começando a aprender o nosso ABC".[10] A pesquisa não elucidou ainda como a realidade fisiológica do cérebro, observável de fora, se relaciona com a nossa experiência mental, vivida internamente. A descoberta da chave que decifra esse hieróglifo e franqueia a exata tradução do código de uma no alfabeto da outra é o santo graal da neurociência.

Seja qual for a resposta, porém, a questão crucial permanece: qual é a *direção de causalidade* entre o universo mental e a neurofisiologia do cérebro? A cada uma de nossas experiências mentais, conscientes ou não, corresponde uma configuração definida e particular do cérebro. Quem pilota quem? Existe, afinal, "um piloto"?

Que alterações da anatomia e da química cerebrais afetam os nossos estados de consciência é algo por demais evidente: ninguém precisa extirpar o hipocampo ou tomar LSD para constatar isso, basta um cafezinho ou um analgésico. E na direção contrária? Como seria partir de um estado mental — uma sensação subjetiva como, por exemplo, "estou com fome" — para daí entender de que maneira isso afeta o cérebro e as ações decorrentes? De que maneira um evento mental — algo de que me torno ciente ao pensar no que me vai pela consciência — poderia direcionar ou afetar objetivamente a

---

9. R. Sperry, *Science and moral priority* (Nova Jersey, 1983), p. 31.
10. J. Axelrod, citado por Gene Bylinsky em "The inside story of the brain", *Fortune*, 3 de dezembro de 1990, p. 96.

A POSSIBILIDADE DO FISICALISMO

atividade dos neurônios, as sinapses e os fluxos eletroquímicos observáveis e passíveis de mensuração em meu cérebro?

Procure imaginar. Primeiro, como surgiu a sensação? Obviamente, não veio do nada; o mais provável é que a fome subjetiva reflita uma condição de carência do tecido celular que se fez transmitir ao sistema nervoso e por fim subiu a rampa da consciência ("tenho fome"). E depois? À sensação de fome seguem-se, na ordem natural das coisas, outro estado mental, que é a intenção de comer ("preciso almoçar"), e a ação prática da natureza esfaimada a caminho de uma bem-vinda repleção (o almoço).

O que estaria se passando aqui? Um mentalista dirá: os eventos mentais, neste caso a sensação de fome e a intenção de comer, produzirão de cima para baixo os processos fisiológicos do cérebro e ordenarão ao córtex motor que acione os músculos voluntários do corpo visando agir e saciar a fome. Repare: o que se tem aqui são entes psíquicos imateriais sacudindo neurônios e disparando sinapses para cá e para lá, em inescrutável balé, até que o disparo dos pulsos eletroquímicos agite as fibras nervosas ramificadas pelo corpo e anime os músculos a dançar. Coreografia de rara e inefável sutileza.

Por mais boa vontade que se tenha, a noção de que algo semelhante possa estar de fato acontecendo chega a ser tão obscura e alheia a tudo que se sabe sobre as leis naturais que regem o mundo, que o único remédio é recorrer à máxima de Tertuliano, teólogo e Pai da Igreja, diante dos mistérios da fé: "Creio porque é absurdo". Não deve andar longe o dia em que o credo mentalista será visto como o criacionismo é encarado hoje em dia.

Um fisicalista, diante do mesmo desafio, dirá: apesar de vedado à nossa introspecção (tal como ocorre, aliás, com o funcionamento do aparelho digestivo), tudo que nos vai pela mente — a cornucópia da vida subjetiva — tem causas objetivas concretas e resulta de processos neurofisiológicos passíveis de observação e análise.

Nossos estados subjetivos coexistem com mudanças objetivas no cérebro, mas isso não implica que possuam um real papel na sua explicação. É ilusão tomar como *causa* aquilo que sobe à consciência como um ato de vontade, fruto da intenção de agir. A experiência subjetiva é o sopro derradeiro na cadeia de eventos neurais que a precede, como o rumor produzido pelo ruflar de uma revoada de pássaros — o farfalho é o reverberar do voo. Os eventos mentais que embalam nossa vida consciente e inconsciente (como os sonhos, por exemplo) são efeitos a serem explicados, porém desprovidos de eficácia causal.

Um estado mental ("preciso almoçar") nunca é realmente produzido por outro estado mental ("estou com fome"): todos são produzidos por estados do cérebro. Quando um pensamento parece suscitar outro por associação, não é na verdade um pensamento que puxa ou atrai outro pensamento — a associação não se dá entre os dois pensamentos, mas entre os dois estados do cérebro ou dos nervos subjacentes a esses pensamentos. Um desses estados cerebrais gera o outro, fazendo-se acompanhar, em sua passagem, do estado mental particular que ele produz. A execução do ato pelos músculos do corpo ("garfo à boca") e a digestão regida pelo hipotálamo coroam o processo. O intermediário mental, em suma, é um redundante fenômeno de superfície — epifenômeno — em relação ao funcionamento autônomo do organismo físico.

IX

O quebra-cabeça da relação mente-cérebro não está completo — há peças importantes faltando. Mas o contorno geral da figura que se desenha e o teor das descobertas que se vêm multiplicando, em especial nos últimos vinte anos, deixam pouca margem à dúvida. Todas as flechas da pesquisa científica voam afinadas para o mesmo alvo.

Quanto mais se aprofunda o conhecimento dos segredos da "caixa-preta", mais incontornável se torna a "hipótese espantosa", como a designa Francis Crick, e mais se confirma a conclusão desconcertante de que *os nossos estados mentais estão para o nosso cérebro assim como o apitar de uma panela de pressão está para o seu mecanismo de funcionamento*, como sugere a metáfora do biólogo fisicalista inglês, contemporâneo de Darwin, Thomas Huxley. Ao contrário do que a nossa psicologia intuitiva nos acostumou a pensar, não é o apito que faz a água ferver. Mas é justamente porque ela ferve que o apito começa a tocar, como vai mostrando de maneira cada vez mais precisa e detalhada a pesquisa em neurociência e áreas afins.

A POSSIBILIDADE DO FISICALISMO

A experiência mental que nos absorve e embala desde que nos tomamos por gente não passa, portanto, de um subproduto caprichoso e intrigante de processos *físicos* — incluindo os fenômenos quânticos — que ocorrem de modo autônomo e autossuficiente no organismo (daí o uso do termo "fisicalismo" em vez do tradicional, porém inexato, "materialismo"): um subproduto dotado de inesgotável riqueza e fascínio, é inegável, mas inteiramente inócuo e desprovido de poder causal sobre o mundo físico objetivo a que pertence.

O cérebro humano, segundo a ótica fisicalista, é um órgão que responde sozinho por todas as nossas ações; por todas as nossas crenças e sentimentos mais íntimos; por tudo que acreditamos. É ele que nos faz escolher uma profissão e nos faz sentir mais atraídos ou menos atraídos por alguém; é ele que nos leva a agir ou não de acordo com as normas de convivência vigentes; e é ele que responde pelas nossas ideias políticas e religiosas. Embora tenhamos uma sensação de controle sobre o nosso pensamento e nossas ações, essa sensação não passa, também ela, de um subproduto do nosso cérebro. Ela é uma ilusão remanescente do ambiente arcaico no qual prevalecia a crença de que tudo que se mexe na natureza tem alma. Uma ilusão análoga à que sentimos quando torcemos por alguma coisa.

O fisicalismo subverte a nossa psicologia intuitiva e lança uma luz perturbadora sobre tudo que nela repousa. Não foi à toa que La Mettrie, médico e filósofo, autor de *L'Homme machine*, o pioneiro e ousado manifesto fisicalista do século XVIII, alcançou o feito inusitado de unir contra ele *todas* as religiões da Europa, mesmo as que viviam em guerra entre si.

A ideia é tremenda, mas basta um silogismo para resumi-la. As leis e regularidades que regem o mundo são independentes da minha vontade (premissa maior); a minha vontade é fruto das mesmas leis e regularidades que regem o mundo (premissa menor); logo, a minha vontade é independente da minha vontade (conclusão). Se as premissas são verdadeiras, então a conclusão é incoercível.

TERCEIRA PARTE
FILOSOFIA ECONÔMICA

18. Comportamento individual: alternativas ao homem econômico[1]

1. Introdução
2. Homem econômico: origem e significados
   2.1. Tipo psicológico
   2.2. Tipo lógico
3. Objeções e alternativas ao homem econômico
   3.1. Homem ético
   3.2. Homem contratual
   3.3. Homem sub-racional
4. Observações finais

> *These principles of human nature, you'll say, are contradictory: But what is man but a heap of contradictions!*
>
> David Hume

1. INTRODUÇÃO

A relação entre filosofia e teoria econômica pode ser tratada de um ponto de vista histórico[2] ou de um ponto de vista analítico, ou seja, explo-

---

1. Artigo publicado na revista *Novos Estudos Cebrap*, v. 25, 1989, pp. 151-76.
2. James Bonar, *Philosophy and political economy in some of their historical relations* (Londres, 1922).

rando tópicos e possibilidades de interesse teórico corrente. No contexto anglo-americano, e tomando como base a coletânea de textos *Philosophy and economic theory* editada em 1979 por F. Hahn e M. Hollis, podemos pensar a relação analítica entre filosofia e teoria econômica como abarcando três áreas principais.

i) Filosofia da ciência e economia.

Questões como, por exemplo: a validade da distinção entre proposições positivas e normativas; os critérios de demarcação entre ciência e não ciência; a existência de progresso na história do pensamento econômico; os diferentes modelos de explicação e de validação das explicações (o que constitui uma boa explicação em economia?); individualismo versus coletivismo metodológico; uso da abstração; indução; argumentos contrafactuais; uso da matemática e de dados empíricos; e questões metodológicas de um modo geral.

ii) Ética e economia.

A relação entre ética e economia envolve basicamente duas ordens de questões:

ii.a) O problema dos critérios de avaliação do bem-estar de uma dada sociedade, e da possibilidade de comparação do nível de bem-estar entre sociedades distintas ou numa mesma sociedade ao longo do tempo. A questão central da Economia do Bem-Estar é: o que permite afirmar que a situação socioeconômica A é preferível à situação B? A resposta, seja qual for, envolve considerações sobre necessidades, desejos e capacidades humanas; sobre os conceitos de justiça, igualdade, direitos e, em suma, o que constitui "qualidade de vida". A definição de critérios de bem-estar depende da importação de princípios oriundos da reflexão filosófica, como, por exemplo: o princípio da utilidade em suas diferentes versões; o princípio da escolha sob o "véu de ignorância" (como propõe o contratualismo de J. Rawls); ou ainda o conceito marxista de "alienação", no duplo sentido de (a) falta de autoridade da sociedade sobre o seu próprio sistema econômico e (b) falta de autonomia do trabalhador sobre o seu próprio processo de trabalho.[3]

---

3. F.A. von Hayek, "The moral element in free enterprise" (1962), em *Studies in philosophy,*

ii.b) Problemas ligados à explicação do comportamento do agente econômico individual. É sobre essa área de contato entre filosofia e teoria econômica, envolvendo questões pertinentes à explicação das ações individuais na vida prática e à racionalidade microeconômica, que tratarei de me concentrar neste ensaio. A intenção não é, a esta altura, produzir respostas rigorosas a perguntas bem formuladas, nem sequer tirar conclusões de ordem prática. Pretendo simplesmente fazer um exercício em história das ideias — uma espécie de "geografia conceitual" — com o propósito de identificar pontos que ainda estão por merecer um tratamento analítico e empírico mais sério.

O objetivo básico deste artigo é aprofundar o conhecimento da origem e da natureza, bem como dos méritos e dos limites, dos pressupostos comportamentais da teoria econômica moderna, considerando em particular o papel de variáveis não econômicas como determinantes da motivação dos agentes e como fatores relevantes no processo decisório.

A discussão está organizada em duas partes. A primeira aborda a origem e os significados do postulado do "homem econômico" (tipos psicológico e lógico), ao passo que a segunda parte analisa as principais objeções (cognitiva e prática) que têm sido feitas a esse postulado e as três principais alternativas a ele (ética, contratual e sub-racional).

2. HOMEM ECONÔMICO: ORIGEM E SIGNIFICADOS

Para evitar mal-entendidos, e antes de considerarmos as objeções e alternativas ao "homem econômico", é preciso tratar da origem e do conteúdo dessa construção conceitual. Quando surge esse postulado? E quais seriam, mais precisamente, seus traços peculiares?

---

politics and economics (Nova York, 1967); L. Robbins, "Economics and political economy", *American Economic Review* 71 (1981); R. Plant, "Equality, markets and the State", *Fabian Tract* 494 (1984); A. Sen, "The moral standing of the market", em *Ethics and economics* (eds. E. Paul, F. Miller e J. Paul, Oxford, 1985).

FILOSOFIA ECONÔMICA

O "homem econômico" é caracterizado por duas peças analíticas principais: (i) a busca ou a defesa do seu autointeresse (fins autointeressados); e (ii) a escolha racional dos meios (racionalidade instrumental).

Na situação ideal da microeconomia de livro-texto, o "homem econômico" é um agente dotado de preferências completas e bem-ordenadas, amplo acesso à informação e poderes computacionais (ou de processamento de informações) irrestritos.[4] Após o cálculo do retorno associado às diferentes possibilidades de ação, o "homem econômico" escolhe aquela que satisfaz suas preferências mais do que qualquer outra alternativa. O agente é racional, no sentido de que ele maximiza de modo consistente uma função objetiva sujeita a restrições como dotação inicial de recursos, custo de obter informação e risco associado à incerteza sobre as consequências de suas ações.

Os problemas surgem, no entanto, quando tentamos dar um conteúdo mais sólido ou substantivo aos conceitos de autointeresse e racionalidade. Na verdade, como procurarei mostrar em seguida, existem duas versões bastante distintas de "homem econômico" na evolução da teoria econômica.

2.1. Homem econômico de tipo psicológico

A primeira versão enfatiza o aspecto da *motivação*, isto é, dos fins da ação, embutido no conceito de "homem econômico". A defesa do autointeresse é interpretada em sentido forte ou substantivo como a busca de fins egoístas, o primado do motivo monetário nas transações e o hedonismo psicológico.

Na evolução da economia, essa versão do "homem econômico" está associada à aliança entre a filosofia utilitarista inglesa e a teoria econômica, que começa na geração de Jeremy Bentham, James Mill, David Ricardo e do (jovem) John Stuart Mill, e ganha contornos mais nítidos nos trabalhos de William Stanley Jevons e Francis Ysidro Edgeworth. Encontramos uma de suas mais

---

4. M. Hollis e S. Hargreaves-Heap, "Economic man", em *The New Palgrave* (eds. J. Eatwell, M. Milgate e P. Newman, Londres, 1987), v. 2.

COMPORTAMENTO INDIVIDUAL: ALTERNATIVAS AO HOMEM ECONÔMICO

claras e acabadas expressões num trabalho apresentado por Jevons em 1862 ("Brief account of a general mathematical theory of political economy"):

> Uma verdadeira teoria da economia só poderá ser obtida se retornarmos às grandes fontes originais da ação humana — os sentimentos de dor e prazer. Existem motivos quase sempre presentes em nós, surgindo da consciência, da compaixão, ou de alguma fonte moral ou religiosa. [Mas esses são motivos que uma teoria geral da economia] não pode e não pretende considerar. Eles permanecerão para nós como forças excepcionais e perturbadoras; eles devem ser considerados, se é que venham a sê-lo, por outros ramos mais apropriados do conhecimento.[5]

Igualmente Edgeworth, no seu importante livro *Mathematical psychics* (1881), definiu o "primeiro princípio da economia" como sendo a noção de que cada agente individual atua apenas com base no seu autointeresse (*"the first principle of Economics is that every agent is actuated only by self-interest"*).[6] O hedonismo psicológico de sua noção de autointeresse se explicita de modo bastante claro na sua afirmação de que, embora "o homem concreto do século XIX seja em boa medida um egoísta impuro", "pelo menos a concepção do Homem como uma máquina de prazer [*pleasure-machine*] poderá justificar e facilitar o emprego de termos mecânicos e raciocínio matemático na ciência social".[7]

O modelo de Edgeworth — como observa A. Sen ("Rational fools", 1979) discutindo seu parentesco com a teoria do equilíbrio geral formulada por K. Arrow e F. Hahn — baseia-se no comportamento egoísta dos agentes, mas o faz não porque este seja um pressuposto comportamental realista ou adequado para dar conta do mundo econômico real. Trata-se, isto sim, de dar respos-

---

5. William Stanley Jevons, "Brief account of a general mathematical theory of political economy", *Journal of the Statistical Society of London* 29 (1866).
6. Francis Ysidro Edgeworth, *Mathematical psychics: an essay on the application of mathematics to the moral sciences* (Londres, 1881).
7. Idem, ibidem.

ta a um problema puramente intelectual, qual seja, o de determinar de modo rigoroso quais seriam os resultados gerais e as propriedades de uma economia de mercado pura, assentada na interação de um grande número de agentes atomizados perseguindo exclusivamente seus interesses egoístas.

O objetivo desse programa de pesquisa é conduzir um "experimento mental" (*thought experiment*) que consiste em formalizar e demonstrar matematicamente a tese smithiana da "mão invisível", segundo a qual o livre curso do autointeresse privado conduz ao bem público e à prosperidade por meio da intermediação do mercado.

A "mão invisível" representa aqui a noção de uma ordem espontânea que transforma, graças ao mecanismo de mercado e a partir de alguns pressupostos iniciais restritivos, "vícios privados" (egoísmo e ganância) em "benefício público" (sistema econômico coerente e próspero). O principal resultado desse esforço de pesquisa foi a formalização e a demonstração das condições de validade dos dois teoremas fundamentais da Economia do Bem-Estar.[8] Assumindo algumas hipóteses iniciais restritivas, como a ausência de "externalidades", demonstra-se que: (a) todo sistema de equilíbrio competitivo é Pareto-ótimo; e (b) qualquer Pareto-ótimo pode ser obtido por meio do mecanismo de mercado competitivo, desde que a dotação inicial de recursos seja adequada e algumas restrições adicionais sejam incorporadas (como, por exemplo, a ausência de grandes economias de escala).

Do ponto de vista dos pressupostos comportamentais desse programa de pesquisa, pode-se concluir, como afirma Sen, que "um conceito específico de homem está embutido na própria definição do problema teórico a ser resolvido, e não há liberdade para abandonar esse conceito enquanto se está engajado na solução desse problema. [...] O realismo da concepção de homem escolhida simplesmente não é parte desse tipo de investigação".[9]

---

8. Amartya Sen, "The moral standing of the market" em *Ethics and economics,* op. cit.; F. Hahn e M. Hollis (eds.), *Philosophy and economic theory* (Oxford, 1979).

9. Amartya Sen, "Rational fools: a critique of the behavioural foundations of economic theory", em *Philosophy and economic theory,* op. cit.

COMPORTAMENTO INDIVIDUAL: ALTERNATIVAS AO HOMEM ECONÔMICO

*

É importante notar ainda que Marshall e a corrente marshalliana da escola neoclássica rejeitaram essa versão mais forte ou substantiva do "homem econômico" adotada por Jevons e Edgeworth.

Foi essa divergência básica que levou Marshall a definir a economia como "o estudo da humanidade nos assuntos práticos da vida comum" (*the study of mankind in the ordinary business of life*). Como é fácil observar, trata-se de uma definição bem mais abrangente e ambiciosa acerca do que é a ciência econômica do que aquela proposta por Jevons a partir do postulado do "homem econômico", da economia como "a mecânica da utilidade e do autointeresse".[10]

Numa de suas previsões mais errôneas sobre o futuro da economia, Marshall chegou até mesmo a antecipar, num apêndice dos *Principles* (1920), que "o elemento humano, em contraste com o [elemento] mecânico, está assumindo um lugar cada vez mais destacado na ciência econômica". Pois os economistas, prosseguia Marshall, "estão a cada ano prestando mais atenção na maleabilidade da natureza humana, e na maneira como o caráter do homem afeta e é afetado pelos métodos predominantes de produção, distribuição e consumo de riqueza".[11]

Para Marshall, como ele afirmaria ainda nos *Principles*, era a autonomia, entendida como a capacidade de tomar iniciativas na vida prática e como a independência no pensar e agir, e não o egoísmo, que melhor caracterizava a idade moderna. Sobre os ricardianos, por exemplo, Marshall escreve que suas teorias se baseavam "na suposição tácita de que o mundo era constituído de gente da City [de Londres]": "Eles concebiam o homem, por assim dizer, como uma quantidade constante, e não se preocupavam em estudar suas variações. As pessoas que eles conheciam eram principalmente homens da City, e eles

---

10. D. Winch, "A separate science: polity and society in Marshall's economics", em *That noble science of politics* (eds. S. Collini, D. Winch e J. Burrow, Cambridge, 1983).
11. Alfred Marshall, *Principles of economics* (1920) (Londres, 1979), pp. 631-2.

FILOSOFIA ECONÔMICA

assumiram tacitamente, sem maiores preocupações, que os demais ingleses eram muito semelhantes àqueles que haviam conhecido na City".[12]

Podemos lembrar aqui, para efeito de comparação, a reação sintomática do jovem Marx em 1844, ao defrontar-se pela primeira vez com o universo econômico ricardiano. Em suas notas de leitura sobre os *Principles of political economy and taxation* (1817), Marx escreveu: "Ricardo no seu livro [...]: As nações são meramente fábricas voltadas para a produção, e o homem é uma máquina de consumir e produzir. A vida humana é um pedaço de capital. As leis econômicas governam o mundo cegamente. Para Ricardo os homens não são nada, o produto é tudo".[13]

Obviamente, as ideias de Marx sobre a teoria ricardiana mudaram bastante ao longo do tempo. O problema estaria não tanto com Ricardo, mas com o sistema econômico sobre o qual ele refletira. Se Ricardo tratou o homem como "uma máquina de consumir e produzir", isso era porque os agentes econômicos, no mundo capitalista, estão presos a um *determinismo situacional* que impõe um padrão de comportamento inescapável. Enquanto o capitalista, para sobreviver no mercado, personifica os anseios e desígnios do "Capital", o trabalhador assalariado se vê reduzido "física e intelectualmente ao nível de uma máquina", isto é, a não mais que "uma atividade abstrata e um estômago".[14]

2.2. Homem econômico de tipo lógico

A versão alternativa — e hoje predominante — de "homem econômico" distingue-se da versão original neoclássica ao deslocar a ênfase do componente motivação para o componente *racionalidade* ou escolha racional. Se a primeira versão nos dá o que se pode chamar de "homem econômico psicológico" (egoísta, ganancioso, insaciável, autocentrado), essa segunda versão nos ofere-

12. Idem, "The present position of economics", em *Memorials of Alfred Marshall* (ed. A.C. Pigou, Londres, 1925), pp. 154-5.
13. Karl Marx, *Early writings* (trad. R. Livingstone, Londres, 1981), p. 306.
14. Idem, ibidem, p. 285.

COMPORTAMENTO INDIVIDUAL: ALTERNATIVAS AO HOMEM ECONÔMICO

ce o que podemos chamar de "homem econômico lógico" — ou, como veremos, tautológico.

O lance analítico decisivo aqui é o esvaziamento da noção de autointeresse de qualquer conteúdo ético (egoísmo) ou psicológico (hedonismo). Define-se o interesse do agente, seus desejos e fins, de tal forma que, não importa o que ele faça ou venha a fazer no futuro, ele sempre estará perseguindo seu autointeresse. Seu autointeresse *é o que for o caso* — é o padrão de escolha que se revelar por seus atos ou sua "preferência revelada" (Samuelson, 1948). Se a satisfação dos desejos da minha família ou dos meus vizinhos, colegas de profissão, classe social ou nação é parte de minhas preferências, então eles pertencem ao meu autointeresse individual. Se os meus fins incluem o bem-estar de terceiros, então os interesses destes fazem parte integrante do meu autointeresse. Como propõe Hahn, o "homem econômico", nessa versão, "não exclui o santo nem Genghis Khan".[15]

A ênfase recai agora sobre a racionalidade da escolha. De acordo com a definição usual, dado o conjunto de ações possíveis e o conhecimento de suas consequências, o agente escolhe racionalmente se não existe nenhuma ação disponível para ele cujas consequências lhe sejam preferíveis às da ação escolhida. A racionalidade do agente tem a ver com a relação entre meios e fins, entre ações e a satisfação de desejos. O "homem econômico" racional é aquele que age do modo apropriado, ou seja, maximiza a satisfação de suas preferências, sejam elas as de uma Madre Teresa ou Xuxa, de um Diógenes ou Gérson. Assim sendo, não precisamos mais recorrer à ironia de Schumpeter quando afirma que, para Bentham, o comportamento humano "gira em torno de beefsteaks", ou subscrever à indignação de J.S. Mill quando declara, tendo o hedonismo psicológico em mira, que "é preferível ser um Sócrates insatisfeito do que um porco satisfeito!".

Na história da economia, foi Lionnel Robbins quem primeiro insistiu na distinção entre "homem econômico" dos tipos psicológico e lógico. Defendendo a teoria neoclássica do valor em seu *An essay on the nature and significance*

---

15. F. Hahn e M. Hollis (eds.), *Philosophy and economic theory*, op. cit., p. 4.

of economic science (1932), Robbins esforçou-se por separar tão claramente quanto possível as duas versões dessa teoria:

> Sabe-se que alguns dos fundadores da moderna teoria subjetiva do valor reivindicaram de fato a autoridade do hedonismo psicológico como sancionando suas proposições. [...] Os nomes de Gossen, Jevons e Edgeworth, para não falarmos nos seus seguidores ingleses, são suficientes para nos recordar da existência de uma linhagem competente de economistas que fez asserções dessa espécie. [...] Mas ninguém que esteja familiarizado com a teoria do valor mais recente poderia honestamente continuar a argumentar que ela possui alguma conexão essencial com o hedonismo psicológico. [...] Os ornamentos hedonísticos dos trabalhos de Jevons e seus seguidores eram incidentais à estrutura básica de uma teoria que — como o desenvolvimento paralelo em Viena mostrou — é capaz de ser elaborada e defendida em termos absolutamente não hedonísticos. Tudo que se assume na ideia de escalas de valoração é que bens distintos possuem usos distintos e que esses usos distintos possuem importância diferenciada para a ação, de tal modo que numa dada situação um uso será preferido a outro e um bem a outro. Por que o animal humano atribui valores particulares, nesse sentido, a objetos particulares, é uma questão para psicólogos ou talvez até fisiólogos. Tudo que precisamos assumir como economistas é o fato óbvio de que possibilidades distintas oferecem incentivos distintos, e que esses incentivos podem ser arranjados em ordem de intensidade.[16]

Segue-se dessa distinção entre os tipos psicológico e lógico de "homem econômico", e da opção pela segunda alternativa, a famosa definição, proposta originalmente por Robbins, da economia como sendo "a ciência que estuda o comportamento humano como o relacionamento entre fins dados e meios escassos que têm usos alternativos".[17]

---

16. Lionel Robbins, *An essay on the nature and significance of economic theory* (Londres, 1932), pp. 85-6.
17. Idem, ibidem, p. 16.

COMPORTAMENTO INDIVIDUAL: ALTERNATIVAS AO HOMEM ECONÔMICO

*

Além dos dois economistas austríacos mencionados por Robbins — Carl Menger e Eugen von Böhm-Bawerk —, podemos lembrar nesse contexto a análise de Vilfredo Pareto com relação à explicação do comportamento individual no âmbito da teoria econômica pura.

De acordo com Pareto, o objeto de estudo da teoria econômica *pura* é um tipo particular de ação humana — o que ele denominava "ações lógicas".[18] As "ações lógicas": (a) são aquelas que se baseiam em processos deliberativos (para diferenciá-las de comportamento puramente instintivo, como, por exemplo, o das abelhas construindo alvéolos numa colmeia de tal forma que eles acabam de fato maximizando sua capacidade de estocar mel); e (b) são aquelas que lógica ou racionalmente ligam os meios apropriados aos fins preestabelecidos (em oposição às ações que se pautam não pelo cálculo e seleção dos meios adequados, mas em procedimentos calcados em costume, hábito, crenças supersticiosas, sentimentos ou noções de dever ou de estética).

Deve-se notar, contudo, que na visão paretiana as ações concretas da vida econômica seriam sintéticas. Pois elas compreenderiam, em graus diversos, elementos lógicos e não lógicos; e tais elementos apenas poderiam ser separados por meio da análise e da abstração. É por isso que Pareto é levado a concluir que "não seria muito sensato pretender dar conta dos fenômenos econômicos tão somente através das teorias da economia pura".[19]

É de frisar ainda que, como sociólogo e filósofo social, o próprio Pareto dedicou um grande esforço de pesquisa à tentativa de analisar o componente "não lógico" da conduta humana e, em particular, a "notável tendência dos homens no sentido de imaginar que suas ações não lógicas são lógicas": os diversos mecanismos pelos quais os agentes procuram racionalizar — em primeiro lugar para si próprios — suas ações. Exemplos disso encontram-se não apenas na sua conhecida teoria da "circulação das elites", mas também nas análises que faz acerca da adoção de doutrinas econômicas

18. Vilfredo Pareto, *Manual of political economy* (trad. A.S. Schwier, Nova York, 1971), pp. 29-31.
19. Idem, ibidem, p. 180.

FILOSOFIA ECONÔMICA

(como "liberalismo" ou "marxismo") por parte de homens práticos: "Quando percebem que isto lhes pode ser útil de alguma forma, os homens são capazes de acreditar numa teoria sobre a qual eles conhecem pouco mais que o nome. [...] Todos os debates científicos pró e contra o livre-comércio tiveram uma influência nula, ou apenas trivial, na prática do livre-comércio ou protecionismo".[20]

Portanto, na versão de tipo lógico a teoria econômica é vista como uma construção analítica reconhecidamente parcial, voltada para o estudo das ações que visam obter, de modo racional, os meios necessários para a satisfação de nossos desejos, não importando qual seja o conteúdo destes. O "homem econômico" aparece aqui como a tensão experimentada pelo agente entre os seus "gostos e preferências", de um lado, e os "obstáculos" que se colocam à sua satisfação de outro. Nas palavras de Pareto, "o indivíduo pode desaparecer, desde que nos deixe uma fotografia dos seus gostos. [...] A teoria da ciência econômica adquire assim o rigor da mecânica racional".[21] Ou, como propõe Robbins: "Na mecânica pura exploramos a implicação da existência de algumas dadas propriedades nos corpos. Na economia pura nós examinamos a implicação da existência de meios escassos que possuem usos alternativos".[22]

3. OBJEÇÕES E ALTERNATIVAS AO HOMEM ECONÔMICO

Discuti até agora as origens e os significados do que viemos a conhecer pelo nome de "homem econômico". Prossigo considerando as objeções a esse conceito para em seguida examinar as três principais alternativas a ele. As objeções ao "homem econômico" pertencem basicamente a duas classes distintas:

I) objeções de natureza cognitiva (positiva): o "homem econômico" é uma construção analítica que não explica, ou explica mal, nosso comporta-

---

20. Idem, ibidem, p. 94.
21. Idem, ibidem, p. 113.
22. Lionel Robbins, "Economics and political economy", *American Economic Review* 71 (1981), p. 83.

mento na vida prática. Trata-se de um conceito falho, não porque simplifique a conduta humana, mas porque o faz de forma inadequada, prejulgando aquilo que supostamente explicaria e desviando a atenção do economista de problemas teóricos que seriam de grande relevância para o estudo do comportamento individual;

II) objeções de natureza prática (normativa): o "homem econômico" tem implicações práticas indesejáveis. Ele exerceria na verdade um duplo papel normativo, funcionando, de um lado, como uma espécie de paradigma ou ideal de racionalidade (embora não se apresente como tal) e, de outro, reduzindo a competência do economista para trabalhar com o lado normativo da sua disciplina.

Até que ponto podemos aceitá-las? Antes de tudo, devemos discernir. Claramente, nem todas as objeções em cada uma dessas classes merecem crédito. Mais que qualquer outro conceito fundamental da economia, o "homem econômico" tem sido uma vítima tradicional de mal-entendidos e críticas equivocadas. Enquanto muitas dessas críticas parecem resultar de uma compreensão defeituosa do uso da abstração em economia, outras atribuem ao "homem econômico" um poder desmesurado.

A título de ilustração, podemos lembrar nesse contexto as curiosas afirmações e acusações feitas pelo filósofo inglês Alfred Whitehead (o examinador que reprovou Keynes em concurso para uma *fellowship* no Trinity College da Universidade de Cambridge) acerca do suposto dano causado pela ciência econômica à sociedade moderna. Discutindo a noção de progresso social em seu livro *Science and the modern world* (1925), Whitehead afirma:

> [A] ciência da economia política, tal como estudada no período posterior à morte de Adam Smith, causou mais mal do que bem. Ela destruiu muitas falácias econômicas e ensinou como pensar sobre a revolução econômica então em curso. Mas atarraxou nos homens um conjunto de abstrações que foram desastrosos na sua influência sobre a mentalidade moderna. [...] Assim, todo o pensamento acerca do organismo social se expressou em termos de coisas materiais e capital. Os valores últimos foram excluídos. Eles foram polidamente reverenciados e entregues nas mãos do clero para serem celebrados aos domingos. Um

FILOSOFIA ECONÔMICA

credo de moralidade comercial competitiva evoluiu, [...] inteiramente sem consideração pelo valor da vida humana. Os trabalhadores eram concebidos como meras mãos e meros braços tirados da reserva de trabalho. [...] Esse é apenas um exemplo do perigo inerente à ciência moderna.[23]

Afirmações como essas, a meu ver, não devem nos deter por muito tempo. Elas exageram de maneira quase grotesca o papel de abstrações oriundas do mundo da ciência — nesse caso o "homem econômico" — sobre o processo de formação de crenças e mudança social. Não é difícil, aliás, perceber o pedigree romântico da colocação de Whitehead. Basta lembrar, por um instante, o lamento do crítico social John Ruskin sobre a economia política: "Nada na história jamais foi tão degradante para o intelecto humano quanto a aceitação entre nós das doutrinas da economia política como uma ciência".[24]

Obviamente, a recusa da tese de que o "homem econômico" tenha transformado a mentalidade moderna ou seja degradante para o homem não significa dizer que os pressupostos comportamentais da teoria econômica estejam imunes à crítica. Vejamos mais de perto algumas das objeções ao uso desse conceito: críticas que me parecem pertinentes não só do ponto de vista cognitivo, mas também, como argumentarei, num sentido prático.

*

As alternativas ao "homem econômico" partem de uma reorientação no tocante ao tratamento dos seus dois aspectos cruciais — os conceitos de autointeresse e de racionalidade.

O ponto central da crítica é a questão da vacuidade do "homem econômico" (tipo lógico) como modelo explicativo do comportamento. Em lugar de uma verdadeira explicação, o que ele nos oferece é na verdade apenas uma lógica da ação — um padrão formal de conduta do qual é possível derivar

23. A.N. Whitehead, *Science and the modern world* (Nova York, 1925), pp. 288-92.
24. John Ruskin, *Unto this last* (Londres, 1862), p. 57.

COMPORTAMENTO INDIVIDUAL: ALTERNATIVAS AO HOMEM ECONÔMICO

consequências teóricas mais ou menos interessantes. O comportamento propriamente dito permanece inexplicado, ou melhor, é explicado em termos de gostos e preferências que são, por sua vez, definidos (ou "revelados") pelo próprio comportamento.

Tudo que o postulado do "homem econômico" nos diz de substantivo sobre a conduta individual pode ser resumido na ideia de que, dados os gostos e preferências do agente, seu objetivo constante é satisfazer suas preferências mais altas ao menor custo, tendo em vista o risco e a incerteza. Em outras palavras, passamos do projeto substantivo marshalliano de investigar a conduta individual na vida prática, para o programa de pesquisa da "mecânica do autointeresse e da *escolha racional*".

Utilizei acima a expressão "verdadeira explicação" da conduta. Mas no que consistiria isso? Como poderíamos avançar nessa direção? O ponto crucial, a meu ver, está na adoção de uma atitude menos ascética, neutra ou passiva em relação a duas questões: (a) a formação de gostos e preferências; e (b) os limites da racionalidade instrumental.

Quanto à noção de autointeresse, os dois pontos cruciais, que o postulado do "homem econômico" contorna habilmente mas não responde, são:

i) Qual é o conteúdo do autointeresse? Em que consistiria a ação não autointeressada? Como os agentes formam crenças e opiniões sobre o seu próprio interesse?

ii) E como chegam a reconhecer os seus interesses comuns e a agir consistentemente com base neles? Que mecanismos promovem (ou poderiam vir a promover) uma percepção mais clara de seus interesses comuns?

Para explorar essas questões, podemos adotar, como ponto de partida, a perspectiva aberta por David Hume: "Embora os homens sejam em larga medida governados pelo interesse, ainda assim o próprio interesse e todos os assuntos humanos são inteiramente governados pela opinião".[25] Quer dizer: não existe interesse sem *opinião de interesse*. Por opinião de interesse entende-se aqui a ideia de que o próprio autointeresse que supostamente motiva os agentes é, na verdade, uma certa percepção de interesse, construída a partir de

---

25. David Hume, *Essays moral, political and literary* (ed. E.F. Miller, Indianápolis, 1985), p. 51.

desejos, crenças e expectativas. A questão relevante é: como se chega a essa percepção de interesse?

3.1. Homem ético

Considere-se inicialmente, por exemplo, a questão do egoísmo. Claramente, os indivíduos divergem no tocante ao peso que atribuem, nas suas decisões, aos interesses de terceiros. A distinção entre simpatia (*sympathy*) e engajamento moral ou senso de dever (*commitment*), proposta por Sen, ajuda-nos a esclarecer a natureza do problema:

> Se o conhecimento da tortura de outrem lhe causa embrulho de estômago, então é um caso de simpatia. Se esse conhecimento não o faz sentir-se pessoalmente prejudicado mas você acredita que a tortura é errada e você está preparado para fazer alguma coisa para acabar com ela, então é um caso de engajamento moral ou senso de dever. [...] O comportamento baseado na simpatia é, num sentido importante, egoísta, pois sentimos prazer no prazer de outrem e dor na dor de outrem. A busca da nossa própria utilidade pode assim ser ajudada através da ação simpática. É a ação oriunda do engajamento moral ou senso de dever, em vez da simpatia, que seria não egoística nesse sentido.[26]

Assim, de acordo com Sen, os agentes podem agir — e muitas vezes agem — genuinamente em detrimento de seus gostos e preferências pessoais. Haveria que considerar a existência de determinantes éticos do comportamento que se sobreporiam às considerações econômicas de utilidade e satisfação de preferências ao menor custo, como, por exemplo, no caso de um boicote de consumidores a, digamos, laranjas produzidas na África do Sul ou vinho chileno ou produtos contendo a substância química CFC (o clorofluorocarboneto liberado por aerossóis, embalagens de sanduíche e que, presume-se, destrói a camada de ozônio na atmosfera). Em casos desse tipo, os determinantes da

---

26. Amartya Sen, "Rational fools: a critique of the behavioural foundations of economic theory", em *Philosophy and economic theory*, op. cit.

COMPORTAMENTO INDIVIDUAL: ALTERNATIVAS AO HOMEM ECONÔMICO

ação não são os objetos que desejamos diretamente — a laranja, o vinho, o desodorante aerossol —, mas sim considerações impessoais de dever, na melhor tradição socrática e kantiana.

O "homem ético" de Sen pode nos ajudar a entender, agora do lado da oferta, a peculiaridade de certas atividades profissionais como, por exemplo, as de médico, juiz, dentista, policial, advogado e — por que não? — político. Atividades nas quais claramente os agentes suspendem, ou pelo menos se esperaria que suspendessem, o que seriam seus interesses pessoais — o padrão de comportamento da "gente da City" ricardiana —, pautando sua conduta por uma lógica que está em franco desacordo com as prescrições de racionalidade autointeressada (tipo psicológico) da micro convencional.

Podemos lembrar ainda nesse contexto a análise feita por Michio Morishima do extraordinário desempenho econômico do Japão no pós-guerra, em seu livro *Why has Japan "succeeded"?*.[27] Embora considere diversos fatores, Morishima destaca com muita ênfase o papel exercido pelo componente ético-religioso na criação do capitalismo no Japão, chamando a atenção em especial para a tradição confuciana japonesa (distinta da chinesa) de completa lealdade à firma e ao Estado: "Enquanto no confucionismo chinês a benevolência tem um papel central, o confucionismo japonês é um confucionismo centrado na lealdade".[28] Isso explicaria o fato, frequentemente relatado, de que o grau de lealdade, cooperação, senso de dever e espírito de equipe que se observa na firma representativa japonesa contrasta vivamente com o que se pode encontrar nas firmas ocidentais, ou com o que Robin Matthews caracteriza como sendo a prescrição do livro-texto-padrão de microeconomia: "o autointeresse [individual], restringido pela lei".[29]

De forma análoga, o universo onde habita o "homem econômico" é profundamente inadequado para lidar com a questão — especialmente importante em países mais pobres — dos interesses dos agentes que são incapa-

---

27. Michio Morishima, *Why has Japan "succeeded"?* (Cambridge, 1982).
28. Idem, ibidem, p. 9.
29. R.C.O. Matthews, "Morality, competition and efficiency", *The Manchester School* 49 (1981), p. 289.

zes de defender ou perseguir o seu próprio interesse, ou por serem menores de idade, ou porque são adultos mas analfabetos (ou pouco instruídos), ou ainda porque são física ou mentalmente deficientes, muitas vezes em função de má nutrição em idade crítica de formação.

Economistas como John Stuart Mill e Marshall viam a proteção dos interesses de agentes incapacitados de defender os seus próprios interesses como constituindo o caso mais inequívoco de interferência legítima do Estado no sistema econômico. Não é coincidência, talvez, que ambos tenham se recusado a tornar a província da economia um território à parte, separado por fronteiras rígidas das demais ciências sociais, e de domínio absoluto e exclusivo do "homem econômico".

*

O fato é que o paradigma do "homem econômico", tal como utilizado na microeconomia convencional, foi montado para lidar com situações de troca em mercados competitivos, nos quais os agentes atomizados respondem aos sinais de preço relevantes e estabelecem relações horizontais e simétricas entre si. Esqueceu-se, no entanto — e aqui começa a nascer o "homem contratual" —, que as transações de mercado são apenas uma parte da história. Passamos boa — se não a maior — parte de nossas vidas práticas no interior de organizações onde as relações interpessoais são *verticais* (baseadas nas instituições da carreira e promoção) e *hierárquicas* (mecanismo de coordenação baseado em autoridade pessoal e comandos).

O ponto central é que as noções de autointeresse e racionalidade ganham nova dimensão quando se trata de pensar teoricamente não a relação horizontal e simétrica da troca mercantil, mas a relação vertical e hierárquica das organizações econômicas. Critérios que normalmente se aplicam nas transações impessoais de mercado, mediadas pelo sistema de preços, deixam de operar no interior das organizações econômicas.

A família é talvez o melhor exemplo aqui. Por que, afinal de contas, um grande número de agentes, maximizadores racionais e vorazes na esfera do mercado, abre mão do que seria seu autointeresse em sentido estrito quando

COMPORTAMENTO INDIVIDUAL: ALTERNATIVAS AO HOMEM ECONÔMICO

se trata de efetuar transações no âmbito da família ou mesmo dos amigos mais próximos? Por que esse surto de altruísmo e benevolência? Vários modelos têm sido propostos para dar conta desse fenômeno. O ponto relevante é o fato de que o "homem econômico", na medida em que privilegia a conduta baseada no cálculo de retorno da ação *para o indivíduo*, convive mal com situações envolvendo alguma forma de cooperação ou ação coletiva em instituições como família, firmas, sindicatos, associações comunitárias e setor público.

Um exemplo ilustrativo é discutido por Mancur Olson em *The logic of collective action* (1971). A criação dos grandes sindicatos norte-americanos foi um processo violento. Os trabalhadores evitavam filiar-se ou pagar suas contribuições sindicais. A única maneira de integrá-los à organização era a intimidação física ou a compulsoriedade. A escalada da violência levou a um ato legislativo (o Taft-Hartley Act de 1947) pelo qual o governo americano obrigava os sindicatos a realizarem plebiscitos, sob sua supervisão, para decidir se os operários desejavam ou não pertencer a sindicatos. Como resultado, os mesmos trabalhadores que, como indivíduos, tinham que ser coagidos a pagar sua contribuição sindical, votaram largamente — e para surpresa do Congresso Republicano — a favor de sindicatos financiados por contribuições compulsórias. Como observa Olson: "Os trabalhadores que, como indivíduos, tentavam evitar o pagamento de contribuições sindicais ao mesmo tempo em que votavam para que fossem forçados a pagá-las, não são diferentes dos contribuintes que votam por níveis mais elevados de tributação e, ao mesmo tempo, buscam de todas as maneiras evitar pagar impostos"[30] (um exemplo próximo ao de Olson, mas ligado à luta pela redução da jornada de trabalho, é discutido por J.S. Mill nos *Principles*, Livro 5, cap. 11, §12).

3.2. Homem contratual

O problema do comportamento no interior das organizações e a questão da lógica da ação coletiva remetem-nos para além do "homem econômico" da

---

30. M. Olson, *The rise and decline of nations* (New Haven, 1982), p. 22.

micro convencional, em direção ao que Oliver Williamson batizou de "homem contratual".[31] Em contraste com o "homem ético" de Sen e Morishima, o "homem contratual" do neoinstitucionalismo norte-americano é marcado por duas premissas comportamentais pouco enaltecedoras: a racionalidade limitada e a propensão ao oportunismo.

A racionalidade limitada do "homem contratual" se distingue da racionalidade plena do "homem econômico" por assumir que, embora os agentes procurem muitas vezes maximizar o retorno de suas ações, sua competência para fazer isso é severamente restrita. O "homem contratual" é dotado de uma competência cognitiva limitada, no sentido de que sua capacidade de colher, armazenar e processar as informações padece de falhas e restrições. Em vez de maximizar (*maximize*), ele se contenta em sobreviver mais ou menos satisfatoriamente (*satisfice*).[32]

A questão relevante é mostrar quais são as implicações dessa limitação cognitiva. A hipótese explorada pelos neoinstitucionalistas é a de que os agentes lidam com essa restrição procurando (1) adotar procedimentos decisórios heurísticos (métodos tentativos, de erro e acerto, e aproximações sucessivas); e (2) criando rotinas e estruturas de gestão empresarial que, embora fiquem aquém da solução ótima para cada caso, têm a vantagem de ser menos demandantes do fator escasso que é a racionalidade ou competência cognitiva.

Um exemplo interessante de racionalidade limitada na teoria do consumidor é dado por Kenneth Arrow num paper recente ("Rationality of self and others in an economic system", 1986):

> No caso da demanda do consumidor, a restrição orçamentária precisa ser satisfeita. No entanto, muitas teorias podem ser concebidas que são bastante distintas da maximização da utilidade. Por exemplo, a fixação de hábitos pode ser transformada numa teoria. Para uma dada mudança nos preços ou renda, escolha a cesta de bens que satisfaz a restrição orçamentária e que requer a menor alteração

---

31. O. Williamson, *The economic institutions of capitalism* (Nova York, 1985), cap. 2.
32. H. Simon, "From substantive to procedural rationality", em *Philosophy and economic theory*, op. cit.

COMPORTAMENTO INDIVIDUAL: ALTERNATIVAS AO HOMEM ECONÔMICO

com relação à cesta prévia de consumo. Embora haja otimização nessa teoria, ela é distinta da maximização da utilidade. Se os preços e a renda retornarem para o seu nível original após inúmeras alterações, a cesta de bens adquirida no final não será a mesma que a original. [...] Tal teoria não é racional no sentido em que os economistas usam o termo. Sem esgotar o assunto, eu simplesmente observaria que essa teoria é não apenas uma explicação logicamente completa do comportamento, mas é também mais poderosa que a teoria-padrão e pelo menos tão passível de ser testada.

Analogamente, o princípio da racionalidade limitada tem sido aplicado com certo êxito no âmbito das teorias sobre a lógica do comportamento burocrático no setor público. A hipótese aqui, para resumir uma longa controvérsia, é a de que os burocratas que ocupam cargos de decisão dentro da administração e dos órgãos públicos pautam sua conduta não tanto de modo a maximizar o orçamento e/ou poder (número de subordinados, por exemplo) de suas respectivas organizações (*maximize*), mas de modo a minimizar a mudança de suas rotinas e/ou o risco de virem a sofrer perdas irreparáveis no caso de mudanças na orientação da política do governo.[33]

Os complexos sistemas de carreira e promoção em organizações hierárquicas como firmas, exércitos ou universidades podem também ser interpretados como soluções heurísticas, gradualmente moldadas e modificadas ao longo do tempo. O papel dessas instituições seria o de contornar ou atenuar os riscos associados às lacunas de informação que inevitavelmente permeiam o processo decisório.[34]

*

O segundo pressuposto comportamental do "homem contratual" é a

---

33. B. Hogwood e B. Peters, *The pathology of public policy* (Oxford, 1985), cap. 3.
34. R.C.O. Matthews, "Morality, competition and efficiency", *The Manchester School* 49 (1981); L.C. Thurow, "Constructing a microeconomics that is consistent with Keynesian macroeconomics", em *The legacy of Keynes* (ed. D. Reese, San Francisco, 1987).

FILOSOFIA ECONÔMICA

propensão ao oportunismo. A ideia básica é a de que o "homem econômico", não obstante as lamúrias românticas, é ainda muito tímido no que se refere ao vigor e assiduidade com que o autointeresse é de fato perseguido. Tipicamente, os modelos econômicos tratam os indivíduos como se eles participassem de um jogo competitivo com regras fixas e bem definidas a que eles invariavelmente obedecem.[35]

O "homem econômico" persegue seu autointeresse *con brio*, mas atua impecavelmente dentro da lei. A dimensão oportunista do comportamento está ausente. Os agentes buscam seu autointeresse com total idoneidade, ou seja, "jogam limpo" todo o tempo, sem violar oportunisticamente as "regras do jogo" — sem infringir as leis, roubar, mentir, dissimular, trapacear ou explorar em benefício próprio ambiguidades contratuais e situações imprevistas que surjam ao longo das transações.

No programa de pesquisa neoinstitucionalista, a inclusão da propensão ao oportunismo como traço comportamental dos agentes tem sérias implicações teóricas. É a presença do oportunismo como ameaça constante que leva à busca de garantias e salvaguardas contratuais que vão além do contrato mercantil simples. Isso retarda as transações e eleva os custos envolvidos. Prazos não são cumpridos, especificações são desrespeitadas, situações de dependência momentânea são exploradas de maneira implacável.

Desse modo, transações que poderiam beneficiar ambas as partes — e que sem dúvida ocorreriam no mundo bem-comportado habitado pelo "homem econômico" — deixam de ocorrer na medida em que a confiabilidade de uma das partes é baixa aos olhos da outra. Ou seja: deixa de valer aqui o pressuposto tácito de que a competição no mercado é livre de conflito e de que o sistema econômico desfruta de uma oferta ilimitada de confiabilidade interpessoal (*trust*).

A falta de *trust* na esfera política pode também interferir no processo econômico e levar a situações extremamente onerosas para a comunidade. Basta lembrar, por exemplo, o fato de que até hoje nenhum cidadão soviético — seja ele escritor, cientista, jornalista ou estudante — tem acesso pessoal a

---

35. O. Williamson, *The economic institutions of capitalism*, op. cit., p. 49.

COMPORTAMENTO INDIVIDUAL: ALTERNATIVAS AO HOMEM ECONÔMICO

uma simples máquina xerox. Qualquer documento que deseje fotocopiar precisa ser entregue a um funcionário "responsável", que faz a cópia numa sala separada, sem que o cliente possa saber se uma cópia adicional foi feita para o serviço de segurança do Estado.

É também a falta de *trust* — fruto de repetidos descumprimentos de compromissos assumidos — que torna difícil para alguns países (como, por exemplo, a Nigéria) a obtenção de crédito em suas transações de comércio internacional ou, ainda, a contratação de firmas estrangeiras para a realização de obras públicas. No bojo da "crise da dívida" dos anos 1980, diversos bancos internacionais cancelaram automaticamente os cartões de crédito de seus clientes latino-americanos.

Como o conhecido Dilema dos Prisioneiros nos mostra, a generalização do oportunismo na esfera micro pode levar a resultados macro desastrosos, por meio de um efeito do tipo "falácia da composição". No exemplo da organização sindical americana discutido acima, encontramos os operários criando, através do voto, salvaguardas institucionais contra suas próprias propensões individuais ao oportunismo.

Outro exemplo caro ao neoinstitucionalismo explora a ameaça do oportunismo como constituindo um poderoso incentivo à integração vertical das firmas, em especial quando se trata de investimento em capital altamente específico. Na medida em que a firma se percebe à mercê de um único fornecedor que é produtor de um bem especializado sem substituto próximo mas do qual depende crucialmente para manter sua própria atividade, surge um poderoso incentivo para que ela internalize a produção daquele bem, seja pela compra do fornecedor, seja pela produção direta do que antes comprava no mercado. Novamente, a hipotética "solução racional" da microeconomia convencional — confiar no fornecedor e não integrar verticalmente ou, no exemplo sindical, burlar o pagamento da contribuição na expectativa de que os demais não farão o mesmo — não garante de forma alguma um resultado satisfatório para os próprios interessados.

É a existência do oportunismo que confere grande relevância ao "paradoxo fundamental" da economia da informação, formulado por Arrow em *Essays in the theory of risk-bearing*: "O valor de uma informação, para o

FILOSOFIA ECONÔMICA

comprador, não é conhecido até que ele a possua; mas [se ele a possui] então ele já a obteve de graça, sem nenhum custo".[36]

Uma das aplicações do "paradoxo da informação" é no contexto do financiamento de programas de pesquisa básica. Antes que a pesquisa tenha sido feita, a informação não está disponível e, portanto, não é possível saber quanto vale ou pode valer. Mas, quando a pesquisa foi feita e a informação já está disponível, então ela já foi paga — o custo foi incorrido, e isso independe de quanto valham ou possam valer os resultados por ela obtidos. Como observa Williamson, é o medo do oportunismo que torna esse paradoxo problemático. Pois, na ausência dele, a transação não ofereceria maiores dificuldades. Ou o comprador poderia acreditar, sem medo, no preço pedido pelo vendedor ex ante; ou o vendedor poderia acreditar na promessa do comprador de pagar o seu valor pleno ex post![37]

Finalmente, poderia ser relevante elaborar de um modo mais pleno quais seriam as implicações do "homem contratual" para um ambiente de inflação acelerada. Três pontos básicos podem ser notados:

I) *A inflação acelerada recrudesce o problema da limitação da racionalidade.* Ela cobra dos agentes um "alerta permanente": primeiro, no sentido de proteger seus rendimentos, inclusive acompanhando com um grau de atenção muito maior que o usual as mudanças (e boatos) acerca da política econômica do governo; e, segundo, levando-os a tentar explorar em benefício próprio as variações abruptas e descompassadas no preço relativo dos diversos bens e serviços. Esse estado de "alerta permanente" tem um alto custo microeconômico, na medida em que tende a monopolizar a dotação escassa de racionalidade e atenção dos agentes, em detrimento da sua alocação em outras áreas — mais profícuas — de atividade. O "alerta permanente" significa que os agentes não mais têm condições de lidar com sua racionalidade limitada pela formação de hábitos e rotinas, forçando-os a abandonar o foco em suas atividades profissionais normais.

II) *A inflação acelerada acirra a propensão ao oportunismo em sentido*

36. Kenneth Arrow, *Essays in the theory of risk-bearing* (Nova York, 1971), p. 152.
37. Ver idem, "Maine and Texas", *American Economic Review* 75 (1985), p. 9.

paretiano. Pareto sugere que as nossas atividades econômicas são basicamente de dois tipos: "Pode-se afirmar, com base na uniformidade revelada pela história, que os esforços dos homens são empregados de duas maneiras diferentes: eles são [+] dirigidos para a produção ou transformação de bens econômicos; ou então [ø] dirigem-se à apropriação de bens produzidos por terceiros".[38] Se chamamos [ø] de "esforços oportunistas", então um ambiente de inflação acelerada pode ser visto como "escola de oportunismo", na medida em que multiplica sobremaneira as possibilidades de ganho (e perda) via [ø], ao mesmo tempo em que sacrifica os esforços de tipo [+], dificultando qualquer tipo de cálculo de retorno confiável. A inflação é acompanhada da constituição de grupos de interesse que se especializam em atividades do tipo [ø] e de uma intensificação geral de [ø] na sociedade, em detrimento de [+].

III) *À convivência continuada com a inflação acelerada segue-se uma fase delicada de reaprendizado e de readaptação a situações de inflação reduzida e estável.* A convivência com a inflação acelerada "educa" o agente. Pode-se notar isso, por exemplo, observando os erros grosseiros, a falta de malícia e a perplexidade dos executivos estrangeiros que subitamente passam a residir num ambiente de alta inflação. Mas a recíproca é verdadeira. A convivência com a inflação acelerada "deseduca" o agente para a vida num ambiente de inflação reduzida e estável. A mudança repentina de ambiente provavelmente levará os agentes "educados" na inflação a um período de reaprendizado marcado por noções inadequadas (como, por exemplo, a crença de que o menor juro nominal não mais justifica o sacrifício de poupar) e pela formação tentativa de hábitos e rotinas, reorientação de esforços de [ø] para [+] e perplexidade.

3.3. Homem sub-racional

Discuti acima os pressupostos comportamentais associados ao "homem ético" e ao "homem contratual". Resta agora apresentar as credenciais do último personagem destas reflexões. O "homem sub-racional" é, na verdade, uma

---

38. Vilfredo Pareto, *Manual of political economy*, op. cit., p. 341.

dupla personalidade. Ele aparece em duas versões básicas na história das ideias: a versão "fisicalista" e a "mitigada".

De um lado, ele é o que o médico e filósofo materialista francês de La Mettrie batizou, em pleno século XVIII, de "homem-máquina". O que temos aqui é uma versão puramente fisicalista do comportamento humano, na qual os estados mentais não passam de um subproduto secundário e inócuo de processos neurofisiológicos. Para usar uma imagem famosa, proposta pelo biólogo inglês Thomas Huxley (o "buldogue" de Darwin), nossa vida mental consciente e inconsciente estaria para o nosso cérebro e conduta observáveis assim como o apitar de uma panela de pressão está para o seu mecanismo de funcionamento.[39]

Os estados mentais — nossos desejos, sensações, crenças, opiniões — não passam de "epifenômenos", ou seja, fenômenos de superfície, desprovidos de poder causal genuíno sobre nosso cérebro, sistema nervoso e motor e, por conseguinte, irrelevantes para a explicação dos nossos atos físicos publicamente observáveis. Como é fácil notar, a ideia de "homem-máquina" nos carrega para areias metafísicas movediças e profundas.[40]

Mas o "homem sub-racional" possui ainda outra face, menos radical que a outra. Nessa versão mitigada, a ideia-chave é a de que nosso *autoconhecimento* é precário e, ainda por cima, nosso *autocontrole* também o é. A formação de crenças e as ações na vida prática são poderosamente afetadas por processos *mentais* em relação aos quais somos passivos.

Como diria Adam Smith: "As nossas paixões todas se justificam, quer dizer, nos sugerem opiniões que ajudam a justificá-las".[41] Ou, como diria Hume: "Não há nada mais vigilante e inventivo do que nossas paixões".[42] A raiz do termo

---

39. Thomas Henry Huxley, "On the hypothesis that animals are automata, and its history" (1874), em *Methods and results* (Londres, 1904).

40. Uma introdução não excessivamente técnica ao problema é o livro de K. Popper e J. Eccles, *The self and its brain* (Londres, 1983); ver também P. Churchland, *Matter and consciousness* (Cambridge, 1986).

41. Adam Smith, *Essays on philosophical subjects* (eds. W. Wigthman, J. Bryce e I. Ross, Oxford, 1980), p. 48.

42. David Hume, *Essays moral, political and literary*, op. cit., p. 526.

COMPORTAMENTO INDIVIDUAL: ALTERNATIVAS AO HOMEM ECONÔMICO

"paixão", utilizado por Smith e Hume em sentido filosófico, é o grego *páthos* e o latim *passio*, palavras que denotam aquilo que ocorre conosco — o que "sofremos": o lado *passivo* da mente. Os indivíduos desconhecem em larga medida o funcionamento de suas próprias mentes e, pior, não são capazes de traduzir de modo consistente seus desejos e objetivos conscientes em conduta adequada.

A diferença específica do "homem sub-racional" (versão mitigada) em relação aos demais é a ênfase que dá ao papel de mecanismos mentais não conscientes em nossa conduta. Tudo que se passa no interior do organismo humano — o metabolismo vital do corpo — ocorre de maneira automática, sem que tenhamos conhecimento ou poder de interferência direta. Ninguém escolhe o ritmo de seu batimento cardíaco ou como fará a digestão do alimento ingerido. O traço peculiar da hipótese sub-racional é a tese de que nossa vida mental e nossa conduta externa se encontram em larga medida igualmente determinadas por mecanismos automáticos e não conscientes.

Mas quais são esses mecanismos? E o que poderiam nos dizer sobre o comportamento dos indivíduos como produtores e consumidores? Para tentar esclarecer o que está em jogo e ilustrar a importância desses mecanismos sub-racionais, procurarei analisar a existência de dois processos básicos de formação de crenças e comportamento: (1) a "dissonância cognitiva"; e (2) *akrasía* (o termo aristotélico para a "fraqueza de vontade").

*

Dissonância cognitiva é um mecanismo bastante frequente — e nem sempre desfavorável — de formação de crenças. Sua aplicabilidade ao estudo do comportamento individual é discutida com muita acuidade e sutileza por Jon Elster no livro *Sour Grapes* (1983). Como o termo "dissonância" denota, trata-se da ocorrência de uma disparidade ou inconsistência entre nossas crenças e preferências, de um lado, e nossas ações de outro. Mais do que isso, trata-se da maneira perversa como muitas vezes corrigimos, antes de mais nada para nós mesmos, essa inconsistência. Vejamos alguns exemplos.

Suponha que, numa guerra no Atlântico Sul, um tenente-coronel informa corretamente ao seu general de divisão que o flanco esquerdo da tropa está

FILOSOFIA ECONÔMICA

perigosamente desguarnecido. A resposta racional é que o general reforce o lado esquerdo de sua tropa. Mas o general pode resolver a questão de outra forma. Em vez de reforçar o lado esquerdo da tropa, o que demandaria tempo, organização e dinheiro, ele prefere acreditar que o inimigo não o atacará por aquele flanco. A hipótese da dissonância cognitiva prevê ainda que o general fará um notável esforço de teorização logística para justificar ao mundo — e principalmente a si mesmo — a decisão. A discrepância entre a informação trazida pelo tenente e a situação concreta se resolve não por meio de um comportamento adequado, mas pela "correção" da crença relevante.[43]

Outro exemplo, discutido por Elster na introdução à coletânea *The multiple self*,[44] é o seguinte. Suponha inicialmente uma situação assim:

O agente *g* prefere a ação A à ação B, e a ação C à D, mesmo se A é essencialmente a mesma opção que D, e mesmo que B seja igual a C. A situação é inconsistente com o axioma da transitividade (um dos axiomas da racionalidade micro).

Vejamos uma ilustração da situação descrita:

Jonas lava seu próprio automóvel (A); o filho de seu vizinho o lavaria por $ 5 (B); mas Jonas não lavaria o carro idêntico de seu vizinho por $ 20 (D). A e D são essencialmente a mesma opção, uma vez que: (1) a tarefa envolvida — lavar um automóvel idêntico — é a mesma; e (2) a soma de dinheiro em jogo é igual: em A o custo de oportunidade é $ 20, ou seja, exatamente a quantia oferecida a Jonas para a execução da tarefa em D. Na micro convencional, a solução seria: Jonas opta por D inicialmente e, depois, por B, embolsando a diferença. (O "homem econômico" passaria a considerar seus vizinhos pessoas estranhas!)

Duas explicações são oferecidas para o comportamento aparentemente irracional de Jonas no exemplo. Uma explicação é que as pessoas, e Jonas em particular, avaliam de forma distinta (1) gastos em dinheiro e (2) custo de oportunidade. É por isso que Jonas prefere A a B, embora também prefira C a D. Isso explicaria, por exemplo, por que os usuários de cartão de crédito em

43. J. Hirshleifer, "The expanding domain of economics", *American Economic Review* 75 (1985).
44. Introdução a *The multiple self* (ed. J. Elster, Cambridge, 1986), p. 6 e p. 27.

COMPORTAMENTO INDIVIDUAL: ALTERNATIVAS AO HOMEM ECONÔMICO

lojas de departamento tendem a não se importar com *descontos* oferecidos para quem paga à vista, embora resistam à cobrança de *sobretaxa* para quem usa cartão, mesmo que não haja diferença real entre as duas situações. A maneira de a loja apresentar a transação, e não a situação em si, é o fator operante.

Mas há outra maneira de explicar o comportamento verificado no exemplo. Lavar o carro do vizinho seria incompatível com a autoimagem de Jonas: ele não é o tipo de pessoa que lava carros por dinheiro. No entanto — e aqui entra em cena a dissonância cognitiva —, Jonas lavaria o carro do vizinho por $ 20, caso o vizinho, digamos, se comprometesse a doar os $ 20 para a caridade. E, como Jonas já está contribuindo, pelas mãos do vizinho, com $ 20 para a caridade, ele agora deixa de doar os $ 20 que de outra forma doaria do seu próprio bolso!

Resultado: Jonas lavou o carro do vizinho por $ 20, exatamente como havia se recusado a fazer na situação original. Mas agora ele acredita (erroneamente) que "lavou por caridade", não pelo "vil metal": sua autoimagem e boa consciência foram preservadas através da dissonância cognitiva. Não seria impróprio, nesse contexto, lembrar a formulação dada por Nietzsche ao problema: "A mentira mais frequente é aquela que contamos para nós mesmos. Mentir para os outros é a exceção".[45]

A dissonância cognitiva pode ainda nos ajudar a esclarecer em alguma medida a questão dos *animal spirits* keynesianos. Certas crenças e processos mentais, embora não racionais, podem revelar-se surpreendentemente úteis. A busca do caminho para as Índias levou à descoberta da América. A miragem da fórmula alquímica do ouro fez avançar o conhecimento científico. No inverno de 1857, Marx trabalhou furiosamente e escreveu as oitocentas páginas de manuscritos dos *Grundrisse*. Mas por que esse surto de teorização? A economia inglesa estava em recessão e Marx não poupou esforços para que sua teoria econômica viesse ao mundo antes do "dilúvio", ou seja, da "crise final do capitalismo". O ditador militar puritano Cromwell captou a essência da questão ao afirmar que "o soldado que reza melhor, combate

---

45. Friedrich Nietzsche, *The Anti-Christ* (1895) (trad. R.J. Hollingdale, Harmondsworth, 1968), §55.

FILOSOFIA ECONÔMICA

melhor". A crença ilusória de que conseguiremos realizar muito (ou o impossível) é muitas vezes condição necessária para que realizemos um pouco (ou o possível).

O problema aqui é o da motivação não econômica do trabalho e da iniciativa empresarial. Mais especificamente, o papel das crenças não racionais ou ilusórias na motivação dos agentes econômicos. Suponha, por exemplo, que um trabalhador aceite um emprego que é tido — inclusive por ele mesmo até aquele momento — como altamente perigoso à saúde. Ele racionaliza a situação — e assim reduz o seu desconforto mental — convencendo-se de que estão todos enganados, e não há risco algum. Em vez de mudar sua conduta, ele reage adaptando suas crenças e preferências a ela.[46]

Mas isso não quer dizer que ele tenha necessariamente que se dar mal. Nada impede que sua audácia infundada acabe vingando: como numa loteria, pelo menos um apostador obtém sucesso onde tantos outros fracassaram. Numa passagem que claramente remete ao tema keynesiano da motivação não econômica da decisão de investir, Nisbett e Ross observam: "Os benefícios sociais das probabilidades subjetivas errôneas dos indivíduos podem ser altos mesmo quando os indivíduos pagam um preço alto pelo erro. Nós provavelmente teríamos poucos escritores, atores ou cientistas se todos os aspirantes potenciais a essas carreiras tomassem decisões baseadas numa probabilidade [realista] de sucesso. Nós também poderíamos ter poucos novos produtos, movimentos políticos, inovações médicas ou descobertas científicas".[47]

Na mesma direção, é o poeta inglês William Blake quem recorda, num de seus "Provérbios do Inferno", como o sucesso pode advir do insucesso acumulado: "*If the fool would persist in his folly he would become wise*". Outra variação em torno da mesma ideia é o aforismo, registrado por Wittgenstein num de seus cadernos, segundo o qual, "se as pessoas não fizessem ocasionalmente coisas tolas, nada inteligente jamais seria feito".[48]

Note-se, aliás, que o próprio Adam Smith, na *Riqueza das nações*, já

---

46. J. Hirshleifer, "The expanding domain of economics", *American Economic Review* 75 (1985).
47. Apud Jon Elster, *Sour grapes* (Cambridge, 1983), p. 159.
48. Ludwig Wittgenstein, *Culture and value* (trad. P. Winch, Oxford, 1980), p. 50.

COMPORTAMENTO INDIVIDUAL: ALTERNATIVAS AO HOMEM ECONÔMICO

observara que a maior parte dos homens possuía o que ele considerava uma injustificável e "absurda presunção" acerca de suas próprias habilidades e chances de sucesso na vida econômica.[49] Assim, tanto ele quanto Marshall observam que as pessoas mais jovens, ao escolherem uma profissão para a vida, tendem em geral a subestimar os perigos que correm e a superestimar suas chances de sucesso na carreira: "Em nenhuma fase da vida humana o desprezo pelo risco e a esperança presunçosa de sucesso encontram-se mais ativos do que naquela idade em que os jovens escolhem suas profissões".[50]

Ou, como Hume havia insistido: "Os homens têm, em geral, uma propensão muito maior para superestimar do que para subestimar a si mesmos".[51] Não é difícil relacionar essas afirmações sobre os benefícios sociais do viés cognitivo (*benefit of bias*) com o argumento de Keynes no capítulo 12 da *General theory* (1936). A diferença é o fato de que Keynes se preocupa com o modo como as expectativas *pessimistas* sobre o futuro podem afetar desfavoravelmente a própria base motivacional da economia de mercado e o nível de investimento.

*

Finalmente, gostaria de concluir esta excursão pelos subterrâneos da ação econômica individual discutindo o problema das consequências microeconômicas da fraqueza de vontade ou *akrasía*.

Crenças ilusórias, como vimos, podem ajudar o agente a perseverar na busca de fins remotos e improváveis. Mas claramente tais crenças: (I) não são passíveis de serem deliberadamente criadas e/ou mantidas pelo agente para si mesmo; e (II) elas certamente não bastam para garantir a obtenção desses fins. O problema da *akrasía* prende-se ao aspecto (II). Pois o sucesso na satisfação de aspirações dessa natureza depende, de modo agudo, da

---

49. *An inquiry into the nature and the causes of the wealth of nations* (eds. R.H. Campbell e A.S. Skinner, Oxford, 1976), p. 124.

50. Idem, ibidem, p. 126, e A. Marshall, *Principles of economics* (1920), op. cit., p. 461.

51. *An inquiry concerning the principles of morals* (ed. L.A. Selby-Bigge, Oxford, 1975), p. 264.

FILOSOFIA ECONÔMICA

capacidade do agente de atuar estrategicamente, ou seja, abrir mão *de maneira consistente* de suas preferências imediatas e de fácil recompensa, em nome de preferências remotas, mais ambiciosas, mas de recompensa provável ("miragens").

O ponto crucial aqui é a escassez de firmeza, constância ou determinação com que somos dotados. O agente vive um conflito de interesses entre: (a) o que seria o seu interesse de curto prazo, baseado na proximidade e certeza de uma recompensa inferior; e (b) o interesse de longo prazo que, na sua própria escala de preferências, ele gostaria de perseguir, mesmo que em detrimento de uma boa dose de felicidade mundana.

A *akrasía* é a vitória da "preferência temporária por alternativas inferiores", em particular quando estas oferecem a oportunidade de satisfação certa e imediata.[52] Se o "homem contratual" do neoinstitucionalismo é marcado pela propensão ao oportunismo em relação *aos demais*, já o "homem sub-racional" vítima de *akrasía* é oportunista em relação *a si próprio*.

O exemplo mais claro que conheço de *akrasía* é dormir ao volante de um automóvel. Quando isso ocorre, o interesse de curtíssimo prazo do motorista (saciar seu desejo biológico de sono) leva a melhor sobre seu interesse de curto prazo (completar a viagem), para não falarmos no interesse estratégico mínimo, que é levar a vida a um fim pelo menos não trágico. Na luta interna pelo poder da qual o motorista é vítima, sua preferência de curtíssimo prazo se rebela com sucesso contra suas preferências racionais, com consequências de altíssimo custo — e não apenas para ele.

Numa passagem famosa na literatura filosófica sobre a *akrasía*, o filósofo norte-americano William James elabora uma combinação sugestiva de dissonância cognitiva e fraqueza de vontade. Obviamente, o interesse do exemplo transcende aos valores nominais — os detalhes e colorido particular — da situação descrita:

Quantas desculpas alguém com disposição a beber pesadamente não encontra

52. G. Ainslie, "Beyond microeconomics: conflict among interests in a multiple self as a determinant of value", em *The multiple self*, op. cit.

COMPORTAMENTO INDIVIDUAL: ALTERNATIVAS AO HOMEM ECONÔMICO

quando cada nova tentação aparece! É uma nova marca de bebida que, em nome de sua cultura intelectual no assunto, ele é forçado a experimentar. De qualquer forma, o copo já está (inadvertidamente) cheio e é um pecado desperdiçar. Ou os demais estão bebendo e seria inconveniente recusar. Ou é apenas para permitir que durma, ou realize uma determinada tarefa no trabalho. Ou não é propriamente estar bebendo, mas é que está tão frio hoje à noite. Ou é Natal. Ou é apenas um meio de estimulá-lo a fazer uma resolução, mais firme do que qualquer outra que já tenha feito, em prol da abstinência. Ou é apenas dessa vez, e uma única não conta etc. etc. ad libitum — é, na verdade, o que você desejar, exceto ser um bêbado contumaz.[53]

De modo análogo, produtores e consumidores individuais nem sempre conseguem fazer prevalecer, em sua conduta prática, aquilo que seus gostos e preferências conscientes prescrevem. Sucumbem, assim, à dominância de recompensas de curto prazo disponíveis. Pior: seus interesses de curto, médio e longo prazo ("miragens") tornam-se dominantes em pontos alternados ao longo do tempo, bloqueando qualquer forma de equilíbrio e levando a condutas conhecidas, como, por exemplo, pagar, no mesmo dia, por cigarros e por um remédio para parar de fumar,[54] "amar a natureza" e atirar displicentemente o lixo, ou, ainda, frequentar a clínica de emagrecimento e a doceira ao lado do escritório.

Claramente, há um conflito de interesses dentro do mesmo indivíduo, e a solução desse conflito com frequência se dá à revelia dos interesses mais permanentes ou duradouros da pessoa, em franca divergência com o modelo (otimista) do "homem econômico" da micro convencional. "Eu vejo o melhor caminho e eu o aprovo, mas sigo pelo pior" (Ovídio). Em graus variáveis, o problema da *akrasía* afeta: (a) o comportamento dos agentes durante o seu "tempo livre" (fora da jornada de trabalho); e (b) o dia a dia daqueles cujo processo de trabalho não se encontra rigidamente determinado de fora, isto é, daqueles que, ao contrário do estereótipo do trabalhador industrial *à la Tempos*

---

53. William James, "The will", em *Selected papers on philosophy* (Londres, 1917), pp. 72-3.
54. G. Ainslie, "Beyond microeconomics: conflict among interests in a multiple self as a determinant of value", em *The multiple self*, op. cit.

modernos de Chaplin, gozam de algum grau de autonomia com respeito a suas atividades produtivas e profissionais.

O problema normativo nesse contexto é em certo sentido análogo àquele discutido no âmbito do "homem contratual": como pode o agente estabelecer regras ou mecanismos que o defendam do seu próprio oportunismo para consigo? Exemplos disso são as regras e contratos silenciosos que uma pessoa faz consigo mesma, como "não beber sozinha", "não possuir TV em casa", "nunca antes das cinco", "absoluta pontualidade no despertar", "pertencer a um time de esportes", "não carregar mais que certa quantia em dinheiro vivo na carteira", "não sair do escritório", "evitar certas lojas, companhias ou partes da cidade" etc. Essas regras funcionariam como uma espécie de seguro do indivíduo contra o lado passivo de sua própria mente.

4. OBSERVAÇÕES FINAIS

O propósito da discussão das alternativas ao "homem econômico" é simples. Não se trata evidentemente de abandoná-lo ou rejeitá-lo tout court. Trata-se de considerar as objeções cognitivas e práticas aos pressupostos comportamentais da teoria econômica e reconhecer a existência de programas de pesquisa alternativos. No mínimo, estes poderiam nos ajudar a entender um pouco melhor: (I) a questão da formação de opiniões de interesse; e (II) os limites da racionalidade instrumental.

A diversidade e plasticidade da conduta individual na vida prática representam um formidável obstáculo ao seu tratamento teórico. O "homem econômico" é, sem dúvida, uma solução interessante: um instrumento de análise engenhoso. Como vimos, trata-se de uma construção que permite ao economista abstrair dos desejos, crenças e opiniões dos indivíduos ao construir seu modelo da realidade.

Esse procedimento permitiu, de um lado, que a teoria econômica obtivesse grandes avanços no sentido do rigor, generalidade e formalização de suas proposições. De outro, permitiu que a economia prescindisse de teorias psicológicas sobre o comportamento humano. Como as repetidas referências à "mecânica",

COMPORTAMENTO INDIVIDUAL: ALTERNATIVAS AO HOMEM ECONÔMICO

"mecânica racional", "mecanismo social" ou mesmo "máquina de prazer" denotam, havia uma ambição universalista nesse programa de pesquisa. Os pais do "homem econômico" acreditavam que era possível tornar a economia — ou pelo menos a "teoria econômica pura" — numa espécie de "física social":[55] uma disciplina com o mesmo grau de generalidade que a física, válida para qualquer tempo e lugar.

É duvidoso, no entanto, que esse programa de pesquisa possa algum dia realizar tal ambição. Como procurei mostrar ao longo do artigo, o arranjo conceitual associado ao postulado do "homem econômico" (tipos psicológico e lógico) acarreta uma perda considerável em termos de poder explicativo. Ao mesmo tempo, as tentativas de enfrentar o desafio da explicação do comportamento individual têm levado ao surgimento de programas de pesquisa rivais. O ponto de partida e traço comum das três alternativas ao "homem econômico" aqui discutidas é a noção de que "a principal dificuldade em entender as ações dos homens é entender como eles pensam — como as suas mentes funcionam".[56]

55. Kenneth Arrow, "Maine and Texas", *American Economic Review* 75 (1985).
56. Percy Williams Bridgeman, *Reflections of a physicist* (Nova York, 1955), p. 450.

19. A psicologia do agente econômico em David Hume e Adam Smith[1]

O propósito deste artigo é mostrar, em detalhe, como David Hume e Adam Smith partilharam algumas noções fundamentais sobre o funcionamento da mente humana e sobre os modos como nosso comportamento na vida prática — e os hábitos mentais formadores de crenças subjacentes — são afetados por fatores sub-racionais. O objetivo é focalizar a psicologia econômica elaborada pelos dois líderes do iluminismo escocês, a fim de revelar como as paixões atuam na determinação das ações pelas quais visamos ganhar a vida e conquistar um lugar no mundo.

Smith e Hume trabalhavam com um duplo conceito de paixão. Primeiro vinham as "paixões do corpo", ou seja, aqueles apetites que nascem da necessidade de preservar fisicamente o indivíduo e perpetuar a espécie. Esses são os motores primários dos esforços econômicos do homem: "nossas paixões são as únicas causas do trabalho" (E, p. 261).[2] Porém, à medida que a sociedade se torna mais complexa, e passa de um sistema de subsistência baseado na caça

---

1. Conferência proferida no Instituto de Estudos Avançados da Universidade de São Paulo em 13 de maio de 1994 e publicada na coletânea *Clássicos do pensamento político* (orgs. Célia Galvão Quirino, Claudio Vouga e Gildo Marçal Brandão, São Paulo, 1998), pp. 169-90.
2. As referências às obras de Hume no artigo seguem as abreviaturas: E: *Essays moral, political, and literary* (ed. E.F. Miller, Indianápolis, 1985); THN: *A treatise of human nature* (ed. L.A. Selby-Bigge, Oxford, 1978); SecondE: *An enquiry concerning the principles of morals* (ed. L.A. Selby-Bigge, Oxford, 1975).

e na pastagem para outro baseado na agricultura e no comércio,[3] as "paixões mentais", ou seja, "aquelas que têm sua origem em algum hábito particular da imaginação", ganham um papel mais proeminente como forças motivadoras no suprimento de trabalho e esforço econômico.

Um exemplo do modo como as "paixões mentais" se cristalizam em opiniões de interesse e afetam grandemente o comportamento econômico é a discussão de Smith sobre o conjunto de motivos associados com o intenso empenho e a assiduidade dos indivíduos na busca de riqueza material — o desejo de "melhorar as próprias condições" que responde pela "opulência" e pelo crescimento econômico das nações.

Seguindo a classificação de Hume (THN, p. 487), há três classes de bens que os agentes podem perseguir e que se tornam objetos de suas atividades autointeressadas: (I) "a satisfação interna de nossa mente" (bens da mente); (II) "as vantagens externas de nosso corpo", como, por exemplo, desfrutar a saúde, o sexo e a boa aparência (bens do corpo); e (III) "o desfrute das posses que adquirimos por nossa própria indústria e boa sorte" (bens externos). A teoria smithiana, como veremos, é uma tentativa de explicar a primazia relativa de III na sociedade comercial, e de demonstrar como I e II se tornam, até certo ponto, tributárias do sucesso do agente em assegurar III.

A questão central, formulada por Smith na *Teoria dos sentimentos morais*, refere-se à natureza da ambição econômica e às causas subjacentes ao nosso desejo de bens externos. "Com que propósito", pergunta o autor da *Riqueza das nações*, "existe tanta labuta e tanto alvoroço no mundo?"

> Qual é a finalidade da avareza e da ambição, da busca de riqueza, do poder e da preeminência? Será para suprir as necessidades da natureza? Mas o salário do mais humilde trabalhador pode supri-las. Vemos que ele pode lhe proporcionar comida e roupas, o aconchego de uma casa e de uma família. Se examinássemos

---

3. Sobre a teoria de Smith acerca da mudança econômica estrutural e seus efeitos sobre as instituições, ver A.S. Skinner, "Historical theory", em *A system of social theory: papers relating to Adam Smith* (Oxford, 1979); e R. L. Meek, "Smith, Turgot and the 'four stages theory'", *History of Political Economy* 3 (1971), pp. 9-27.

FILOSOFIA ECONÔMICA

com rigor a sua economia, descobriríamos que esse trabalhador gasta uma grande parte de seu salário com seu conforto, com coisas que podem ser consideradas supérfluas, e que, em ocasiões extraordinárias, ele pode permitir-se gastar até mesmo com a vaidade e a distinção. Qual será então a causa de nossa aversão à sua situação, e por que deveriam aqueles que foram educados nas camadas mais altas julgar que é pior que a morte ficar limitado a viver, mesmo sem trabalho, na mesma condição do trabalhador mais simples, morar sob o mesmo teto pobre e vestir-se com o mesmo traje humilde? Será que essas pessoas imaginam que seu estômago é melhor, ou que dormem mais profundamente num palácio do que numa cabana? O contrário foi muitas vezes observado e, de fato, é tão óbvio, mesmo que nunca tivesse sido observado, que não há ninguém que o ignore. De onde, então, surge essa emulação que percorre todas as diferentes camadas da humanidade, e quais são as vantagens que propomos através desse grande propósito da vida humana que chamamos de melhoria de nossa condição? [TMS, p. 50][4]

Em seu tratado econômico, é bem verdade, Smith cuidadosamente se esquivou de dar uma resposta clara, franca e direta para essas questões. Em vez disso, preferiu enfatizar essa "emulação que percorre todas as diferentes camadas da humanidade" e, particularmente, como "o esforço natural de cada indivíduo para melhorar a sua condição, quando pode manifestar-se de modo livre e seguro, é um princípio tão poderoso que por si mesmo, e sem nenhum auxílio, não só é capaz de levar a sociedade na direção da riqueza e do progresso, mas também de transpor uma centena de obstáculos impertinentes, com os quais a tolice das leis humanas com tanta frequência atrapalha suas operações" (WN, p. 540).

O desejo de um grande número de agentes de melhorar sua posição econômica em relação aos outros é considerado como um fato estabelecido. Sugere-se que o crescimento e a prosperidade não deixarão de abrir seu

---

4. As referências às obras de Adam Smith no artigo seguem as abreviaturas: TMS: *The theory of moral sentiments* (eds. D.D. Raphael e A.L. Macfie, Oxford, 1976); WN: *An inquiry into the nature and the causes of the wealth of nations* (eds. R.H. Campbell e A.S. Skinner, Oxford, 1976).

caminho, e que a boa saúde do "corpo político" não será abalada, apesar "não apenas da doença, mas das absurdas prescrições do médico" (WN, p. 343; ver também WN, pp. 643-4, onde Smith usa essa mesma noção para criticar a rigidez doutrinária dos fisiocratas franceses).

Mas tudo que podemos aprender, na *Riqueza das nações*, sobre o caráter desse desejo todo-poderoso de melhorar a própria condição e sobre sua raiz na psicologia humana é o seguinte: "um aumento de fortuna é o meio pelo qual a maioria dos homens se propõe e almeja melhorar a sua condição. É o meio mais vulgar e mais óbvio; e o caminho mais provável para o aumento de sua fortuna é poupar e acumular uma parte do que adquirem, seja regular ou anualmente, ou ainda em algumas ocasiões extraordinárias" (WN, pp. 341-2).

O meio "mais vulgar e mais óbvio", *mas por quê?* Isso dá apenas uma pista muito sutil da discussão que o próprio Smith havia, em outro contexto, desenvolvido. Pois, na *Teoria dos sentimentos morais*, ele não se esquivou de levantar e responder a questão, sem fazer segredos a respeito de suas razões para pensar que o desejo que rege uma sociedade comercial florescente é, de fato, *o mais óbvio e vulgar.*

Como, então, Smith explica "essa emulação que percorre todas as diferentes camadas da humanidade"? E quais seriam, em sua visão, as verdadeiras "vantagens que propomos através desse grande propósito da vida humana que chamamos de melhoria de nossa condição"?

Sermos observados, respeitados, notados com simpatia, complacência e aprovação, eis todas as vantagens que podemos nos propor extrair dessa melhoria. É a vaidade, não a tranquilidade e nem o prazer, o que nos interessa. Mas a vaidade está sempre fundada na crença de que somos o objeto de atenção e de aprovação. O rico se glorifica em sua riqueza porque acredita que ela naturalmente atrai para ele a atenção do mundo, e que a humanidade está disposta a acompanhá-lo em todas aquelas emoções agradáveis que as vantagens de sua situação tão prontamente lhe inspiram. Quando ele pensa nisso, seu coração parece crescer e dilatar-se dentro de seu corpo, e ele aprecia a sua riqueza mais por esse motivo do que por todas as outras vantagens que ela possibilita. O pobre, ao contrário,

FILOSOFIA ECONÔMICA

tem vergonha de sua pobreza. Ou ele sente que a pobreza o coloca fora da atenção da humanidade ou que, se esta lhe dá um mínimo de atenção, não tem, entretanto, quase nenhum sentimento solidário para com a miséria e a provação que ele padece. [TMS, p. 50][5]

Dessa forma, é a vaidade, mais que tudo, que fixa o controle do comportamento do agente por desejos sub-racionais. No fundo, todo indivíduo deseja ser estimado, ou seja, assegurar para si os bons sentimentos e a disposição favorável daqueles que o rodeiam. Os homens são vaidosos, mas não gostam de ser considerados como tais ou de assim se imaginarem. Portanto, espontaneamente tendem a ignorar o fato de que é a vaidade que dá o ímpeto ao seu desejo de ter sucesso no mercado, ao mesmo tempo em que disfarçam — a começar para si mesmos — sua motivação sub-racional por meio de vernizes racionais ou racionalizações de um tipo ou de outro.

Que o agente ambicioso e intranquilo, ao adentrar o círculo da ambição material, se represente como não buscando nada além da utilidade direta e da segurança prometidas por suas aquisições não surpreende em nada. Ninguém é mais levado pela ilusão, ou seja, ninguém está mais inclinado para uma visão parcial e interessada de sua própria conduta, do que aquele que se engajou na busca daquilo que faz toda a diferença para ele no mundo. Mas o filósofo

5. Sobre o papel de motivos sub-racionais em Smith, ver D. Winch, *Adam Smith's politics* (Cambridge, 1978), especialmente pp. 165-9: "Smith não faz uso do construto conhecido como 'homem econômico'" (p. 167); A.W. Coats, "Adam Smith's conception of self-interest in economic and political affairs", em *History of Political Economy* 7 (1975), pp. 132-6; J. Viner, *The role of providence* (Filadélfia, 1972), pp. 77-85; James Bonar, *Philosophy and political economy* (Londres, 1922), pp. 171-5; e Arthur O. Lovejoy, *Reflections on human nature* (Baltimore, 1961), pp. 213-5 e pp. 258 ss. Sobre as origens da psicologia econômica de Smith em Hume, ver R.F. Teichgraeber III, *Free trade and moral philosophy: rethinking the sources of Adam Smith's Wealth of nations* (Durham, 1986), especialmente p. 85 e pp. 97 ss.; A.S. Skinner, *A system of social science* (Oxford, 1979), pp. 14-5; a introdução de E. Rotwein a *Humes's writings on economics* (Edimburgo, 1955), pp. xxxii-liii: "a paixão pelo ganho [...] está essencialmente na natureza de um desejo de acumular símbolos de esforço bem-sucedido" (p. xiv); e D. Forbes, "Hume and the Scottish enlightenment", em *Philosophers of the enlightenment* (ed. S.C. Brown, Sussex, 1979), especialmente pp. 99-101.

moral, treinado em observar as coisas com um distanciamento absolutamente frio, deve tentar arrancar o véu do autoengano.

A observação de Smith, podemos notar, não era nova. Nicolas Malebranche, talvez o filósofo francês do século XVII mais lido e respeitado pelos iluministas escoceses, já tinha esclarecido que as pessoas geralmente estão até mais interessadas em aparecer aos olhos dos outros como ricas, cultas e poderosas do que realmente em sê-lo. Como ele assinala em *De la Recherche de la Vérité*:

> Tudo que nos dá uma certa ascensão sobre os outros nos tornando mais perfeitos, tal como a ciência e a virtude, ou então nos concedendo uma certa autoridade sobre eles fazendo-nos mais poderosos, tais como as honras e as riquezas, parece nos tornar até certo ponto independentes. Todos aqueles abaixo de nós nos reverenciam e nos temem; estão sempre preparados a fazer o que nos agrada para nos preservar, e não ousam nos fazer mal ou resistir aos nossos desejos. [...] A reputação de ser rico, culto e virtuoso produz na imaginação daqueles ao nosso redor, ou daqueles que nos interessam mais diretamente, disposições que nos trazem muitas vantagens. Põe-nos prostrados aos nossos pés; excita-os em nosso favor, inspira neles todos os impulsos que tendem à preservação de nossa existência e ao aumento de nossa grandeza. Portanto, os homens preservam sua reputação como um bem de que necessitam a fim de viver confortavelmente no mundo.[6]

A abordagem de Smith, entretanto, se diferencia daquela de Malebranche e de outros filósofos do século XVIII porque confere mais destaque aos

---

6. Nicolas Malebranche, *The search after truth* (1674; primeira tradução inglesa 1694) (trads. T. Lennon e P. Olscamp, Ohio, 1980), p. 290. Já em suas aulas sobre retórica, Smith havia dito: "Tal é o temperamento dos homens, que estamos mais dispostos a rir dos infortúnios de nossos inferiores do que a nos solidarizar com eles", *Lectures on rhetoric and belles lettres* (ed. J.C. Bryce, Oxford, 1977), p. 124. Ver também Lucrécio, *De rerum natura*, livro v, linhas 1114-7: "pois, para a maioria deles, por mais fortes que sejam por natureza, por mais belos que sejam seus corpos, os homens seguem a liderança dos mais ricos". Três cópias das obras de Lucrécio foram encontradas na biblioteca de Adam Smith: ver James Bonar, *A catalogue of the library of Adam Smith* (Londres, 1932); e Hiroshi Mizuta, *Adam Smith's library* (Cambridge, 1967).

FILOSOFIA ECONÔMICA

aspectos econômicos de diferentes mecanismos de aquisição de estima. Em particular, ele notou como, numa sociedade comercial, o elo entre renda e propriedade, por um lado, e respeito e aprovação, por outro, gera um incentivo poderoso, na psicologia do agente individual, ao esforço e à eficiência econômica.

A demanda por apreço e estima, nesse contexto, conduziria os agentes a aplicarem os seus talentos e a dedicarem o melhor de seus esforços à melhoria de sua própria situação econômica em relação aos outros; e isso, por sua vez, intermediado pelo mercado, levaria à prosperidade generalizada. Como argumentarei abaixo, Smith propôs uma teoria geral da motivação humana em que a busca de bens externos propelida pela vaidade é um exemplo particular e moralmente tolerável — ainda que óbvio, vulgar e, para a maioria dos agentes, frustrante — de um gênero bem mais amplo.

*

O que, então, na teoria de Smith, "confere à prosperidade todo o seu ofuscante esplendor"? O que transforma a riqueza e a posse de bens externos no "objeto da inveja e compensa, na opinião da humanidade, todo aquele esforço, toda aquela ansiedade, todas aquelas mortificações a que nos devemos submeter em sua busca"? Além disso, exaurida a paixão e (quiçá) obtidos alguns resultados, o que então compensa "todo aquele lazer, toda aquela tranquilidade, toda aquela segurança despreocupada, que foram para sempre confiscados pela aquisição"? (TMS, p. 51)

A resposta, de acordo com Smith, é a seguinte. Provavelmente não há paixão mais poderosa, entre as que derivam da imaginação, do que o desejo de comandar a afeição, o respeito e a admiração de outros homens. Inversamente, nada parece ser mais temido do que a indiferença e o desprezo daqueles entre os quais crescemos e fomos educados. Temos uma necessidade profundamente enraizada de pensar bem de nós mesmos e de acreditar que somos estimados por aqueles cuja opinião tem algum peso para nós. Precisamos, pelo menos de tempos em tempos, "escorar nosso vacilante julgamento no julgamento da humanidade" (SecondE, p. 276), ou seja, confirmar nossa

A PSICOLOGIA DO AGENTE ECONÔMICO EM DAVID HUME E ADAM SMITH

autoestima por meio de alguma indicação de que somos estimados por aqueles que não são tão parciais para conosco como nós mesmos.

E, mesmo que "ser ignorado e ser desaprovado sejam coisas inteiramente diferentes", argumenta Smith, "todavia, à medida que a obscuridade nos cobre e priva da luz da honra e da aprovação, sentir que somos ignorados necessariamente abala a esperança mais agradável, e desaponta o desejo mais ardente da natureza humana" (TMS, p. 51). Quando lutam pelo sucesso no mercado, os agentes estão, na verdade, tentando contornar e parcialmente extinguir a paixão mais potente e entranhada da imaginação:

> Desejamos tanto ser respeitáveis quanto ser respeitados. Tememos tanto ser desprezíveis quanto ser condenados. Mas, chegando a este mundo, logo descobrimos que a sabedoria e a virtude não são de forma alguma os únicos objetos do respeito; e que nem o vício e a tolice são os únicos objetos do desprezo. Frequentemente vemos as respeitosas atenções do mundo mais diretamente voltadas para os ricos e os grandes do que para os sábios e os virtuosos. Vemos frequentemente os vícios e as tolices dos poderosos serem muito menos desprezados do que a pobreza e a fragilidade dos inocentes. Merecer, obter e desfrutar o respeito e a admiração da humanidade são os grandes objetos da ambição e da emulação. Duas vias diferentes se apresentam para nós, ambas levando à conquista desse objeto tão desejado; uma, pelo estudo da sabedoria e pela prática da virtude; outra, pela aquisição de riqueza e grandeza. Dois personagens diferentes se apresentam à nossa emulação; o primeiro tem uma ambição orgulhosa e uma avidez ostentatória; o segundo tem uma humilde modéstia e uma justiça equitativa [...]. São principalmente os sábios e virtuosos, um grupo selecionado, embora pequeno, eu receio, os verdadeiros e constantes admiradores da sabedoria e da virtude. A grande massa da humanidade é feita dos admiradores e adoradores da riqueza e da grandeza, e, o que pode parecer mais extraordinário, com muita frequência são admiradores e adoradores desinteressados. [TMS, p. 62]

Assim, para melhorar sua condição e elevar-se acima da multidão, visando assegurar a sua estima, o agente persegue os objetos estimados pela multidão e, justamente desse modo, se identifica com ela. Ele busca riqueza, poder

FILOSOFIA ECONÔMICA

e fama, vendo que a riqueza, o poder e a fama são o que todos respeitam e admiram, e que os ricos, poderosos e/ou famosos são aqueles com os quais todos tendem a simpatizar: "Tendo mesmo grau de mérito, é difícil haver alguém que não respeite mais os ricos e grandes do que os pobres e humildes" (TMS, p. 62). Não é difícil ver, portanto, a razão por que Smith se refere a "um aumento da fortuna" como sendo "o meio mais vulgar e mais óbvio" de melhorar a nossa condição, ainda que cautelosamente omitindo, na *Riqueza das nações*, o motivo dessa afirmação.

Isso também explicaria por que tendemos, mais ou menos inconscientemente e não apenas no sentido literal, a "ostentar nossas riquezas e esconder nossa pobreza" (TMS, p. 50). "Para a maioria dos ricos", ele observa, "o grande desfrute da riqueza consiste na ostentação das riquezas, o que aos seus olhos nunca é tão completo como quando eles parecem possuir as marcas decisivas de opulência que ninguém mais consegue ter" (WN, p. 190).

Da mesma forma, isso ajuda a entender por que resignar-se a um emprego subalterno tende a ser muito mais difícil se tiver que ser em nossa própria cidade natal, sob os olhos daqueles cuja opinião mais importa para nós. Enquanto permanece em sua comunidade de origem, sugere Smith, "um homem de baixa condição" comporta-se ainda sob a restrição do que chamamos de "um caráter a perder": "Mas, assim que chega a uma cidade maior, ele afunda na obscuridade e nas sombras. Sua conduta não é observada nem notada por ninguém e, portanto, é provável que ele próprio a negligencie, abandonando-se a toda sorte de devassidão e vícios. Nunca ele consegue tanto emergir dessa obscuridade, e nunca sua conduta atrai tanto a atenção da sociedade respeitável, como quando se torna membro de uma pequena seita religiosa" (WN, p. 795).

Como as citações anteriores deixam claro, os dois princípios capitais subjacentes à consideração que Smith faz do comportamento comum são o desejo de estima e o medo da desaprovação: "A Natureza, quando formou o homem para a sociedade, dotou-o de um desejo original de agradar, e de uma natural aversão a ofender seus irmãos. Ensinou-lhe a sentir prazer quando a consideração destes é favorável e sofrimento quando ela é desfavorável. Tornou a aprovação de seu semelhante, em si mesma, a coisa mais agradável e gratificante; e a desaprovação a coisa mais mortificante e ofensiva" (TMS, p. 116).

Isso, vale notar, corresponde rigorosamente às considerações feitas por Hume no *Tratado*, enfatizando a noção de que "não podemos formar um desejo que não se refira à sociedade":

> Sejam quais forem as paixões que nos movem: orgulho, ambição, avareza, curiosidade, vingança ou cobiça, o princípio animador ou a alma de todas elas é a simpatia; nem essas paixões teriam alguma força se nos abstraíssemos completamente dos pensamentos e sentimentos dos outros. Se todas as forças e elementos da natureza conspirarem para servir e obedecer a um único homem; se o sol nascer e se puser ao seu comando; se o mar e os rios fluírem conforme sua vontade [...] ele ainda se sentirá arrasado até que tenha pelo menos uma pessoa com quem possa partilhar a sua felicidade, e de cuja estima e amizade ele possa usufruir.[7] [...] As mentes dos homens são espelhos umas para as outras, não só porque refletem as emoções umas das outras, mas também porque esses raios de paixão, sentimentos e opiniões, podem ser muitas vezes reverberados e podem perder-se aos poucos de modo imperceptível. Assim, o prazer que um homem rico deriva de suas posses, sendo lançado sobre o observador, causa um prazer e uma estima; por sua vez esse sentimento, sendo percebido e angariando simpatia, aumenta o prazer daquele que possui; e, sendo mais uma vez refletido, torna-se um novo fundamento para o prazer e a estima do observador. [THN, p. 363 e p. 365]

Se para a filosofia utilitária convencional, como se sabe, "a natureza colocou a humanidade sob o governo de dois mestres soberanos, o prazer e a dor",[8] na visão de Smith e Hume não é a utilidade ou o prazer, mas a imaginação,

---

7. Ver Aristóteles, *Ética a Nicômaco*, 1155a4-8. "Pois ninguém escolheria viver sem amigos, embora tivesse todos os outros bens: considera-se que até mesmo os ricos que estão no poder e em posição de comando são os que mais precisam de amigos".
8. Jeremy Bentham, *An introduction to the principles of morals and legislation* (1789) (eds. J.H. Burns e H.L.A. Hart, Londres, 1982), p. 11.

FILOSOFIA ECONÔMICA

ou seja, a simpatia e a estima que foram dotadas de poderes soberanos sobre os homens. A vaidade — e não o estômago — governa a humanidade. Como coloca claramente Smith: "Não é o ócio ou o prazer, mas sempre a honra, de um tipo ou de outro, embora frequentemente uma honra muito distorcida, que o homem ambicioso realmente busca" (TSM, p. 65). E, como ele também enfatizaria, a vaidade não deve ser condenada tout court. A autoestima pode ser um virtuoso motivo de ação: "o amor pela fama justa, pela verdadeira glória, mesmo por si própria e independente de qualquer vantagem que possamos derivar dela, não é desonroso nem mesmo para o sábio" (TMS, p. 117). Nas palavras de Hume: "Amar a glória de feitos virtuosos é uma prova concreta do amor pela virtude" (E, p. 86).

A tarefa da educação — e particularmente da "educação doméstica" (TMS, p. 222), ou seja, aquela que transcorre no âmbito da família — é dirigir a vaidade, tanto quanto possível, para objetos adequados de estima e admiração, isto é, para objetivos e atividades que são louváveis (como, por exemplo, a benevolência ou manter o autocontrole e a cabeça fria "em meio à turbulência e à desordem da dissensão"), em oposição àqueles que, embora altamente considerados e idolatrados pela maioria, estão longe de ser admiráveis (como, por exemplo, a ostentação de "frívolos ornamentos de vestuário e objetos" ou "as frívolas realizações do comportamento comum"). Segue desse raciocínio que, qualquer que seja o veredicto dos mercados ou da grande multidão humana, "para um homem realmente sábio a aprovação judiciosa e equilibrada de um único homem sábio proporciona mais satisfação sincera do que todos os aplausos ruidosos de 10 mil admiradores ignorantes embora entusiasmados" (TSM, p. 253).

Portanto, não há nenhuma razão necessária para que a riqueza — a posse de bens externos — deva ser isolada como o objeto capaz de transformar num agente respeitável ou admirável aquele que a possui. O próprio Smith, alinhado com a tradição socrática e humanista na filosofia moral, via nisso "a corrupção de nossos sentimentos morais". E não só porque ele considerava a virtude e a sabedoria mais dignas de honra do que os "meros adornos da utilidade frívola" adorados pela "grande massa da humanidade", mas também porque se sentia visivelmente incomodado com o fato de que "um estranho à natureza humana que visse a indiferença dos homens com relação à miséria de seus inferiores, e o pesar e a indignação que sentem pelos infortúnios e sofrimentos dos que estão acima deles, tenderia a imaginar que o sofrimento deve ser mais agonizante, e as convulsões da morte mais terríveis, para as pessoas das castas mais altas do que para aqueles de posição mais humilde" (TMS, p. 52).

O desejo, é verdade, gera a desejabilidade, ou seja, uma *opinião* favorável da coisa desejada. A multidão de Smith tem uma forte "disposição para admirar, e consequentemente para imitar, os ricos e poderosos" (TMS, p. 64). Mas o desejado (como, por exemplo, a admiração resultante de bens externos) não deveria se transformar na causa do desejável e nem se confundir com ele. Isso equivaleria a permitir que o desejado, simplesmente porque o é, determinasse nossas crenças e julgamentos de valor. Na visão de Smith, devemos sempre almejar uma consideração imparcial e objetiva das coisas que determinam a nossa estima ou aversão. Do contrário, cairemos vítimas de um raciocínio moral falho e incorreremos, talvez sem nos dar conta, numa das fontes mais comuns de engano moral.

Além do mais, dado que os bens externos buscados pelos agentes são na realidade "bens posicionais" — e por isso são necessariamente raros e perdem o seu "ofuscante esplendor" assim que possuídos por muitos[9] —, a maioria dos competidores terão incorrido em autoengano ao anteciparem que a riqueza finalmente traria para eles a distinção e o prestígio da elite invejada. De fato a maioria dos homens, especialmente os jovens, como observa Smith na *Riqueza das nações*, têm uma "presunção absurda" e injustificável acerca das próprias habilidades e probabilidades de sucesso na vida (WN, p. 124) ou, nas palavras de Hume: "Os homens têm, em geral, uma propensão muito maior para superestimar do que para subestimar a si mesmos, não obstante a opinião de Aristóteles" (SecondE, p. 264).

Ainda assim, pelo menos as consequências não intencionais desse sistema de ilusões e frustração felizmente contribuiriam para gerar um todo econômico admirável. Numa manobra argumentativa típica do século XVIII,

---

9. Sobre as noções de "bens posicionais" e de "empregos posicionais", ver F. Hirsch, *Social limits to growth* (Londres, 1977).

FILOSOFIA ECONÔMICA

Smith acaba virando o jogo e alegando que, se "a natureza é sempre forte demais para o princípio" (como insistia Hume), ela é, no entanto, forte demais também para a miopia comum e a corrupção dos sentimentos morais dos homens. A "natureza" entra em cena para ludibriar os homens, chegando até o ponto de resgatá-los de sua própria tolice e estupidez. Tudo somado, ele argumenta, reafirmando agora o tópos característico da *Riqueza das nações*:

> É bom que a natureza se nos imponha dessa maneira. É essa ilusão que levanta e mantém em contínuo movimento a indústria da humanidade. É isso que em primeiro lugar nos fez cultivar a terra, construir casas, fundar cidades e nações, e inventar e melhorar todas as ciências e artes, que enobrecem e embelezam a vida humana, que transformaram inteiramente a face da Terra, que transformaram em férteis planícies as rudes florestas da natureza e fizeram do intransitável e estéril oceano um novo fundo de subsistência e a grande via de comunicação com as diferentes nações do mundo. [TMS, p. 183][10]

Podemos, portanto, argumentar que no mundo de Smith, assim como no de Montaigne, as pessoas se esforçam para ser piores do que são capazes.[11] E não é apenas o sistema econômico que trabalha, por meio da "mão invisível", nas costas dos participantes. Os próprios participantes individuais estão sendo em grande

---

10. Sobre esse ponto, ver James Bonar, *Philosophy and political economy*, op. cit., p. 172: "Os homens lutam pela riqueza em grande medida porque têm uma visão ilusória dos prazeres que se podem obter através dela, e são, dessa forma, atraídos para um curso de ação de consequências benéficas que não são devidas a nenhum desígnio humano"; e D. Winch, *Adam Smith's politics*, op. cit., p. 91: "O ceticismo de Smith em relação aos prazeres materiais é uma característica importante dessa obra [TMS], e de modo algum está ausente na *Riqueza das nações*. Além de certas 'necessidades e conveniências do corpo', Smith mantinha que a busca de benefícios materiais é, em grande escala, ilusória para os indivíduos envolvidos. [...] Mas ele reconhecia que a ilusão, embora derivada de uma corrupção de nossos sentimentos morais, era importante para a sociedade porque 'estimula e mantém em contínuo movimento a indústria da humanidade'".

11. Michel de Montaigne, "An apologie of Raymond Sebond": "Ah, os homens, tão miseráveis e perturbados, que lutam para ser piores do que podem!", *Essays of Montaigne* (trad. J. Florio, Londres, 1885), p. 223.

228

medida levados, sem que se deem conta, por motivos e mecanismos de formação de crenças que atuam, por assim dizer, por detrás de suas próprias mentes.

*

Não obstante, sentimo-nos ainda tentados a perguntar, como entender afinal essa transformação de bens externos em objetos de paixão e na alavanca principal da estima e da respeitabilidade geral? O que possibilita que os bens posicionais se tornem a fonte de "honra" e aprovação espontânea, e que o agente afluente se torne, aos olhos da maioria, o *bom* agente? Como explicar que o *"fureur de se distinguer"* (Rousseau) e *"pour obtenir dans l'esprit des autres une place honorable"* (Malebranche) encontre expressão na busca de ganho material privado? E seria isso passível de mudança por meio da persuasão ética ou de instituições capazes de transformar a conduta humana?

O primeiro ponto a considerar aqui é o motivo pelo qual a aquisição material parece preceder outros valores, mesmo depois que as necessidades daquela "vagarosa tartaruga", o corpo, foram adequadamente supridas. Como já se observou, quando os apetites do corpo foram satisfeitos, a mente está, em princípio, livre e "apta para ir mais longe, para explorar os campos da ciência, ou passear nas regiões da imaginação, imaginar que 'desenrolou a meada mortal', e está buscando o seu elemento congênere".[12] Mas o passo, mesmo quando tentado, acaba por revelar-se mais difícil do que pareceria à primeira vista. Por que a posse de *bens externos*, e não a busca de aperfeiçoamento intelectual e excelência nas artes (bens da mente), ou a beleza física e as habilidades atléticas (bens do corpo), se tornou o objeto de emulação e inveja por excelência na vida social?

"O caso", replica Malthus no *Primeiro ensaio*, "não é um caso de raciocínio, mas de experiência." Mesmo se aceitarmos a visão de que a satisfação interna de nossas mentes em buscas intelectuais é preferível à fruição benthamiana de bens externos (e também menos destrutiva para o ambiente natural); ou, ainda, que

---

12. Thomas Robert Malthus, *First essay on population* (ed. James Bonar, Londres, 1926), pp. 228-9: "O primeiro objeto da mente é agir como o provedor das necessidades do corpo".

FILOSOFIA ECONÔMICA

há bons motivos para concordarmos com o estoico Epíteto em que, "mesmo não sendo um Sócrates, deves ainda viver como alguém que deseja ser um Sócrates", ainda assim, pergunta Malthus, "como devo comunicar isso a uma pessoa que raramente sentiu um prazer intelectual? Seria a mesma coisa que tentar explicar a natureza e a beleza das cores para um cego".

De fato, o reverendo Malthus — o cura de Albury, no condado inglês de Surrey — parece falar aqui baseado em sua própria experiência profissional, e claramente assume sobre a questão uma visão muito menos confiante que a de seu antigo mentor, William Paley, o qual não tinha dúvidas de que poderia desfazer o encanto dos prazeres dos sentidos demonstrando o seu caráter transitório e enganoso em contraste com os prazeres do intelecto. "Mesmo eu sendo sempre tão laborioso, paciente e claro, e tendo repetidas oportunidades de admoestações", pondera Malthus, "qualquer progresso real na direção da realização de meu propósito parece absolutamente impossível."

> Tudo que posso dizer é que os melhores e mais sábios de todas as épocas concordaram em dar a sua preferência, com muita intensidade, aos prazeres do intelecto: e que a minha própria experiência confirmou inteiramente o caráter verdadeiro de suas decisões; que eu descobri que os prazeres sensuais são vãos, transitórios e continuamente acompanhados de tédio e de repulsa, ao passo que os prazeres intelectuais sempre me pareceram novos e joviais, preenchendo satisfatoriamente todas as minhas horas, dando um novo sabor à vida, e difundindo uma serenidade duradoura em minha mente. Se ele acredita em mim, só pode ser por causa do respeito e da veneração de minha autoridade; é credulidade, não convicção. Eu não disse nada, e nada se pode dizer que produza uma convicção real. O caso não é de raciocínio, mas de experiência.[13]

---

13. Idem, *First essay on population*, op. cit., pp. 261-2. Ver também William Paley, *The principles of moral and political philosophy* (Londres, 1814), p. 23: "a felicidade não consiste nos prazeres dos sentidos", ou seja, "a gratificação animal de comer, beber, e aquela pela qual a espécie é continuada"; e Epíteto, *The enchiridion* (trad. W.A. Oldfather, Londres, 1928), v. 2, p. 535.

O princípio subjacente ao raciocínio de Malthus acerca do que foi mais recentemente denominado "obscurantismo do prazer"[14] coincide com o analisado por Hume em sua discussão da influência da imaginação sobre as paixões no segundo livro do *Tratado*, ou seja, a noção segundo a qual "todo prazer que conhecemos nos afeta mais do que qualquer outro que sabemos ser superior mas de cuja natureza somos totalmente ignorantes" (THN, p. 424).

A tendência a deixarmos que a memória do passado — os prazeres já experimentados — determine nossos julgamentos de valor e conduta atuais é, sem dúvida, uma das maiores fontes de inércia no comportamento humano e de estabilidade nas relações socioeconômicas. Essa propensão ajuda a entender o motivo pelo qual, por exemplo, "um bem trivial pode, em certas circunstâncias, produzir um desejo superior ao que nasce do prazer maior e mais valioso" (THN, p. 416). Sua importância para o entendimento da mente seria enfatizada, quase dois séculos mais tarde, por ninguém menos que o pai da psicanálise: "Qualquer pessoa que entenda a mente humana sabe que não há praticamente nada mais difícil para o homem do que renunciar a um prazer já experimentado".[15] É pela ação desse princípio que o "obscurantismo do prazer" retratado por Malthus tende a se perpetuar, ao passo que sermões como os de

---

14. A expressão "obscurantismo do prazer" é devida a Roland Barthes, *The pleasure of the text* (trad. R. Miller, Nova York, 1975), p. 46: "Um em cada dois franceses, ao que parece, não lê: metade da França é privada — se priva do prazer do texto [...]. Seria melhor escrever a rude, estúpida e trágica história de todos os prazeres a que as sociedades fazem objeção ou renunciam: há um obscurantismo do prazer". Ver também Bertrand Russell, *The conquest of happiness* (Londres, 1930), p. 53: "Parece que os homens e as mulheres se tornaram incapazes de usufruir dos prazeres mais intelectuais. Não é só o trabalho que é envenenado pela filosofia da competição; o lazer é envenenado na mesma proporção".

15. Sigmund Freud, "Creative writers and day-dreaming", em *Complete works* (ed. J. Strachey, Londres, 1959), v. 9, p. 145. No discurso funerário de Péricles, Tucídides afirma: "não se sente tristeza diante da perda do que nunca foi experimentado, mas diante da privação de alegrias que a longa experiência tornou familiares". Ver também Sêneca, "Peace of mind", em *Minor dialogues* (trad. A. Stewart, Londres, 1889), p. 267: "descobrireis que aqueles para os quais a Fortuna nunca sorriu são mais felizes do que aqueles que ela abandonou"; e Baruch Spinoza, *Ethics* (trad. R. Elwes, Nova York, 1955), p. 134: "não depende do poder livre da mente lembrar ou esquecer algo conforme sua vontade".

FILOSOFIA ECONÔMICA

Paley e tantos outros na história da ética e da economia provavelmente continuarão sendo pregações no deserto.

À luz dessa análise podemos também entender por que a redução da jornada de trabalho não levou, como Marx antecipara de forma ingênua, a "atividades mais elevadas" (como, por exemplo, a leitura de Platão, Dante e Goethe) durante o "tempo livre" agora disponível para os trabalhadores. A falácia nasce diretamente da suposição injustificada de que a visão aristotélica — "quando as necessidades prementes são satisfeitas, o homem se volta para as gerais e mais elevadas"[16] — se aplicaria ipso facto à generalidade dos homens e mulheres nas modernas sociedades industriais. Vale lembrar, ainda, a semelhança entre a imagem marxista do "homem socialista" no "reino da liberdade" e a convicção de William Godwin (contestada por Malthus) de que, como se fosse algo natural, "quanto mais os homens se elevam acima da pobreza e de uma vida de expedientes, tanto mais a decência prevalecerá em sua conduta e a sobriedade em seus sentimentos".[17]

É possível, entretanto, refinar a análise. Se Smith está correto ao dizer que o prazer e a tranquilidade prometidos pelos bens externos são apenas os supostos motivos que levam os homens a uma vida de intensa competição por dinheiro, e que a vaidade é, de fato, a paixão que os faz agir assim, ainda é preciso perguntar como a posse de bens materiais pode tornar-se a causa de sentimentos como a vaidade e sua natural contraparte — a inveja — na multidão.

O argumento de Malthus pode explicar o motivo básico por que a posse de bens externos é o principal objeto de emulação e desejo na vida social: o prazer e o valor de outros bens e, especialmente, dos mais refinados bens da mente estão em grande parte vedados à maioria dos agentes. Mas esse argumento não explica o motivo por que isso acontece em primeiro lugar. Que tipo de relação existe entre um agente e seus bens externos que de algum

16. Aristóteles, *Metafísica*, 982b. Hegel se refere a essa passagem, sempre de forma aprovativa, pelo menos três vezes em sua obra. Ver também G. Duncan, *Marx and Mill* (Cambridge, 1973), pp. 185-6; e Hannah Arendt, *The human condition* (Chicago, 1958), pp. 132-5.

17. William Godwin, *Thoughts occasioned by the perusal of Dr. Parr's* Spital Sermon (Londres, 1801), p. 73.

modo lhe possibilita aumentar a sua autoestima e faz surgir nele o orgulho e, no observador, a admiração?

No segundo livro do *Tratado* e na segunda parte de sua menos conhecida "Dissertação sobre as paixões", Hume lidou com essa questão e tentou respondê-la:

> Toda qualidade valiosa da mente, seja da imaginação, do julgamento, da memória ou da disposição; perspicácia, bom senso, erudição, coragem, justiça, integridade; todas essas qualidades são causas de orgulho; e seus opostos são causas de humilhação. Essas paixões não estão confinadas à mente, mas estendem sua visão também para o corpo. Um homem pode ter orgulho de sua beleza, força, agilidade, bela aparência, elegância ao dançar, montar e lutar esgrima, e de sua destreza em qualquer trabalho manual. Mas isso não é tudo. As paixões, estendendo para mais longe seu olhar, compreendem quaisquer objetos que estejam minimamente relacionados a nós. Nosso país, nossa família, nossos filhos, nossas relações, riquezas, casas, jardins, cavalos, cachorros, roupas; qualquer uma dessas coisas pode ser uma causa de orgulho ou de humilhação. [THN, p. 279]

Esses são hábitos mentais inteiramente comuns. E a mente humana está tão acostumada a eles que tende a incorrer na ilusão de que são óbvios ou conhecidos simplesmente porque são familiares e, como no caso da noção de causalidade, estamos habituados a eles. "Fundamos a vaidade em casas, jardins, carruagens e outros objetos externos, assim como no mérito e nas realizações pessoais; e, embora essas vantagens externas sejam, em si mesmas, muito distantes do que é o pensamento de uma pessoa, elas influenciam consideravelmente uma paixão que se dirige a esta como a seu objeto último" (THN, p. 303).

Mas o que permite que isso possa acontecer, ou seja, que os objetos externos possam impulsionar a autoestima de alguém e assegurar a admiração e simpatia dos demais de modo bastante desinteressado? A chave para esse enigma, sugere Hume, deve ser encontrada na *relação de propriedade*

FILOSOFIA ECONÔMICA

— um mecanismo associativo ou um hábito mental de formação de crenças essencialmente não racional:

> Isso acontece quando objetos externos adquirem qualquer relação particular conosco, e são associados ou ligados a nós. Um belo peixe no oceano, um animal bem-proporcionado numa floresta, na verdade, qualquer coisa que não nos pertença e nem esteja relacionada conosco não tem como influenciar a nossa vaidade, sejam quais forem as extraordinárias qualidades de que possa ser dotada, seja qual for o grau de surpresa e admiração que possa naturalmente ocasionar. Ela deve de alguma forma estar associada conosco para tocar o nosso orgulho. Sua ideia deve se ligar, de algum modo, àquela sobre nós mesmos, e a transição de uma para a outra se dar de modo fácil e natural.[18]

A característica específica da relação de propriedade é tornar tão estreita a ligação entre o agente e o bem externo que isso acaba por facultar uma superposição entre o eu do proprietário e o objeto que lhe é de direito. "A imaginação passa, fácil e naturalmente, da consideração de um campo para a de uma pessoa à qual ele pertence"; "a menção da propriedade naturalmente conduz nosso pensamento para o proprietário, e do proprietário para a propriedade" (THN, p. 310); e essa suave transição confere plausibilidade aos sentimentos de orgulho e vaidade proporcionados pelos bens externos. "A propriedade", conclui Hume, "é, portanto, uma espécie de causação": "Ela permite que a pessoa produza alterações no objeto e suponha que sua condição é

---

18. David Hume, "A dissertation on the passions", em *Essays and treatises on several subjects* (Edimburgo, 1800), pp. 188-9. Não só essa passagem, mas a "Dissertação" como um todo, é na maior parte uma cópia de trechos do segundo livro do THN; na citação acima, por exemplo, fora a pontuação, ele apenas substituiu "um animal num deserto" por "um animal bem-proporcionado numa floresta". Na "Dissertação", contudo, publicada pela primeira vez em 1757 como uma das *Four dissertations* que complementavam as duas *Enquiries*, Hume acrescentou uma nota importante (p. 486) sobre a relação de propriedade como "a relação que tem a maior influência sobre essas paixões [orgulho e vaidade]".

melhorada ou alterada por ele. É de fato, entre todas, a relação mais interessante e ocorre à mente com muita frequência".[19]

A possibilidade, entretanto, de eliminar totalmente essa "espécie de causação" firmemente enraizada na mente é talvez tão diminuta quanto a de realmente dissuadir os homens do preconceito da imaginação com respeito ao valor de tipos distintos de prazer, de modo a neutralizar aquele "obscurantismo do prazer" que os filósofos morais observaram e condenaram com graus variáveis de veemência — mas com pouco ou nenhum sucesso — desde os dias de Sócrates e Crítias, Lucrécio e Mêmio, Sêneca e Nero.

Não parece descabida, porém, a expectativa de que uma maior consciência dessa peculiar "espécie de causação", e do preconceito da imaginação que a acompanha, pelo qual "nós naturalmente estimamos e respeitamos os ricos, mesmo antes de descobrirmos neles alguma disposição favorável para conosco" (THN, p. 361), possa ajudar a coibir ao menos algumas das tentativas mais aberrantes de contrabandear alegações de mérito e hierarquia interpessoal que não derivam de nada além da posse do poder político ou da propriedade de bens externos.

Como observou Hume (e Smith provavelmente endossaria), "há muito poucas pessoas satisfeitas com sua própria personalidade, ou gênio, ou fortuna, que não têm o desejo de se mostrar para o mundo e de granjear o amor e a aprovação da humanidade. É evidente que as mesmas qualidades e circunstâncias que são causas de orgulho e autoestima são, também, causas de vaidade ou do desejo de reputação; e que sempre exibimos aquelas particularidades com as quais em nós mesmos estamos mais satisfeitos" (THN, pp. 331-2).

Não há nenhuma razão necessária ou inescapável, é bem verdade, pela qual "a fortuna" — em oposição ao "caráter" e ao "gênio" — deva ser a moeda corrente no jogo da aquisição de estima. Mas imaginar que o socialismo (entendido como a abolição da propriedade privada dos meios de produção) ou qualquer tipo de estratagema filosófico ou político acarretará, por si mesmo, a abolição da relação humiana de propriedade com referência aos bens externos é, de acordo com essa visão, apenas mais uma ilusão

---

19. Idem, ibidem, p. 486.

FILOSOFIA ECONÔMICA

confortável originada da superestimação da área da racionalidade no funcionamento da mente humana.

A principal conclusão dessa análise é que o problema da autonomia individual merece uma consideração mais cuidadosa. O "tempo livre" exigido por Marx — "economia de tempo, a isso se reduz toda economia no fim das contas"[20] — é um importante objetivo social, mas está longe de ser a palavra final. Pois, como tentei argumentar, nenhuma quantidade de "liberdade para fazer" ou de oportunidade para "uma vida melhor" trará maior autonomia se não vier acompanhada da busca do autoconhecimento (maior clareza e entendimento das coisas que comandam nossa estima e aprovação) e autodeterminação (viver à altura de nossas crenças e valores).

O processo de formação de crenças — como enfatizaram Hume e Smith — está sujeito a poderosos determinantes sub-racionais. A relação entre nossas crenças conscientes e nossa conduta prática tende a ser bem menos direta do que poderia parecer à primeira vista. Se os "iluministas céticos" estão certos, a tarefa de revisar e mudar efetivamente os nossos hábitos de formação de crenças acaba por se revelar uma tarefa mais complicada e, quando bem-sucedida, difícil de fixar do que muitos teóricos sociais nos fizeram pensar. E, como Keynes, entre outros, apontou, nossas piores dificuldades muitas vezes começam precisamente quando somos livres para agir como desejamos: "Para aqueles que suam pelo pão diário, a ociosidade é um prêmio ardentemente desejado — até o momento em que eles a conquistam".[21]

Alfred Marshall sugeriu certa feita que, embora um governo possa ordenar que se imprimam as obras de Shakespeare, ele não conseguiria fazer com que fossem escritas.[22] Podemos agora acrescentar que esse mesmo governo

20. Karl Marx, *Grundrisse* (trad. M. Nicolaus, Londres, 1973), p. 173: "Quanto menos tempo a sociedade exigir para a produção de trigo, gado etc., mais tempo ela ganha para outras produções, materiais ou mentais. Exatamente como no caso de um indivíduo, a multiplicidade de seu desenvolvimento, a sua fruição e a sua atividade dependem da economia de tempo. Economia de tempo, a isso se reduz toda economia no final das contas".
21. John Maynard Keynes, *Essays in persuasion*, em *Collected writings* (ed. D.E. Moggridge, Londres, 1978), v. 9, p. 327.
22. Ver A. Marshall, *Memorials* (ed. A.C. Pigou, Londres, 1925), p. 339.

A PSICOLOGIA DO AGENTE ECONÔMICO EM DAVID HUME E ADAM SMITH

não conseguiria igualmente fazer com que elas fossem lidas e apreciadas pelos cidadãos: pois, embora haja muita coisa que governos possam fazer para melhorar a educação popular e ajudar na diminuição do incalculável desperdício devido ao "obscurantismo do prazer", está além de seu poder eliminar hábitos mentais que parecem estar firmemente enraizados no maquinário de nossas propensões e emoções sub-racionais.

A alfabetização e a educação escolar convencional — o "ensino do alfabeto para todo o povo" que Thomas Carlyle exigia em *Chartism*[23] — possibilitaram a leitura para a grande maioria de homens e mulheres, incluindo boa parte do Terceiro Mundo. Mas isso também trouxe à luz o fato de que "ensinar todos os homens a ler" não basta de modo algum para capacitar as pessoas a apreciarem a literatura e as artes em seu "tempo livre". Pois elas podem muito bem escolher as banalidades de que fala Bentham[24] (ou o que foi chamado de "lama e lixo" da moderna cultura de massa), relegando as "artes e ciências da música e da poesia" ao esquecimento.

Assim como comunidades arcaicas possivelmente sofreram de frio e hipotermia em lugares onde depois se descobriram minas de carvão, podemos argumentar que sofremos um estado de indigência cultural e vivemos uma vida longa e aconchegante (mas ainda bruta), e destruímos nosso ambiente natural mais do que seria necessário, porque somos incapazes de mobilizar nossas capacidades espirituais e estéticas. "Nossa época, embora fale tanto de economia, é esbanjadora: esbanja o que é mais precioso, o espírito."[25] Um século e meio desde que esta afirmação foi feita, o ideal milliano de um estado estacionário soa ainda como um "grito lírico em meio aos negócios".

23. T. Carlyle, *Chartism*, em *Selected writings* (ed. A. Shelston, Harmondsworth, 1971), pp. 222-6.
24. "Preconceitos à parte", propõe Bentham, "uma diversão banal [*push-pin*] tem o mesmo valor das artes e ciências da música e da poesia; se a diversão banal fornece mais prazer, então tem mais valor que qualquer uma das outras duas", *Rationale of reward*, em *Works* (ed. J. Bowring, Edimburgo, 1843), v. 2, p. 253.
25. Friedrich Nietzsche, *Aurora* (trad. Paulo César de Souza, São Paulo, 2004), §179, p. 108. Sobre a noção de formação de capacidades, ver Amartya Sen, "Rights and capabilities" e "Goods and people", em *Resources, values and development* (Oxford, 1984).

FILOSOFIA ECONÔMICA

Portanto, se é verdade que (a) a educação moral e estética ainda é necessária, a fim de aumentar a capacidade dos homens de desfrutar os recursos espirituais e ambientais, não é menos verdade que (b) somente o agente individual sabe quais são seus desejos e necessidades e, assim, não há meio de uma autoridade externa impor a apreciação da "grande arte" ou tentar suprimir a demanda por "lama e lixo". Enquanto o laissez-faire econômico vulgar dá grande ênfase a *b*, mas ignora o problema *a*, os experimentos socialistas no século xx tenderam a dar algum escopo à implementação de *a*, ao mesmo tempo que demonstravam os perigos de ignorar *b*, embarcando no delírio de uma desastrosa (e impotente) ditadura sobre os desejos e necessidades humanos. Os problemas da autonomia, da criatividade e da utilização eficiente dos recursos materiais e espirituais visando ao bem-estar e à vida plena só podem ser genuinamente resolvidos de baixo para cima.

20. Os sentimentos morais de Adam Smith[1]

A ciência destrói o seu passado. Os clássicos da literatura científica, como os tratados hipocráticos, o *Le Monde* de Descartes ou a *Philosophia Botanica* de Lineu, foram obras que marcaram época mas que a passagem do tempo reduziu à condição de peças de antiquário e objeto de interesse restrito a especialistas em história da ciência. Nenhum cientista que se preze aprende o seu ofício destrinchando os clássicos de sua disciplina.

Com a filosofia é diferente. Os clássicos da literatura filosófica, como os diálogos platônicos, as *Meditações* de Descartes ou o *Leviatã* de Hobbes, são obras que parecem dotadas do dom da eterna juventude. Embora também se prestem à lupa antiquária do historiador de ideias, elas conseguem de algum modo driblar o tempo e falar diretamente aos espíritos vivos das novas gerações. A filosofia, como a arte, não enterra o seu passado.

A diferença, é certo, resulta em parte da ausência de um critério bem definido de progresso na história da filosofia. Mas não é só. A consciência da nossa ignorância cresce de mãos dadas com o avanço do saber científico. Como observa com certa malícia Adam Smith na *Teoria dos sentimentos morais* (TSM), ao comentar a dificuldade de se refutar conclusivamente teorias no

---

1. Artigo publicado no caderno Mais da *Folha de S.Paulo* em 9 de janeiro de 2000 por ocasião do lançamento no Brasil da *Teoria dos sentimentos morais* de Adam Smith (trad. Lya Luft, São Paulo, 1999).

campo da ética, a progressividade das ciências naturais também reflete a sua maior vulnerabilidade e propensão ao erro.

"Quando um viajante descreve um país distante", argumenta Smith, "ele pode fazer nossa credulidade aceitar as ficções mais infundadas e absurdas como se fossem os fatos mais seguros." Mas, quando se trata de compreender algo que cada um pode verificar por si mesmo, "somos incapazes de dar crédito a qualquer explicação que não conserve um mínimo de verdade [...] e mesmo os mais exagerados precisariam ter algum fundamento, do contrário até a inspeção descuidada que nos dispomos a fazer descobriria a fraude".

Da mesma forma, prossegue, "um sistema de filosofia natural pode parecer muito plausível e encontrar aceitação generalizada no mundo por muito tempo, e mesmo assim não ter fundamento na natureza, nem guardar qualquer espécie de semelhança com a verdade [...] O mesmo não se dá, porém, com os sistemas de filosofia moral, pois um autor que pretenda explicar a origem de nossos sentimentos morais não pode nos enganar de modo tão grosseiro, nem afastar-se tanto de toda a semelhança com a verdade".

O contraste delineado por Adam Smith se ajusta como uma luva à sua própria filosofia moral e ajuda a desvendar o segredo de sua permanência e atualidade. Publicada originalmente em 1759 e amplamente revisada pelo autor no ano de sua morte, 1790, a TSM que agora chega ao público brasileiro é uma obra cuja perspicácia, clareza e elegância a passagem do tempo só faz revelar. Ao contrário dos clássicos da ciência que o tempo devora e sepulta — e apesar de datada em aspectos secundários —, ela não perdeu a capacidade de nos falar diretamente no essencial.

Do que trata a TSM? O argumento central do livro procura responder a duas questões básicas. A *primeira* é de ordem cognitiva e pertence ao campo do que chamaríamos hoje de "psicologia moral": de que modo se formam as nossas crenças morais? O que nos leva a aprovar ou condenar determinadas condutas? Como julgamos o mérito ou demérito das ações?

A *segunda* questão é normativa e se aloja no centro da reflexão ética: no que consistem a virtude e a justiça? O que define a felicidade e a plenitude do ser humano considerado não só como indivíduo, portador de características e valores pessoais, mas como membro de uma sociedade complexa e de sua espécie?

OS SENTIMENTOS MORAIS DE ADAM SMITH

A origem de nossas crenças morais, segundo Adam Smith, reside na operação espontânea de um hábito mental socialmente adquirido e que ele denomina "simpatia": a faculdade humana de se transportar na imaginação para o lugar e a situação dos outros — a começar por aqueles que estão mais próximos de nós afetivamente — e, desse modo, procurar ver e sentir as coisas como supomos que eles estejam vendo e sentindo.

Isso nos permite julgar a propriedade e o mérito de suas ações e, mais importante, nos permite olhar para nós mesmos de fora. Ao ocupar o ponto de vista externo e neutro dos demais, como faria um hipotético "espectador imparcial", o indivíduo aprende a moderar a parcialidade que naturalmente nutre por si mesmo. "Nós nos supomos espectadores de nosso próprio comportamento e procuramos imaginar, sob essa luz, que efeito isso produziria em nós. Esse é o único espelho com o qual, em certa medida, conseguimos esquadrinhar, por meio dos olhos alheios, a propriedade de nossa conduta."

A tensão básica da qual surge a experiência moral é o conflito entre os desejos, valores e ambições de cada um (ética pessoal) e as exigências da vida em sociedade — o ponto de vista neutro e imparcial da ética cívica. Embora cada indivíduo possa se achar o centro do universo para si mesmo — o que, de certa forma, ele de fato é! —, ele também se dá conta de que, para o resto da humanidade, ele não passa de uma parte insignificante do universo.

Ao buscar se ver de fora, como um espectador imparcial de si, isso tenderia a atenuar e modular os excessos do indivíduo em causa própria, ainda que muitas vezes não seja o bastante para garantir a eficácia da sua ação moderadora no comportamento. "Se pudéssemos nos ver sob a luz em que os outros nos veem", sugere Smith, "ou como nos veriam se soubessem de tudo, uma completa reforma seria inevitável — nós não suportaríamos, de outro modo, a visão."

As regras impessoais da moral e da lei, assim como as regras gramaticais que ordenam a interação linguística, não são decretos divinos ou convenções arbitrárias, mas construções sociais gradual e penosamente moldadas na convivência humana. Ao conferirem maior objetividade aos juízos do espectador imparcial, elas reforçam o nosso grau de adesão às exigências da vida em sociedade.

Um ponto crucial — e que revela a íntima ligação entre o Smith esotérico da TSM e o Smith exotérico da *Riqueza das nações* — é que ele jamais subestimou a importância de um arcabouço ético-jurídico bem constituído para que o sistema de mercado pudesse funcionar a contento. Na ausência de "leis da justiça" amplamente acatadas, ou seja, de um conjunto de normas balizando o lícito e o ilícito, o facultativo e o obrigatório, e canalizando o egoísmo privado para a criação de valores socialmente reconhecidos, o mercado degeneraria numa selva predatória de aproveitadores, piratas de renda e trombadinhas. A esperteza das partes conduziria, não à opulência, mas à miséria e ao vexame do todo.

Ao contrário do que fariam Marx e Herbert Spencer no século XIX, Smith jamais flertou com a ideia de um possível (ou desejável) desaparecimento do Estado. Enquanto responsável, entre outras coisas, pela "administração da justiça", caberia ao Estado garantir "a proteção de cada membro da comunidade contra a violência e opressão de cada outro membro". O que está em jogo aqui, contudo, é bem mais que o mercado como regra de convivência definida pela divisão do trabalho e pela generalização das trocas. Da manutenção da justiça dependeria, para Smith, a própria ordem social:

> A justiça é a viga mestra que mantém de pé todo o edifício. Se ela for removida, o grande, o imenso tecido da sociedade humana irá num momento se esfacelar em átomos. As regras da justiça podem ser comparadas às regras da gramática; e as regras das outras virtudes, às regras que os críticos literários dispõem para a consecução daquilo que é sublime e elegante numa composição. As da justiça são precisas, exatas e indispensáveis. As da virtude são inexatas, vagas e indeterminadas, e nos sugerem mais uma ideia geral de perfeição a que devemos almejar do que direções certas e infalíveis para atingi-la.

Sem estilo não há elegância, mas sem gramática não há texto. Sem amor, generosidade e benevolência não há grandeza: a convivência entre os homens se torna aquilo que o próprio Smith descreveria como "um sistema de trocas mercenárias de bons ofícios segundo uma avaliação comum". Mas, se a falta de virtude leva ao frio, a falta de justiça leva ao fogo hobbesiano.

Embora cético quanto à importância da riqueza para a felicidade dos homens, Smith soube reconhecer a força do seu apelo na psicologia moral do animal humano. Os pobres não riem da ostentação dos ricos: miram o luxo da revista *Caras*. A garota de Ipanema é a que vem e que passa, não a que fica. Sonhamos com o que nos falta.

"A fama", escreveu Rilke, "é a quintessência dos mal-entendidos que se juntam a um nome." Adam Smith ilustra bem isso. Quem quer que se disponha a percorrer pelo menos algumas páginas da TSM poderá verificar por si mesmo a pertinência do comentário de Alfred Marshall: "Adam Smith seria a última pessoa no mundo a pensar que a riqueza é o objetivo da vida humana, a última pessoa a supor que os ideais de uma vida elevada devessem ser subordinados ao crescimento da riqueza material por qualquer indivíduo ou nação que se autorrespeita".

21. O capital humano na filosofia social de Marshall[1]

1. Introdução
2. O projeto marshalliano e a estrutura lógica dos *Princípios*
2.1. Marshall e a "revolução marginal"
2.2. Evolução e arquitetura dos *Princípios*
3. Filosofia social: o papel do capital humano
3.1. O sistema econômico como educador
3.2. Capital humano e crescimento
3.3. Estado, mercado e infância
4. Economia brasileira: um relance marshalliano

> *The most valuable of all capital is that invested in human beings.*
>
> Alfred Marshall

1. INTRODUÇÃO

Embora sua formação como estudante de graduação tenha sido principalmente em matemática, foi através do seu interesse por metafísica, ética e filosofia política que Marshall acabou descobrindo a economia política

---

1. Artigo publicado na *Revista de Economia Política*, v. 12, 1992, pp. 64-87.

clássica e estudando o tratado de J.S. Mill em 1866. Ao longo de toda a sua trajetória intelectual, o interesse de Marshall por questões morais e filosóficas foi uma nota constante. A cada passo de sua obra encontramos lado a lado, estreitamente ligados entre si, o pesquisador científico e o reformador social; o economista teórico *pur sang* e o crítico da sociedade; o investigador empírico e o filósofo do processo evolutivo humano; o observador frio e cuidadoso dos fatos e o incansável filantropo, moralista e pregador.

Não seria exagero afirmar que a praticamente cada página dos *Princípios de economia* (daqui em diante PEC) deparamo-nos com elementos de economia positiva entrelaçados a outros de caráter normativo. Em Marshall, o fotógrafo nunca se afasta do escultor. Ele busca capturar e retratar a realidade *como ela é*: fazer avançar o conhecimento objetivo do processo econômico. Mas persegue, com igual intensidade, a consecução prática de um ideal: moldar as instituições e o comportamento humano de acordo com aquilo que a realidade, a seus olhos, *poderia e deveria ser*.

No prefácio de *Money, credit and commerce* (MCC), Marshall, aos 81 anos, ainda afirmava que, "embora a idade avançada me pressione, não abandonei a esperança de que algumas noções que formulei com relação às possibilidades de avanço social possam vir a ser publicadas". De fato, fazia vários anos que ele vinha tomando notas para um tratado teórico cujo título provisório era "Progress: its economic conditions". É Keynes, seu principal ex-aluno, quem relata que o próprio Marshall, apenas alguns dias antes de morrer, lhe havia contado que "estava indo olhar a *República* de Platão, pois gostaria de tentar escrever sobre o tipo de República que Platão desejaria caso estivesse vivo agora".[2]

Pretendo aqui explorar um ponto particular, porém a meu ver central, da filosofia social que permeia o sistema marshalliano. Mais precisamente, procurei destacar um aspecto específico das recomendações de política *microeconômica* de Marshall: sua análise e discussão do papel do investimento em capital humano na erradicação da pobreza em massa e no processo de desenvolvimento.

Marshall, como será visto abaixo, acreditava que, "no longo prazo, a riqueza

---

2. John Maynard Keynes, "Alfred Marshall, 1842-1924", em *Collected writings* (ed. D. Moggridge, Londres, 1972), v. 10, p. 231.

FILOSOFIA ECONÔMICA

nacional é governada mais pelo caráter da população do que pela abundância de recursos naturais".[3] Como assinala D. Reisman, Marshall via no "caráter nacional", ou seja, nos atributos éticos e intelectuais da população, "um dos mais valiosos entre todos os insumos da função de produção, um dos ingredientes mais decisivos na receita do crescimento econômico".[4] Para ele, "objetos, organização, técnica eram acessórios: o que importava era a qualidade do homem".[5]

O objetivo deste artigo é examinar as razões que levaram Marshall a atribuir ao fator de produção *homem* — ao trabalho qualificado e à capacidade de iniciativa e inovação — um lugar tão proeminente na teoria econômica e nas políticas voltadas para a busca da equidade e do desenvolvimento.

O trabalho está dividido em três partes. A seção II situa, em linhas gerais, o contexto em que surgiram os PEC, descrevendo o projeto intelectual de Marshall e a estrutura lógica de sua obra máxima. Na seção III, apresento sua contribuição para a teoria do capital humano e as principais recomendações no tocante às relações entre Estado, mercado e infância. Na parte final do trabalho, procuro aplicar a análise e conclusões da seção III num brevíssimo relance marshalliano sobre problemas da realidade brasileira. Ao fazer isso, vale notar, fujo ao tema principal do artigo mas sigo à risca a recomendação de Marshall de que o objetivo maior da ciência econômica é "contribuir para a solução de problemas sociais".[6]

2. O PROJETO MARSHALLIANO E A ESTRUTURA LÓGICA DOS *PRINCÍPIOS*

2.1. Marshall e a "revolução marginal"

Quando J.S. Mill morreu, em 1873, seu obituário na revista inglesa *The*

---

3. A. Marshall, *Money, credit and commerce* (MCC) (Londres, 1923), p. 100.
4. D. Reisman, *The economics of Alfred Marshall* (Londres, 1986), p. 174.
5. A.C. Pigou, "In memoriam: Alfred Marshall", em *Memorials of Alfred Marshall* (Londres, 1925), p. 82.
6. A. Marshall, *Principles of economics* (ed. C.W. Guillebaud, ed. anotada, Londres, 1961), p. 35.

Economist, escrito por W. Bagehot, afirmava: "Todos os estudantes [...] veem a economia política com os olhos de Mill. Eles veem em Ricardo e Adam Smith o que ele recomendou que vissem e não é fácil induzi-los a ver qualquer outra coisa. Pode-se questionar até que ponto é saudável para a economia política que um único autor venha a exercer uma influência tão monárquica, mas nenhum testemunho poderia ser maior no que diz respeito à habilidade do autor e sua preeminência diante de seus contemporâneos".[7] Como observou o economista inglês H. Foxwell (colega e contemporâneo de Marshall no St. John's College de Cambridge): "Depois do surgimento dos *Princípios* de Mill, os economistas ingleses, durante toda uma geração, foram homens de um único livro".[8] Mas no último quarto do século XIX o palácio monárquico milliano apresentava sérias rachaduras. A teoria econômica estava sob fogo cruzado e passava por mais uma de suas periódicas crises de credibilidade.

Em 1876, fazendo um balanço da situação por ocasião do centenário da publicação da *Riqueza das nações*, W.S. Jevons insistia na necessidade de uma ruptura radical com o legado clássico. "Cem anos depois do surgimento da *Riqueza das nações*", afirmou, "nós encontramos a ciência econômica num estado que é quase caótico. Existe certamente menos acordo agora sobre o que é a economia política do que há trinta ou cinquenta anos atrás."[9] "Será uma tarefa laboriosa", sustentava Jevons, "recolher os fragmentos de uma ciência despedaçada e recomeçar de novo, mas trata-se de uma tarefa da qual não podem esquivar-se aqueles que desejam ver qualquer avanço da ciência econômica."[10] Sua insatisfação com a economia clássica era sentida por muitos,

---

7. Walter Bagehot, "John Stuart Mill" (1873), em *Economic studies* (ed. R. Hutton, Londres, 1880), p. 205.

8. Apud John Maynard Keynes, "Alfred Marshall, 1842-1924", em *Collected writings*, op. cit., p. 280.

9. W.S. Jevons, "The future of political economy" (1876), em *The principles of economics* (ed. H. Higgs, Nova York, 1905), p. 191.

10. Idem, *The theory of political economy* (1871) (ed. H.S. Jevons, Nova York, 1965), LIII; cf. S.G. Checkland, "Economic opinion in England as Jevons found it", em *Manchester School* 19 (1951), pp. 143-69.

FILOSOFIA ECONÔMICA

dentro e fora do mundo acadêmico. A busca de um novo consenso acerca dos fundamentos da disciplina estava sendo feita em várias direções.

A essência do projeto marshalliano foi tentar resgatar o programa de pesquisa da economia clássica, principalmente através do argumento de que não só as críticas de Jevons *não* aniquilavam a teoria rival, como a alternativa proposta — a chamada "teoria marginalista" — não era necessariamente incompatível com aquela que pretendia desbancar. Desde que devidamente interpretadas — e é precisamente isso que Marshall se proporá a fazer ao introduzir a variável *tempo* em sua análise da formação de preços e equilíbrio parcial nos PEC —, ambas poderiam conviver sob o mesmo teto teórico, numa coexistência pacífica e sem dúvida interessante do ponto de vista das credenciais acadêmicas da ciência econômica.

A empreitada começa com o primeiro escrito publicado por Marshall (ele tinha trinta anos de idade), uma resenha anônima e bastante ácida do recém-lançado *Theory of political economy* (1871) de Jevons. Já nessa resenha, posteriormente incluída nos *Memorials* (M), Marshall questiona a validade da tese radical segundo a qual, nas palavras de Jevons, "o valor depende inteiramente da utilidade [marginal]".[11] A preocupação de Marshall então é, desde logo, mostrar que Jevons fora longe demais na sua tentativa de usar a teoria da utilidade marginal como um *substituto* da teoria do valor de Mill. Relembrando, anos mais tarde, esse episódio, Marshall comentou: "Li com grande entusiasmo o trabalho de Jevons, mas ele não me ajudou nas minhas dificuldades e acabou até me irritando". Isso foi em parte, argumentou, devido ao fato de que Jevons não havia sido justo na sua apreciação da teoria clássica: "Ele estava impressionado com o dano causado pela autoridade quase pontifical de Mill sobre os jovens estudantes e parecia retorcer de modo perverso as suas próprias doutrinas, para que parecessem ainda mais inconsistentes com as de Mill e Ricardo do que na realidade eram".[12]

Como essa passagem revela, o problema para Marshall era mostrar que a proposta de Jevons e a "revolução marginal" de um modo geral eram de fato

---

11. A. Marshall, *Memorials of Alfred Marshall* (M), op. cit., p. 93.
12. Idem, ibidem, p. 99.

menos inconsistentes ou incompatíveis com a teoria clássica do que poderia parecer à primeira vista. Jevons havia interpretado erroneamente o significado do seu próprio trabalho. Em 1875, três anos depois de sua resenha bastante desfavorável (e anônima) da *Theory of political economy*, Marshall escreveria diretamente para o seu autor, tentando aparar as arestas que existiam entre eles. "Inclino-me a pensar", afirmava na carta, "que a diferença substantiva entre nós é menor do que eu supunha. Nós parecemos estar separados, mais que por qualquer outra causa, pela nossa divergência de opiniões com respeito a Mill. Admito, no entanto", concedia agora, "que a teoria econômica está ainda na sua infância, que Mill não era um gênio construtivo de primeira ordem e que, de um modo geral, os mais importantes benefícios que ele conferiu à ciência foram devidos ao seu caráter mais do que à sua inteligência."[13]

No ano seguinte, 1876, Marshall publica uma longa defesa da teoria do valor de Mill ("Mr. Mill's Theory of Value") tentando argumentar que ela consistia na expressão mais acabada de um ponto de vista originalmente aberto por Adam Smith: "Uma época [na evolução da teoria econômica] foi criada não por uma nova doutrina, mas pela aquisição do ponto de vista a partir do qual a doutrina se ergue. O ponto de vista foi conquistado para nós por Adam Smith, ao propor que a mercadoria deve ser vista como corporificando esforços e sacrifícios mensuráveis". A medida desses esforços e sacrifícios, que é impossível comparar diretamente, seria seu "custo para a pessoa que a produz".[14] A "verdade central" da economia política clássica, formulada a partir desse ponto de vista, é sintetizada por Marshall na seguinte proposição:

> Agindo sob o regime de livre competição e com base no cálculo do seu próprio interesse, os produtores vão regular a quantidade de cada mercadoria que é produzida para um dado mercado, durante um dado período, de tal modo que essa quantidade seja em média justamente capaz de encontrar compradores,

---

13. W.S. Jevons, *Papers and correspondence of W.S. Jevons* (ed. R.D.C. Black, Londres, 1977), v. 4, p. 100.
14. A. Marshall, *Memorials of Alfred Marshall* (M), op. cit., p. 126.

FILOSOFIA ECONÔMICA

nesse período, a um preço remunerador. Um preço remunerador sendo definido como o preço que é justamente o equivalente da soma das medidas de troca dos esforços e sacrifícios que são requeridos para a produção da mercadoria quando essa quantidade particular é produzida, isto é, a soma das despesas que precisariam ser incorridas por uma pessoa que adquirisse a performance desses esforços e sacrifícios.[15]

O ponto a ser ressaltado é que Marshall, ao contrário de Jevons, não via o surgimento da economia neoclássica como uma ruptura com a tradição clássica, mas como um complemento necessário ao que havia de melhor na teoria econômica de Smith a Mill. Existe pouco espaço para dúvida que Marshall desejasse, tão ardentemente quanto Jevons, promover o conteúdo científico da economia e sua aceitação como disciplina autônoma no mundo acadêmico. A diferença básica era que, para ele, o caminho à frente não implicava, como Jevons propunha, "desvencilhar-se de uma vez por todas" do legado clássico e reconstruir a teoria econômica a partir do chão.

Num apêndice dos PEC dedicado a esclarecer sua posição com relação à contribuição de Jevons, Marshall concluiu: "Existem poucos autores dos tempos modernos que se aproximaram tanto da brilhante originalidade de Ricardo quanto Jevons. Mas ele parece ter julgado a ambos, Ricardo e Mill, com exagerada má vontade, atribuindo-lhes doutrinas mais estreitas e menos científicas do que as que eles de fato sustentavam".[16] Referindo-se implicitamente, alguns parágrafos depois, a sua própria resenha da *Theory of political economy*, Marshall afirmou:

Há poucos pensadores que, como Jevons, merecem de nós uma gratidão tão alta. Mas isso não significa que devamos aceitar sumariamente suas críticas a seus grandes predecessores [...] Suas críticas a Ricardo obtiveram aparentemente alguns triunfos dialéticos injustos [*unfair dialectical triumphs*], ao assumirem que Ricardo concebia o valor como governado pelo custo de produção, sem nenhu-

---

15. Idem, ibidem, pp. 126-7.
16. Idem, *Principles of economics*, op. cit., p. 673.

O CAPITAL HUMANO NA FILOSOFIA SOCIAL DE MARSHALL

ma referência à demanda. Esse entendimento defeituoso de Ricardo produziu muitos danos em 1872.[17]

O que me parece interessante nessa divergência entre Jevons e Marshall com relação aos méritos da economia clássica inglesa é que ela traz à luz duas atitudes distintas diante de uma situação de crise na história do pensamento econômico. Mill havia morrido em 1873. O *mid-Victorian boom* acabara e os Estados Unidos e a Alemanha assumiam a liderança na inovação e crescimento industrial. A economia clássica estava sob fogo cruzado. Sua credibilidade achava-se seriamente afetada. A escola histórica, extremamente influente no meio acadêmico inglês e alemão, atacava-a pela falta de realismo e conteúdo empírico de suas teorias. Os economistas matemáticos da "revolução marginal" criticavam-na exatamente pelo motivo oposto: sua falta de rigor, de generalidade e de refinamento analítico.

Jevons, um pensador por natureza inquieto e iconoclasta, adota uma posição militante — a estratégia do confronto. Lança sua *Theory* baseado na crença de que "a única esperança de atingirmos um verdadeiro sistema em economia é pondo de lado, de uma vez por todas, os pressupostos confusos e absurdos da escola ricardiana. Nossos economistas ingleses", arrematou, "têm vivido num paraíso dos tolos".[18] Marshall, no entanto, percebeu que a atitude militante não funcionaria. Assume uma postura, não de confronto, mas conciliadora. Sua ambição é promover um programa de síntese e integração.

Do ponto de vista teórico, tratava-se de mostrar que a "nova economia" (i.e., a marshalliana) completava, em vez de substituir, a economia clássica. E, do ponto de vista institucional, era importante deixar claro o caráter cumulativo e progressivo do conhecimento econômico. Para restaurar a credibilidade da economia, dar-lhe um status científico no mundo acadêmico e renovar o senso de confiança dos estudantes no futuro da disciplina, o que se precisava não era abolir o passado, mas articular uma nova síntese. Uma síntese em que haveria

---

17. Idem, ibidem, p. 675.
18. W.S. Jevons, *The theory of political economy* (1871), op. cit. Cf. E.F. Paul, "Jevons: economic revolutionary, political utilitarian", *Journal of the History of Ideas* 40 (1979), pp. 267-83.

FILOSOFIA ECONÔMICA

lugar não apenas para (a) a economia clássica de Smith, Ricardo e Mill e para (b) a teoria da utilidade marginal de Jevons, mas também para (c) o programa de pesquisa da escola histórica, com sua ênfase na investigação empírica e métodos indutivos, e ainda para (d) a filosofia de caráter evolucionista, inspirada nas contribuições científicas de Darwin e nas especulações de Hegel e Spencer.

Em suma, o movimento efetuado por Marshall em relação às correntes de pensamento do seu tempo é análogo ao de Mill na geração dos economistas clássicos. Nenhum dos dois foi ou pretendeu ser o teórico mais original de sua época. Ambos se propuseram a produzir um tratado que fosse além da teoria econômica em sentido estrito, abarcando também uma filosofia mais ampla da sociedade e do progresso humano, com forte conteúdo normativo. No caso de Marshall em particular, tratava-se igualmente de legitimar a economia como disciplina científica e autônoma dentro dos cânones de cientificidade vigentes. Em 1883, numa carta a Foxwell, um dos principais seguidores de Jevons na Inglaterra, Marshall escreveu: "Por favor, não difame Mill. Acredito que alguns membros extravagantes da escola moderna, ao exagerarem em suas críticas a ele ao invés de ponderarem suas observações, como deveriam fazer, acabaram provocando mais mal à ciência econômica do que uma centena de inimigos declarados poderiam ter provocado".[19]

2.2. Evolução e arquitetura dos Princípios

Os PEC, assim como a *Riqueza das nações* mas em contraste com os *Princípios* de Mill (escrito em menos de dois anos), são o resultado de vários anos de trabalho dedicado e paciente. Durante pelo menos nove anos, Marshall devotou-se diretamente à sua composição. Três anos antes da publicação, em 1887, Marshall enviou uma carta a uma editora comercial de Londres (Macmillan) — ele queria que o texto fosse lido também fora do meio acadêmico, por homens de negócio e líderes de opinião em geral — oferecendo o livro: "Estou

---

19. Apud A. Marshall, *Early economic writings, 1867-1890* (ed. J.K. Whitaker, Londres, 1975), p. 54. Cf. D. Winch, "A separate science: polity and society in Marshall's economics", em *That noble science of politics* (eds. S. Collini, D. Winch e J. Burrow, Cambridge, 1983).

O CAPITAL HUMANO NA FILOSOFIA SOCIAL DE MARSHALL

escrevendo um livro sobre economia", começava, "que cobrirá aproximadamente o mesmo terreno coberto pelos *Princípios* de Mill, e cujo texto será provavelmente da mesma extensão, ou um pouco menor". Numa passagem, depois cortada, da primeira versão dessa carta, Marshall havia declarado: "O maior propósito da minha vida nos últimos quinze anos tem sido, e será no futuro, escrever este livro e gradualmente aprimorá-lo de maneira que possa representar, para a atual geração, algo próximo do que o livro de Mill representou para a sua".[20]

A primeira edição dos PEC apareceu em 1890. No mesmo ano é publicada a obra que reflete o projeto marshalliano na frente metodológica (*The scope and method of political economy*, de autoria de John Neville Keynes, lógico e colega de Marshall em Cambridge), é criado o *Economic Journal* e tem início a publicação do *Palgrave's dictionary of political economy*. É interessante observar ainda que, em 1893, surge o trabalho de James Bonar, *Philosophy and political economy in some of their historical relations*, um estudo abrangente dos fundamentos filosóficos da teoria econômica de Platão até o final do século XIX, e que pode ser visto como expressando, em larga medida, o pensamento marshalliano na frente filosófica. O trabalho de Bonar inclui uma discussão sobre a filosofia inglesa e alemã e, no último capítulo, um estudo sobre as relações entre a teoria da evolução de Darwin, o princípio da continuidade e a teoria econômica.

A ideia original de Marshall era a de que os PEC viessem a constituir uma obra em três volumes. Na primeira edição, o livro trazia na página de rosto a inscrição "Vol. 1". Mas na sexta edição, trinta anos depois, Marshall substituiu "Vol. 1" por "Um Volume Introdutório". Como explicou, havia planejado numa escala demasiadamente ambiciosa e agora, aos setenta anos, era obrigado a alterar seus planos. A ideia dos três volumes foi abandonada e os PEC, já um sucesso incomparável como livro-texto acadêmico, ficariam de pé por si mesmos como um trabalho sobre os fundamentos da teoria econômica. Entretanto, o material que Marshall vinha preparando para os dois outros volumes de seu

20. Apud A. Marshall, *Early economic writings, 1867-1890*, op. cit., p. 88.

253

FILOSOFIA ECONÔMICA

tratado seriam eventualmente publicados, como obras separadas. Um foi intitulado *Industry and trade* (IT), e o outro *Money, credit and commerce*.

A versão final dos PEC (a oitava edição, de 1920, última revista pelo autor) compreende seis livros e catorze apêndices. Cada apêndice constitui um pequeno ensaio, expandindo e aprofundando algum tópico particular discutido no texto principal. Diversos comentadores, entre eles Keynes, concordam em dizer que de alguma forma Marshall conseguiu soterrar boa parte do que produziu de mais interessante e original nesses apêndices que aparecem no fim dos PEC.

Mais do que todos os demais clássicos da história da economia, os PEC sofreram profundas alterações, tanto de arquitetura como de substância, à medida que foram aparecendo novas edições. Marshall era um perfeccionista incansável, e jamais deixou de aproveitar qualquer oportunidade que tivesse para polir, revisar, aprimorar, cortar ou tornar mais claro o texto da edição anterior. A evolução lenta, gradual e contínua dos PEC ao longo de mais de três décadas de constante aprimoramento constitui uma ilustração perfeita do que Marshall tinha em mente quando usava a expressão, que lhe era tão cara, de "crescimento orgânico". Não era à toa que Keynes se referia aos PEC como "uma esfera polida e acabada de conhecimento".[21]

A estrutura lógica dos PEC difere bastante dos tratados que o precedem. Os livros 1 e 2 são claramente preparatórios. Neles, Marshall discute principalmente questões metodológicas e terminológicas ligadas ao estudo e escopo da economia; defende a norma aristotélica e baconiana de, no trabalho científico, buscar o máximo de clareza e inteligibilidade (*"to speak as the common people do, to think as wise men do"*); e faz considerações histórico-filosóficas sobre as características da sociedade moderna e o surgimento da teoria econômica, visto como associado à crescente racionalidade das ações e decisões econômicas.

A autonomia e a deliberação na conduta individual, e não a competição ou o egoísmo, são destacadas por Marshall como sendo o principal traço dis-

---

21. Cf. A.C. Pigou, "In memoriam: Alfred Marshall", em *Memorials of Alfred Marshall* (M), op. cit., p. 86.

O CAPITAL HUMANO NA FILOSOFIA SOCIAL DE MARSHALL

tintivo da era moderna que se afirma com o iluminismo do século XVIII.[22] Marshall define o objeto da ciência econômica como sendo não "a mecânica do autointeresse e da utilidade" (Jevons e Walras), mas "o estudo da humanidade nos assuntos práticos da vida" (*the study of mankind in the ordinary business of life*). Como observa com propriedade D. Winch,

> essa definição aparentemente inócua e abrangente assinalava bem mais que uma preocupação prática com a realidade do dia a dia. Ela marca uma rejeição decisiva do postulado do homem econômico e, como consequência, com todas as conotações restritivas, abstratas, egoístas e declaradamente materialistas desse postulado. Marshall resistiu à ideia de que a economia como ciência estava confinada a lidar com indivíduos preocupados apenas consigo mesmos, e cujas ações, seja obtendo ou gastando uma renda, podiam ser vistas como imunes a influências éticas e altruístas, como se fossem motivadas somente pelo ganho pecuniário para a satisfação das carências materiais do homem.[23]

É importante observar que o tamanho dos livros 1 e 2 foi drasticamente reduzido em sucessivas edições dos PEC. O Livro 1, por exemplo, que continha um longo ensaio sobre "O crescimento da livre indústria e iniciativa" e outro sobre "O crescimento da ciência econômica", passou de cerca de 120 para cinquenta páginas entre a primeira e a oitava edição. Ao mesmo tempo, Marshall recusou-se a abrir mão por completo desses livros. Discutindo a organização dos PEC no seu importante artigo de 1898 para o *Economic Journal*, ele defendeu a existência dos livros 1 e 2, rejeitando a crítica de que "mantinham o leitor por um tempo longo demais antes de entrar na parte principal do trabalho". Sua supressão, argumentou, poderia conduzir a uma impressão enganosa sobre a orientação da obra e atrapalhar o entendimento do trabalho como um todo: "Seu propósito é enfatizar, como tema central do tratado, a

---

22. Cf. A. Marshall, *Principles of economics*, op. cit., p. 5.
23. D. Winch, "A separate science: polity and society in Marshall's economics", em *That noble science of politics*, op. cit., p. 314.

FILOSOFIA ECONÔMICA

noção de que os problemas econômicos não são mecânicos, mas ligados à vida e crescimento orgânico".[24]

Os livros 3 e 4 são simétricos no sentido de que, enquanto um lida com as "vontades e sua satisfação" (demanda & consumo), o outro lida com os "agentes de produção", ou seja, a natureza e o trabalho ajudados pelo capital e a organização (produção & oferta). De acordo com o próprio Marshall, o Livro 4 "corresponde, de uma forma geral, à discussão da produção, que recebeu um lugar tão proeminente em quase todos os tratados ingleses de economia durante as duas últimas gerações, embora sua relação com o problema da oferta e procura ainda não tenha sido feita de maneira suficientemente clara".[25]

Quanto à teoria das vontades ou necessidades humanas e sua satisfação, Marshall reconhece que o assunto fora até recentemente negligenciado, e que graças à aplicação de métodos matemáticos havia sido possível determinar com maior rigor seu papel na determinação do valor de troca. "É duvidoso", afirmou, "que muito tenha sido ganho através do uso de complexas fórmulas matemáticas. Mas a aplicação de hábitos matemáticos de pensamento tem prestado um grande serviço; pois ela leva as pessoas a se recusarem a considerar um problema até que tenham alguma certeza sobre qual é o problema, e a insistirem em saber o que se está assumindo ou deixando de assumir antes de prosseguir".[26]

Deve-se ressaltar, porém, que, embora Marshall reconhecesse a necessidade de analisar melhor o papel da demanda, isso não implicava atribuir-lhe uma importância que não tinha. No Livro 3, ele rejeita frontalmente a proposição jevoniana de que "a teoria do consumo é a base científica da economia". Para Marshall, as teorias do consumo e da produção são complementares — uma requer a outra. "Mas", argumenta, "se uma delas, mais do que a outra, pode ter a pretensão de ser a intérprete da história do homem, seja no aspecto econômico ou em qualquer outro, então esta é a ciência das atividades, e não a das

24. A. Marshall, "Distribution and exchange", *Economic Journal* 8 (1898), 37-59, p. 44.
25. Idem, *Principles of economics*, op. cit., p. 70.
26. Idem, ibidem, p. 71.

vontades."[27] A orientação de Marshall a esse respeito, favorável ao ponto de vista *clássico*, é absolutamente inequívoca. "É imperioso insistir nesse ponto agora", escreveu, introduzindo o Livro 3,

> porque a reação contra o abandono relativo do estudo das vontades por Ricardo e seus seguidores dá mostras de estar sendo levada para o extremo oposto. É importante por isso reafirmar a grande verdade na qual [os economistas clássicos] se concentraram, mesmo que em detrimento de tudo mais, a saber: o fato de que, enquanto de um lado as vontades governam a vida entre os animais inferiores, de outro são as mudanças nas formas dos esforços e atividades que precisamos investigar quando buscamos os fatores cruciais na história da humanidade.[28]

Sua posição aqui, defendendo a "grande verdade" dos clássicos, é de certa forma análoga àquela que encontramos em Marx quando este afirma, no *Capital*, que "o que distingue as diferentes épocas econômicas não é o que se faz, mas como, com que meios de trabalho se faz".[29] Mas, enquanto para Marx a ênfase claramente recai nos *instrumentos materiais* de produção, isto é, no desenvolvimento das forças produtivas e tecnológicas que submetem a natureza física à intencionalidade humana, já para Marshall o fator decisivo reside nas formas dos *esforços e atividades humanas*: nas características e desenvolvimento do próprio indivíduo humano enquanto agente produtivo dotado de iniciativa, valores morais e criatividade.

"O progresso da natureza humana", sustentou Marshall, "é, na minha concepção, o núcleo do objetivo maior da investigação econômica."[30] A atividade econômica — o trabalho, a inovação técnica e organizacional e a competição pela abertura de novas oportunidades de geração de renda — é o

---

27. Idem, ibidem, p. 76.
28. Idem, ibidem, p. 72.
29. Karl Marx, *O capital: crítica da economia política* (1867) (trad. R. Sant'Anna, Rio de Janeiro, 1975), p. 204.
30. A. Marshall, "Distribution and exchange", *Economic Journal* 8 (1898), 37-59, p. 54.

FILOSOFIA ECONÔMICA

processo de autocriação e autotransformação do próprio caráter dos homens. "[A] força do homem nele mesmo, [sua] resolução, energia e autocomando, ou, em suma, [seu] vigor é a fonte de todo o progresso: ele se revela em grandes ações, em grandes pensamentos e na capacidade para o verdadeiro sentimento religioso."[31] São as atividades que levam à expansão das vontades e necessidades de consumo, e não o contrário. Para Marshall, como para o Fausto de Goethe reescrevendo o Novo Testamento: "No princípio era a ação!".

A análise bastante exaustiva das forças que regulam a demanda e a oferta nos livros 3 e 4 dos PEC tem como objetivo preparar o terreno para a análise do valor, formação de preços e equilíbrio parcial efetuada no Livro 5, o núcleo teórico do tratado. O Livro 5, tal como ele aparece hoje, é o resultado da fusão do que eram, na primeira edição, dois livros separados. É aí que Marshall desenvolve a análise temporal do processo de equilibração e explica a operação das "lâminas" que cortaram, se não o próprio enigma, pelo menos o grosso da controvérsia do valor. Sua centralidade no contexto da contribuição dos PEC para a teoria econômica era inequívoca aos olhos do próprio Marshall, como ele iria frisar inúmeras vezes. Seria difícil encontrar melhor evidência sobre esse ponto do que a carta que escreveu ao economista holandês N.G. Pierson em abril de 1891, menos de um ano após a primeira edição dos PEC. "O livro", afirmou Marshall sintetizando a mensagem central dos PEC,

> foi escrito para expressar uma ideia, e ela somente. Essa ideia é a de que, enquanto Ricardo & Co. sustentaram que o valor é determinado pelo custo de produção [...] e Jevons & Co. que ele é determinado pela utilidade, cada um estava correto naquilo que afirmava mas errado no que negava. Nenhum deles prestou atenção suficiente no elemento do tempo. É nele que encontramos a chave para todos os paradoxos que esta longa controvérsia tem levantado. Quando Ricardo falou do custo de produção como determinando o valor, ele tinha em mente períodos nos quais o custo de produção é a força determinante; quando Jevons enfatizou a utilidade, ele tinha em mente períodos mais curtos. A tentativa de, através de um estudo [...] do elemento do tempo, articular o conhecimento

---

31. Idem, *Principles of economics*, op. cit., p. 162.

O CAPITAL HUMANO NA FILOSOFIA SOCIAL DE MARSHALL

existente acerca do assunto do valor num todo contínuo e harmonioso permeia cada parte, praticamente cada página do meu tratado. É a espinha dorsal de tudo aquilo que, de um ponto de vista científico, me importa dizer.[32]

No Livro 6, finalmente, Marshall trata da "distribuição da renda e riqueza nacional". Ele analisa as tendências de longo prazo dos salários reais, lucros e renda da terra no processo de crescimento, e tece comentários sobre a natureza do progresso econômico e seus efeitos sobre o caráter e o padrão de vida da população. Uma das contribuições mais importantes e originais de Marshall para a economia moderna foi a inclusão e análise, no Livro 4 dos PEC, do fator produtivo *organização* como agente — intangível, porém decisivo — de produção. No Livro 6, ele retoma a análise do papel da organização no desempenho econômico das firmas e nações, relacionando agora seu desenvolvimento com a questão da distribuição de renda e a formação de competência e qualificação profissional na sociedade.

Marshall acreditava que "a aptidão de administrar problemas práticos difíceis com presciência e imaginação, com coragem, determinação e habilidade, jamais foi propriedade exclusiva de uma camada da população" (Marshall, no manuscrito inédito "Progress: its economic conditions"). Mas, por outro lado, as oportunidades para o desenvolvimento dessa aptidão estavam ainda restritas a uma minoria. Isso limitava fortemente a criação de riqueza. À luz desse fato, a questão distributiva ganhava uma dimensão inteiramente nova e que havia sido negligenciada pela economia clássica. Uma de suas colocações mais claras a esse respeito, e que já nos remete ao tema da seção III, ocorre no apêndice dos PEC dedicado à evolução da ciência econômica:

Quando comparamos a visão moderna do problema crucial da distribuição de riqueza com a que prevalecia no começo do século [XIX], notamos que, acima e além de todas as alterações em nível de detalhe e todos os aperfeiçoamentos quanto à precisão do raciocínio científico, há uma mudança fundamental no tratamento da questão. Pois, enquanto os economistas [clássicos] desenvolveram

32. Apud Alfred Marshall, *Early economic writings, 1867-1890*, op. cit., p. 98.

FILOSOFIA ECONÔMICA

seus argumentos como se o caráter e eficiência do homem devessem ser considerados como uma quantidade fixa, já os economistas modernos estão constantemente atentos para o fato de que o homem é um produto das circunstâncias nas quais tem vivido.[33]

Dessa forma, ao enfatizar a grande variabilidade da contribuição propriamente humana para o processo econômico, do lado tanto da produção como do consumo, Marshall afastou-se: (I) do universo ricardiano; (II) do determinismo situacional de Marx; e (III) da "mecânica do autointeresse e da utilidade" jevoniana.

Dos ricardianos porque, como nos lembra o próprio Marshall,

eles consideravam o homem, por assim dizer, como uma quantidade constante, e quase não se deram o trabalho de estudar suas variações. As pessoas às quais conheciam eram predominantemente gente da City [de Londres], e eles assumiram de forma tácita, e sem prestar muita atenção no que faziam, que os demais ingleses eram todos bastante parecidos com aqueles que haviam encontrado na City [...] A mesma propensão mental que levou nossos juristas a impor o código civil inglês aos hindus, levou nossos economistas a construir suas teorias na suposição tácita de que o mundo era constituído de homens da City.[34]

Do determinismo situacional de Marx porque, para Marshall, a autonomia e iniciativa individuais eram os traços distintivos da economia moderna. O trabalhador industrial não estava sendo crescentemente reduzido à condição de "uma atividade abstrata e um estômago", como acreditara Marx, da mesma forma como o capitalista não era apenas um elo do "processo sem sujeito" que seria a dinâmica da acumulação de capital. A figura do capitalista em Marshall é o reverso exato do capitalista em Marx — aquela "engrenagem"

33. A. Marshall, *Principles of economics*, op. cit., p. 631.
34. Idem, *Memorials of Alfred Marshall* (M), op. cit., pp. 154-5.

cujo direito à existência se prenderia a sua condição de "personificador" da lógica de ferro da "autovalorização do capital".[35]

E, por fim, Marshall se afasta da mecânica jevoniana porque esta, ao adotar o "homem econômico" como hipótese comportamental, firmava-se na crença de que, nas palavras de Jevons, "as leis da economia política são tão simples no seu fundamento que elas se aplicariam, mais ou menos completamente, a todos os seres humanos sobre os quais possuímos algum conhecimento".[36]

3. FILOSOFIA SOCIAL: O PAPEL DO CAPITAL HUMANO

3.1. O sistema econômico como educador

Numa sociedade complexa, baseada na divisão social do trabalho, os indivíduos dependem dos bens e serviços produzidos por terceiros para satisfazer suas necessidades de consumo. Eles se especializam em determinadas atividades, com o intuito de aumentar sua produtividade, e assim elevam seu padrão de consumo, abrindo mão no processo de qualquer resquício de autossuficiência. O problema que se coloca — o problema da coordenação econômica — é saber como esses indivíduos vão ajustar-se uns aos outros, isto é, que tipo de regime vai disciplinar suas ações como produtores e consumidores, de modo que o resultado conjunto de seus esforços produtivos seja por fim compatível ou consistente com suas necessidades e prioridades de consumo.

Diferentes sistemas econômicos implicam diferentes modos de se ajustar reciprocamente e disciplinar as ações individuais. Numa economia de comando pura, por exemplo, os produtores recebem ordens da autoridade central definindo as tarefas a executar e detalhando as metas e prazos a cumprir. Como nem

---

35. Cf. Karl Marx, *O capital: crítica da economia política* (1867), op. cit., p. 688.
36. W.S. Jevons, "The future of political economy" (1876), em *The principles of economics*, op. cit., p. 196.

FILOSOFIA ECONÔMICA

todos os indivíduos estarão dispostos a "cooperar" na execução do plano, o sistema requer uma boa dose de supervisão e vigilância. A sanção extrema, que paira sobre aqueles que se mostrarem mais recalcitrantes no cumprimento da função que lhes foi imputada, é tipicamente a punição através do confinamento penal ("campos de trabalho") ou a internação psiquiátrica.

Na economia de mercado pura, o mecanismo disciplinador é o sistema de preços. Para sobreviver e usufruir a vida, o indivíduo precisa abrir um canal de acesso aos bens e serviços de que necessita. Ocorre, entretanto, que, assim como "palavras não pagam dívidas", também suas necessidades e desejos insatisfeitos não compram aquilo de que ele precisa para viver. A maior ou menor intensidade do seu desejo de consumo de nada valerá, para fins práticos, caso ele não descubra, em algum lugar, uma demanda recíproca por alguma coisa que ele possua ou possa oferecer. O indivíduo vive sob a pressão do comando: "Se queres obter o que desejas, encontra então o que oferecer em troca". Para abrir um canal de acesso ao que necessita — para adquirir os meios de compra reconhecidos pelo mercado —, o indivíduo precisa oferecer em troca alguma coisa cujo valor o mercado reconhece e está disposto a pagar. A sanção extrema que paira sobre aqueles que, por qualquer motivo, estão incapacitados de adquirir poder sobre os bens e serviços produzidos por terceiros, não é a prisão ou o hospital psiquiátrico. É a mendicância, a fome e a privação.

Uma das preocupações centrais da filosofia social marshalliana é precisamente inquirir sobre os efeitos de diferentes sistemas de coordenação no caráter e na conduta dos indivíduos, e em particular na oferta de iniciativa e esforço criativo na esfera econômica.

Na economia de comando, o incentivo para os indivíduos é a *obediência*. Os que obedecem às ordens e cumprem à risca as tarefas definidas pela autoridade central são premiados e promovidos. Os que falham nessa função são punidos e preteridos na carreira (ou transferidos). O sistema restringe a autonomia decisória dos agentes. Ele garante uma segurança medíocre para a grande maioria que, bem ou mal, se ajusta (daí o lamento do burocrata russo — "nós fingimos que trabalhamos e eles fingem que nos pagam"), e ameaça com o "campo de trabalho" e o hospital psiquiátrico os que, por qualquer motivo, não se ajustam.

O CAPITAL HUMANO NA FILOSOFIA SOCIAL DE MARSHALL

Num regime como esse, acreditava Marshall, o grande risco é que a "mão morta da burocracia" sufoque a iniciativa e a criatividade no mundo da produção, provocando uma "forte tendência à ossificação do organismo social"[37] e "exercendo uma influência esterilizadora sobre as atividades mentais que gradualmente tiraram o mundo do barbarismo".[38]

O progresso econômico depende da experimentação e da descoberta. Depende da propensão a assumir riscos e a assumir a responsabilidade pelas consequências do risco assumido. Os socialistas, sustentava Marshall, "parecem pensar excessivamente na competição como sendo a exploração do trabalho pelo capital, do pobre pelo rico, e muito pouco na competição como a constante experimentação efetuada pelos homens mais hábeis para suas diferentes tarefas, cada um buscando descobrir um novo meio pelo qual atingir algum importante objetivo".[39] (Seria difícil encontrar uma melhor confirmação da análise marshalliana do que o recente [1992] apelo feito pelo primeiro-ministro polonês ao governo norte-americano solicitando um empréstimo de 125 milhões de dólares para contratar, nos países capitalistas, um pequeno batalhão de consultores empresariais que ensinem sua arte aos dirigentes industriais da Polônia.)

Na economia de mercado, ao contrário, o incentivo para os indivíduos é a *iniciativa*. Os que detectam, antes dos demais, alguma oportunidade de ganho não explorada, ou alguma técnica mais eficiente de produção não experimentada, são recompensados e enriquecem. Os que falham — seja porque não resistem à competição, seja porque se revelam incapazes de se manterem adequadamente no mercado — são os perdedores. Para estes, resta o desafio de recomeçar ou procurar emprego ou, no limite, quando nada do que possam fazer ou oferecer tenha um valor de mercado suficiente, enfrentar as agruras da privação material.

O problema social numa economia de mercado torna-se grave no momento em que um grande número de indivíduos se descobre nesta última situação. Na Inglaterra oitocentista de Marshall (como em boa parte do mundo em desenvolvimento hoje), existia um vasto contingente de indivíduos em tais

---

37. A. Marshall, *Memorials of Alfred Marshall* (M), op. cit., p. 308.
38. Apud D. Reisman, *Alfred Marshall: progress and politics* (Londres, 1987), p. 125.
39. A. Marshall, *Memorials of Alfred Marshall* (M), op. cit., p. 283.

263

condições: trabalhando com um nível baixíssimo de produtividade, semiocupados, encostados ou até mesmo incapacitados de exercer qualquer tipo de atividade no mercado livre que lhes garantisse o mínimo necessário para um padrão de vida tolerável.

Os socialistas da época, assim como os de hoje, não hesitavam em dirigir o dedo acusador para o "sistema", a "exploração do trabalho" pelos capitalistas e a má distribuição de renda. A perspectiva marshalliana, porém, privilegia a esfera da produção, e não a da distribuição, ao analisar as causas da pobreza em massa numa economia de mercado. A distribuição pode ser — e muitas vezes é de fato — uma variável importante do problema. Mas isso principalmente na medida em que ela venha a afetar, positiva ou negativamente, a capacidade produtiva dos indivíduos e da economia. Se desejamos entender o motivo pelo qual as condições de vida de uma enorme parcela da população ficam abaixo do que seria aceitável, é para fatores *microeconômicos*, ligados à qualidade e à competência dos esforços produtivos da comunidade, que devemos voltar nossa atenção.

Do ponto de vista analítico, essa abordagem baseia-se em dois pilares fundamentais: (i) a teoria malthusiana da população, e (ii) o papel do capital humano na determinação do nível de renda dos indivíduos e do grau de produtividade da economia. As implicações práticas dessa perspectiva teórica já estão indicadas com muita clareza por Mill nos seus *Princípios*. Uma solução genuína e permanente do desafio da pobreza em massa, argumentou Mill, exige antes de mais nada a satisfação de duas condições básicas: "sem elas, nenhum [sistema econômico] ou conjunto de leis e instituições conseguirá emancipar a massa da humanidade da sua condição atual de miséria e degradação. Uma dessas condições é *educação universal*; e a outra, uma *limitação adequada do número de habitantes* da comunidade".[40]

Sobre a questão populacional (que este artigo não tem o propósito de explorar), a posição de Marshall parece bem resumida na avaliação da economista inglesa Joan Robinson, em *Filosofia econômica*, quando afirma: "Entre

40. John Stuart Mill, *Principles of political economy with some of their applications to social philosophy* (1848), em *Works* (ed. J. Robson, v. 2 e 3, Toronto, 1965), p. 208.

O CAPITAL HUMANO NA FILOSOFIA SOCIAL DE MARSHALL

todas as doutrinas econômicas, a mais relevante para os países subdesenvolvidos é aquela associada a Malthus. E isso não porque a sua teoria da população possa ser aplicada de qualquer forma direta aos seus problemas, mas porque o seu próprio nome chama a atenção para o simples e doloroso fato de que quanto mais rápido for o crescimento da população, mais lento será o crescimento da renda per capita".[41]

Por absurdo que pareça, a aritmética elementar dessa proposição foi até muito recentemente negada pelos teóricos marxistas, com efeitos sociais extremamente nocivos, em particular na experiência chinesa. Como observou Mill, "uma das mais sérias e forçosas entre todas as obrigações — que é a de não trazer crianças ao mundo a não ser que elas possam ser mantidas adequadamente durante a infância e criadas com a probabilidade de que possam manter a si próprias quando a idade chegar — é de tal forma negligenciada na vida prática e subestimada na teoria, que chega a ser vergonhoso para a inteligência humana".[42]

Mas as consequências nefastas do crescimento populacional para as condições de vida dos trabalhadores não se resumem aos seus efeitos negativos sobre os salários. Uma oferta abundante de mão de obra no mercado, é verdade, tende a deprimir a remuneração do trabalho, aumentando a competição entre os trabalhadores pelos empregos disponíveis e permitindo aos capitalistas reduzir ao mínimo a taxa de salário. Mas ainda mais grave do que isso, do ponto de vista do bem-estar da maioria, são as consequências do crescimento populacional acelerado sobre o processo de formação de capital humano e o grau de produtividade da economia. Pois o rápido crescimento da população é também um dos principais obstáculos à quebra efetiva do elo entre pobreza e incompetência.

41. Joan Robinson, *Economic philosophy* (Harmondsworth, 1962), p. 107.
42. John Stuart Mill, *Principles of political economy with some of their applications to social philosophy* (1848), em *Works*, op. cit., p. 221.

FILOSOFIA ECONÔMICA

3.2. Capital humano e crescimento

A análise do papel do capital humano no processo econômico baseia-se na ideia de que, para aumentar a produção per capita e vencer o atraso econômico, é necessário investir no fator de produção *homem*. Existe uma estreita relação entre nutrição, saúde e educação, de um lado, e capacidade de trabalho, iniciativa e inovação de outro. A pobreza e a incompetência estão intimamente interligadas em nível microeconômico.

Isso ocorre porque, por um lado, a incompetência econômica do indivíduo resulta em privação material: sua demanda por bens e serviços não corresponde a uma demanda efetiva recíproca, no mercado, por aquilo que ele é capaz de oferecer. Mas, ao mesmo tempo, a pobreza de uma geração se torna o berço da incompetência da geração seguinte: o ambiente de privação material e ignorância em que nasce e se forma o indivíduo impede que ele, por sua vez, desenvolva as qualidades físicas, morais e intelectuais das quais dependerá sua competência na vida prática e sua sobrevivência no mercado. Fecha-se assim o elo entre pobreza e incompetência. Como quebrá-lo?

Entre os economistas do século XIX, foi sem dúvida Marshall aquele que melhor compreendeu a importância da formação de capital humano — do investimento na qualidade da força de trabalho — para um programa de reforma social eficaz, voltado para a erradicação da pobreza e a promoção do desenvolvimento.

A bandeira da educação compulsória e universal, financiada *in toto*, e pelo menos parcialmente provida pelo Estado, é uma tônica constante da economia clássica desde Adam Smith.[43] Malthus, para citar apenas um exemplo, sugeria que o investimento público maciço em educação popular seria uma resposta muito mais eficaz do que a Poor Law no combate ao pauperismo:

---

43. Cf. Lionel Robbins, *The theory of economic policy in English classical political economy* (Londres, 1965); M. Blaug, "The economics of education in English classical political economy: a re-examination", em *Essays on Adam Smith* (eds. A.S. Skinner e T. Wilson, Oxford, 1975).

O CAPITAL HUMANO NA FILOSOFIA SOCIAL DE MARSHALL

Temos despendido somas imensas com os pobres, tendo toda a razão para crer que assim tendemos a agravar constantemente sua miséria. Mas na sua educação [...] que é talvez o único modo ao nosso alcance de realmente melhorar sua condição, e de torná-los homens mais felizes e cidadãos mais pacíficos, nós temos sido miseravelmente deficientes [...] Na tentativa de melhorar a condição das classes trabalhadoras da sociedade, nosso alvo deveria ser elevar tão alto quanto possível esse padrão, cultivando um espírito de independência, um orgulho sóbrio, e um gosto pela limpeza e conforto. O efeito de um bom governo no estímulo de hábitos de prudência e respeitabilidade nas classes mais baixas da sociedade já foi enfatizado; mas certamente esse efeito sempre será incompleto na ausência de um bom sistema de educação; e, de fato, pode-se dizer que nenhum governo pode se aproximar da perfeição enquanto deixar de prover o povo de instrução. Os benefícios derivados da educação estão entre aqueles que podem ser aproveitados sem restrições impostas pelo tamanho da população; e, como está ao alcance dos governos conferir esses benefícios, é indubitavelmente seu dever fazê-lo.[44]

O ponto crucial, contudo, é que os economistas clássicos ainda tendiam a abordar a questão da educação mais sob o ângulo do bem-estar social, e da mudança de atitudes e valores que acarretava, do que sob o ângulo do *capital humano*, isto é, como parte do esforço de investimento e formação de capital produtivo de uma nação.[45]

Foi apenas com os PEC que os economistas começaram a tratar educação, saúde, alimentação etc. — o investimento em seres humanos em suma — não mais como uma questão simplesmente humanitária (embora, é claro, também o seja), mas como parte do esforço de acumulação de capital: como investimento na capacidade produtiva da população, entendida como função de sua saúde e educação básica, bem como do seu grau de competência profissional,

---

44. Thomas Robert Malthus, *An essay on the principle of population* (1803) (ed. T.H. Hollingsworth, Londres, 1973), p. 212 e p. 215.

45. Cf. M. Blaug, "The economics of education in English classical political economy: a re-examination", em *Essays on Adam Smith,* op. cit.; T.W. Schultz, *Investment in human capital* (Nova York, 1971); G.S. Becker, *Human capital* (Nova York, 1964).

FILOSOFIA ECONÔMICA

empresarial, científica e tecnológica. Acredito que as ideias de Marshall sobre a importância do capital humano contêm uma mensagem relevante para um programa de reforma social no Brasil hoje [1992] e para os estudiosos do desenvolvimento econômico.

O núcleo do argumento marshalliano é a noção de que o verdadeiro gargalo com que se defrontam as economias menos desenvolvidas não é a escassez de capital em sentido físico ("equipamento"), ou mesmo de capital financeiro ("poupança"), mas a escassez de capital humano ("gente competente naquilo que faz para ganhar a vida"). É a falta de capacitação do conjunto da comunidade para integrar-se de forma competitiva e dinâmica à economia mundial — mais do que a escassez de meios adequados de financiamento ou de recursos naturais ou de equipamentos tecnologicamente avançados — que acaba comprometendo o esforço de crescimento numa economia atrasada. A escassez de capital humano é o fator limitativo operante.

Mas o que é, afinal, o capital humano? Alguns exemplos simples podem nos ajudar a visualizar a natureza do problema. Considere duas cozinheiras, uma francesa e a outra inglesa, cada uma dispondo de tempo, ingredientes, livros de receita e facilidades de preparo idênticos. Não é difícil imaginar que elas terminem produzindo pratos de comida de qualidade tão distinta quanto, digamos, o resultado de uma corrida de automóvel entre Ayrton Senna e um aluno de autoescola. A diferença entre as duas cozinheiras (ou entre os dois pilotos) é o capital humano. Ou, na formulação do próprio Marshall:

> Muito depende da preparação apropriada da comida; e uma dona de casa habilidosa com dez shillings por semana para gastar em alimentos frequentemente será capaz de fazer mais pela saúde e vigor de sua família do que outra, inapta, com vinte. A grande mortalidade infantil entre os pobres deve-se em larga medida à falta de cuidados e juízo no preparo da sua alimentação; e aqueles que não sucumbem por completo a essa falta de cuidados maternos frequentemente crescem com uma constituição deficiente.[46]

---

46. A. Marshall, *Principles of economics*, op. cit., p. 163.

O CAPITAL HUMANO NA FILOSOFIA SOCIAL DE MARSHALL

Considere agora o caso das duas Alemanhas. No fim da Segunda Guerra, ambas eram países derrotados, desmoralizados e arrasados. As fábricas e o equipamento que não haviam sido destruídos foram desmontados e retirados do país como parte da compensação devida aos Aliados. No esforço de reconstrução, a parte ocidental seguiu as "regras do jogo" da economia de mercado e a parte oriental adotou a economia de comando mais rígida e centralizada de todo o Leste Europeu. E, no espaço de uma geração apenas, eram *ambas* as economias mais prósperas, e com maior renda per capita, dos seus respectivos blocos europeus (embora o lado ocidental ainda seja, é claro, bem mais afluente que o outro). Como se dizia na Europa, "o alemão faz qualquer sistema funcionar".

O capital humano representa o grau de capacitação da comunidade para o trabalho qualificado, a inovação científica e tecnológica, a liderança, a iniciativa e a organização em nível empresarial privado e na vida pública. Ele é constituído não somente pelo resultado do investimento das famílias e da sociedade como um todo na *competência* produtiva das pessoas, mas também por elementos de natureza *ética* como, por exemplo, a capacidade dos indivíduos de perceber e agir consistentemente com base nos seus interesses comuns.

Os indivíduos aumentam seu poder de ganho no mercado e aprendem que é *do seu próprio interesse* respeitar e fazer respeitar na prática as regras gerais de conduta — as "regras do jogo" — das quais todos os participantes se beneficiam, embora para isso precisem restringir alguns de seus interesses pessoais (ou de grupo) mais imediatos.[47] Outros elementos do capital humano da comunidade são: pontualidade, confiabilidade, persistência, capacidade de concentração e de autoajuda, disciplina e senso de independência.

Em relação à teoria dos economistas clássicos, o argumento de Marshall propõe-se a mostrar que a acumulação de capital não deve ser entendida apenas, ou mesmo principalmente, em sentido físico, em termos de industrialização e modernização dos centros urbanos. Uma oferta adequada de capital humano é um requisito indispensável. Discutindo criticamente a teoria clássica do crescimento, Marshall observou:

47. Cf. R. Axelrod, *The evolution of cooperation* (Nova York, 1984).

FILOSOFIA ECONÔMICA

Os economistas [clássicos] não levaram suficientemente em conta o fato de que as aptidões humanas constituem meios de produção tão importantes quanto qualquer outro tipo de capital. Podemos concluir, em oposição a eles, que qualquer mudança na distribuição de riqueza que dê mais aos que recebem salário e menos ao capitalista vai provavelmente, tudo mais não se alterando, acelerar o aumento da produção material [...] [Um] pequeno e temporário freio à acumulação de riqueza material não precisa ser necessariamente um mal, mesmo de um ponto de vista puramente econômico, desde que, sendo feito de maneira serena e sem grandes distúrbios, forneça melhores oportunidades para a grande maioria do povo, aumentando sua eficiência e desenvolvendo nele hábitos de autorrespeito, de modo a resultar numa estirpe de produtores muito mais eficientes na geração seguinte. Pois isso ajudaria mais, no longo prazo, a promover o crescimento, até mesmo da riqueza material, do que grandes acréscimos ao nosso parque industrial.[48]

O ponto crucial aqui, como o próprio Marshall salienta, é assegurar que a renda mais elevada dos que ganham menos seja efetivamente usada de modo a aumentar sua eficiência produtiva e capacidade de atuação, e isso não apenas com relação aos que a recebem diretamente (pais), mas também com relação às gerações seguintes (filhos).

Do ponto de vista liberal, a desigualdade de rendimentos é até certo ponto desejável e jamais um mal por si mesma. "Se compararmos dois regimes econômicos, um baseado na livre-iniciativa e incentivo de lucro com taxa de crescimento de 4% ao ano, digamos, e outro de melhor distribuição de renda, com uma taxa de 2%, veremos, ao fim de alguns anos, que os pobres do primeiro sistema são mais ricos do que os remediados do segundo."[49]

É um lugar-comum, ao qual estamos acostumados no Brasil, afirmar a existência de um *trade-off* entre crescimento e distribuição de renda. Seria preciso "fazer o bolo crescer" para então distribuí-lo melhor, já que as trans-

48. A. Marshall, *Principles of economics*, op. cit., p. 191.
49. R. Solow apud Eugênio Gudin, *O pensamento de Eugênio Gudin* (Rio de Janeiro, 1978), p. 83.

270

O CAPITAL HUMANO NA FILOSOFIA SOCIAL DE MARSHALL

ferências de renda para os mais pobres podem reduzir as taxas de crescimento do produto, devido a seu impacto negativo sobre a poupança interna e o investimento.

Mas, como observa Marshall na passagem acima, isso é apenas um lado da moeda. O outro lado é captado pelo conceito de capital humano, segundo o qual uma economia pode fracassar na sua tentativa de "fazer o bolo crescer" devido à falta de investimento na competência do fator de produção homem. Assim como o crescimento acelerado da população, a má distribuição de renda dificulta a formação do capital humano necessário para o crescimento autossustentável.

O desafio para o economista do desenvolvimento é encontrar maneiras de ajudar a sociedade a romper o elo entre pobreza e incompetência. "As condições que cercam a extrema pobreza, especialmente em lugares densamente habitados, tendem a amortecer as faculdades mentais mais elevadas", afirma Marshall.[50] "A miséria dos pobres", ele assinala, "é a principal causa daquela fraqueza e ineficiência que são as causas da sua miséria."[51] Seu trabalho prima facie "barato" acaba saindo caro para a sociedade, quando ele é também ineficiente. O quadro de desperdício humano e econômico pintado por Marshall da sociedade inglesa no século passado retrata de forma eloquente a situação latino-americana e brasileira atual:

> Nas camadas mais baixas da população o mal é grande. Pois os parcos meios e educação dos pais, e a sua relativa incapacidade de antever com um mínimo realismo o futuro, impedem-nos de investir capital na educação e treinamento dos seus filhos, com a mesma liberalidade e audácia com que o capital é aplicado no aprimoramento da maquinaria de qualquer fábrica bem administrada [...] Por fim, eles [os filhos de pais pobres] vão para o túmulo carregando consigo aptidões e habilidades que jamais foram despertas. [Aptidões] que, se tivessem podido dar frutos, teriam adicionado à riqueza material do país — para não falarmos em considerações mais elevadas — diversas vezes mais do

50. A. Marshall, *Principles of economics*, op. cit., p. 2.
51. Idem, *Memorials of Alfred Marshall* (M), op. cit., p. 155.

FILOSOFIA ECONÔMICA

que teria sido necessário para cobrir as despesas de prover oportunidades adequadas para o seu desenvolvimento [...] Mas o ponto em que devemos insistir agora é que o mal tem caráter cumulativo. Quanto pior a alimentação das crianças de uma geração, menos vão ganhar quando crescerem, e menores serão seus poderes de prover adequadamente às necessidades materiais dos seus filhos, e assim por diante nas gerações seguintes. E, ainda, quanto menos suas próprias faculdades se desenvolvam, tanto menos compreenderão a importância de desenvolver as melhores faculdades de seus filhos, e menor será sua capacidade de fazê-lo.[52]

É importante frisar que Marshall sustentou um argumento de caráter *econômico* quando defendeu uma distribuição menos desigual da riqueza e da renda, de modo a promover a formação de capital humano. Ao escândalo moral da pobreza, ele junta o escândalo econômico da infância abandonada. Sua posição aqui se baseia na tese de que "qualquer aumento do consumo, que seja estritamente necessário à eficiência, paga-se por si mesmo, e adiciona à renda nacional pelo menos tanto quanto subtrai dela".[53] Mas a sua principal recomendação de política social referia-se a um esforço concentrado na frente educacional, com prioridade para a base do sistema. O argumento é de caráter econômico e chama a atenção para os ganhos a serem obtidos a partir de uma melhora na educação básica da massa da população:

Não existe extravagância mais prejudicial ao crescimento da riqueza nacional do que aquela negligência esbanjadora que permite que uma criança bem-dotada, nascida de pais destituídos, consuma sua vida em trabalhos manuais de baixo nível. Nenhuma mudança favoreceria tanto um crescimento mais rápido da riqueza material quanto uma melhoria das nossas escolas, especialmente aquelas de grau médio, desde que possa ser combinada com um amplo sistema de bolsas de estudo, permitindo assim ao filho inteligente de um trabalhador simples que

52. Idem, *Principles of economics*, op. cit., pp. 467-8.
53. Idem, ibidem, p. 440.

O CAPITAL HUMANO NA FILOSOFIA SOCIAL DE MARSHALL

suba gradualmente, de escola em escola, até conseguir obter a melhor educação teórica e prática que nossa época pode oferecer.[54]

Subjacente a essas colocações está a expectativa de que a importância relativa do capital humano aumenta com a passagem do tempo. Marshall presenciou o surgimento, no último quarto do século XIX, da tecnologia baseada em pesquisa científica (*science-based technology*) nas indústrias química e elétrica.[55] Sua brilhante discussão em IT (Livro 1, cap. 7) da ascensão econômica da Alemanha nesse período graças a uma engenhosa integração da pesquisa científica e tecnológica nos setores industriais emergentes ainda está por merecer alguma atenção dos estudiosos do assunto.

No *Capital*, Marx havia prognosticado que "dentro do sistema capitalista [...] todos os meios para desenvolver a produção sofrem uma inversão dialética de modo que redundam em meios de dominar e explorar o produtor; mutilam o trabalhador, reduzindo-o a um fragmento de ser humano, degradam-no à categoria de peça de máquina, destroem o conteúdo de seu trabalho transformado em tormento [e] tornam-lhe estranhas as potências intelectuais do processo de trabalho na medida em que a este se incorpora a ciência como força independente".[56] Mas a previsão de Marshall era exatamente o contrário daquela feita por Marx. Com o avanço tecnológico, o trabalho mecânico e não qualificado tenderia a ser expulso do processo produtivo e a desaparecer. Ao mesmo tempo, cresce a demanda por capital humano, por trabalhadores qualificados, técnicos, engenheiros de produção, administradores e empreendedores:

> Com o avanço da civilização, a importância relativa do trabalho mental vis-à-vis o manual se altera. A cada ano o trabalho mental se torna mais importante e o manual menos importante. Com cada nova invenção de maquinaria o trabalho é transferido dos músculos, ou força vital, para a força natural [...] A maquina-

---

54. Idem, ibidem, p. 176.
55. Cf. T.S. Kuhn, "The relations between history and the history of science", em *The essential tension* (Chicago, 1977).
56. Karl Marx, *O capital: crítica da economia política* (1867), op. cit., p. 748.

FILOSOFIA ECONÔMICA

ria complexa aumenta a demanda por capacidade de decisão independente e inteligência em geral [...] Não existe quase nenhuma atividade [atualmente] que não requeira algum esforço mental. Até mesmo na agricultura está se introduzindo maquinaria cujo manejo requer muita habilidade e inteligência.[57]

3.3. Estado, mercado e infância

Finalmente, cumpre notar que, para garantir a implementação prática dessas ideias, Marshall e seus seguidores não hesitavam em insistir que o Estado deveria desencadear e liderar o processo. O argumento aqui se prende à importante questão da proteção dos interesses dos grupos sociais — no caso os menores de idade — que são incapazes de defender os seus próprios interesses no mercado.

Os liberais rejeitam o paternalismo. Cada um sabe de si e a melhor sociedade é aquela que nos permite perseguir, à nossa maneira individual, nossos próprios valores e fins.[58] Mas e as crianças? Seria absurdo e inumano sugerir uma atitude livre de paternalismo para com elas. Evidentemente, crianças de pouca idade não podem ser tratadas como se fossem adultos, no que diz respeito a sua participação numa economia de mercado ou à liberdade de escolha de ocupação: "liberdade de contrato no caso de crianças pequenas não passa de outro nome para liberdade de coerção".[59] O mesmo se aplica no tocante à responsabilidade pela sua própria educação. Não se pode esperar que elas defendam eficazmente seu interesse numa boa educação ou numa família reduzida. O problema surge, entretanto, quando também os pais deixam de resguardar, por qualquer motivo, os interesses de seus filhos menores.

A proteção desses interesses representa, na filosofia social marshalliana, o caso paradigmático de interferência legítima do Estado na economia, especialmente quando se trata de situações (como as descritas acima) em

57. Apud D. Reisman, *Alfred Marshall: progress and politics*, op. cit., p. 22.
58. Cf. D.A.L. Thomas, *In defence of liberalism* (Oxford, 1988).
59. Mill, apud A. Marshall, *Industry and trade* (IT) (Londres, 1919), p. 763.

O CAPITAL HUMANO NA FILOSOFIA SOCIAL DE MARSHALL

que os interesses da nova geração estão sendo visivelmente sacrificados pelos erros e omissões das gerações precedentes. Surge aqui a proposta da educação compulsória e do envolvimento direto do Estado no financiamento e oferta de educação. O economista inglês Lionel Robbins cita um relatório oficial apresentado ao Parlamento inglês em 1841 ("Report on the condition of the handloom weavers") onde essa posição é defendida de forma clara e contundente. Infelizmente, ela permanece atual no Brasil dos anos 1990:

> É igualmente óbvio que, se o Estado tem a obrigação de exigir dos pais que eduquem seus filhos, tem também a obrigação de garantir que tenham meios de fazê-lo. O sistema voluntário, portanto, o sistema que deixa por conta da ignorância, ou negligência, ou lassidão ou avareza dos pais de uma geração, decidir até que ponto a população da geração seguinte deverá, ou não deverá, ser constituída de seres instruídos, foi repudiado. E confiamos que numa questão dessa importância — a mais importante talvez dos muitos assuntos que requerem a atenção do governo — um sistema que foi repudiado na teoria não terá permissão para continuar vigente na prática.[60]

Como afirmou A.C. Pigou (o sucessor de Marshall na Faculdade de Economia da Universidade de Cambridge), expressando a posição de consenso entre os liberais ingleses: "Existe um amplo acordo de que o Estado deve proteger os interesses do futuro, em alguma medida, contra os efeitos do nosso desconto irracional e da nossa preferência por nós mesmos em detrimento de nossos descendentes".[61] Existem boas razões econômicas, além das razões humanitárias, para buscar compensar as desvantagens dos filhos de pais destituídos (ou imprevidentes), de modo a permitir que descubram o seu potencial para a comunidade e, ao mesmo tempo, o que podem fazer em seu próprio benefício numa economia de mercado: "O valor econômico de um

60. Apud Lionel Robbins, *The theory of economic policy in English classical political economy*, op. cit., p. 93.
61. A.C. Pigou, *The economics of welfare* (Londres, 1932), p. 29.

FILOSOFIA ECONÔMICA

único grande gênio industrial é suficiente para cobrir as despesas com educação de toda uma comunidade; pois uma nova ideia, como a invenção principal de Bessemer [processo de purificação do minério de ferro na siderurgia], acrescentou tanto ao poder produtivo da Inglaterra como o trabalho de 100 mil homens".[62]

"Um governo", escreveu Marshall, "pode imprimir uma boa edição das obras de Shakespeare, mas não poderia conseguir que elas fossem escritas."[63] Um governo jamais seria capaz de substituir a iniciativa privada enquanto força inovadora e propulsora da geração de riqueza. Nada disso, contudo, implica uma postura fatalista ou complacente diante da pobreza. É função do governo, na ótica marshalliana, concentrar esforços para evitar o desperdício humano e econômico do "Shakespeare analfabeto", do "Bessemer pixote" e do "capitão de indústria trombadinha". Do indivíduo que carrega para o túmulo, sem deixar rastros, talentos e habilidades sufocados pelo analfabetismo, ignorância e privação. O governo, ninguém duvida, é impotente para fazer com que obras como as de Shakespeare sejam criadas. Mas não há nada que o impeça de cuidar para que o maior número possível de membros da comunidade tenha ao menos a chance de lê-las.

4. ECONOMIA BRASILEIRA: UM RELANCE MARSHALLIANO

Como explicar as formidáveis diferenças de produtividade e bem-estar material que se observam na economia mundial? Por que persistem — e até mesmo crescem — as enormes disparidades no nível de renda per capita das nações? Se o Brasil acordasse do pesadelo macroeconômico em que se meteu e conseguisse finalmente virar a página melancólica do ciclo dos planos de estabilização fracassados, poderíamos tentar recuperar o tempo perdido nos anos 1980 e dedicar um pouco mais de atenção aos fatores *microeconômicos* que determinam o sucesso ou fracasso das nações na criação de riqueza. O

62. A. Marshall, *Principles of economics*, op. cit., p. 179.
63. Idem, *Memorials of Alfred Marshall* (M), op. cit., p. 339.

O CAPITAL HUMANO NA FILOSOFIA SOCIAL DE MARSHALL

Canadá e a Índia são, a esse respeito, exemplos extremos, e o Brasil ocupa uma posição intermediária.

Com uma população 5,5 vezes menor que a brasileira, o Canadá tem uma renda per capita de 15160 dólares anuais (1987) e um Produto Nacional Bruto (PNB) que é 37,4% maior que o nosso. Já a Índia, com uma população 5,6 vezes maior que a brasileira, tem uma renda per capita de trezentos dólares anuais e um PNB 16,4% menor que o nosso.

Assim, a perfeita igualdade de rendimentos na Índia apenas garantiria a pobreza absoluta para toda a população. Por outro lado, mesmo supondo que a distribuição de renda no Canadá fosse tão desigual quanto é no Brasil, de forma que os 20% mais pobres da população recebessem apenas 3,2% da renda nacional, teríamos que cada um desses 20% mais pobres obteria uma renda de 2432 dólares anuais em média, ou seja, um rendimento 20,4% maior que a renda per capita do conjunto dos brasileiros em 1987. Se a renda desses 20% mais pobres fosse razoavelmente bem distribuída *entre eles*, teríamos ainda uma sociedade profundamente desigual mas que, graças a sua alta produção per capita, estaria inteiramente livre de carências materiais graves.

Diante desse quadro, a pergunta relevante é: por que a produção per capita dos brasileiros, mesmo incluindo as estimativas mais ousadas sobre o tamanho da economia informal, é tão reduzida? Como é que uma população pequena como a canadense consegue produzir um resultado global cujo valor é tão superior ao nosso? Como explicar a alta produção per capita das economias desenvolvidas e o fracasso dos países mais pobres (onde vivem 75% da população mundial) em quebrar o círculo vicioso da pobreza e da incompetência?

A experiência da economia mundial no pós-guerra e a ascensão econômica de países como Japão, Alemanha e Coreia do Sul sugerem algumas lições importantes. O sucesso dessas economias mostra que o crescimento da produção per capita não se deve à existência de recursos naturais abundantes e mão de obra barata ou à exploração de parceiros comerciais. Ninguém precisou ficar pobre, dentro ou fora desses países, para que eles prosperassem. Tampouco se deve à política econômica de seus governos ou à genialidade de seus economistas. Os economistas japoneses e coreanos jamais se destacaram

FILOSOFIA ECONÔMICA

pelo requinte teórico e nenhum deles recebeu até hoje o prêmio Nobel. Balançar a árvore não produz os frutos que caem. Nenhum governo do mundo tem o dom de gerar riqueza, embora certamente possa atrapalhar quem está tentando fazê-lo. Tudo que pode fazer — além de não atrapalhar demais — é transferir renda de um lugar para outro no sistema.

Mas, se nenhum desses fatores explica o aumento da produção per capita, então como explicá-lo? A causa básica dos diferenciais de produtividade no mundo chama-se "eficiência microeconômica" — a capacidade dos indivíduos e das empresas de descobrir e produzir bens e serviços para os quais existe um mercado genuíno, isto é, para os quais existem compradores dispostos a pagar pelo menos o que custou produzi-los. Do ponto de vista econômico pouco importa onde estão esses compradores, se no prédio ao lado, em Caracas, Helsinque ou na mais remota ilha do Pacífico. O importante é que, para adquirir o bem ou serviço em questão, esses compradores julgam que vale a pena pagar o seu custo de produção. Ao fazerem isso, eles estão não apenas pagando, com seu trabalho, pelos bens que desejam consumir, mas reconhecendo na prática o valor e a razão de ser da atividade produtiva da qual tais bens resultam.

Dentro do enfoque marshalliano, o capital humano — a capacidade de iniciativa, a competência profissional, a inventividade, a disciplina e o hábito de agir no presente tendo em vista o futuro — é um fator de produção pelo menos tão importante, para a criação de riqueza, quanto qualquer outro tipo de capital. A experiência da última década parece reforçar essa perspectiva. Ao contrário do que acreditavam os teóricos do "grande consenso desenvolvimentista" dos anos 1960 e 1970, para os quais a acumulação de capital *físico* no setor industrial era o principal fator do crescimento, a tendência no mundo moderno é clara no sentido de tornar o "cérebro humano", cada vez mais, o fator decisivo para o sucesso econômico. Como argumentou recentemente o economista hindu Datta Chaudhuri, apontando as falhas da teoria tradicional do desenvolvimento:

As pesquisas mais recentes sobre o crescimento minaram seriamente a importância atribuída à formação de capital para o processo de crescimento de uma economia [...] A maior parte do crescimento parece resultar do progresso técnico que é, por sua vez, basicamente a habilidade de uma organização econômica em utilizar de forma mais efetiva ao longo do tempo os recursos produtivos de que dispõe. Muito dessa habilidade vem do aprendizado sobre como operar de maneira mais produtiva as facilidades de produção recém-criadas ou, mais genericamente, do aprendizado sobre como lidar com mudanças rápidas na estrutura de produção típicas do progresso industrial. A teoria do desenvolvimento tradicional prestou pouca atenção nesses processos de aprendizado, assumindo implicitamente que qualquer progresso técnico possível viria automaticamente com a acumulação de capital. A experiência de desenvolvimento das últimas três décadas mostra que as economias diferem de modo considerável quanto a sua habilidade em aprender como assimilar novas tecnologias e como ajustar-se rapidamente a novas linhas de produção.[64]

Infelizmente, contudo, também na economia *Natura non facit saltum* (como nos lembra a divisa aristotélica e darwiniana inscrita na abertura dos PEC). Não existe nenhuma fórmula mágica ou plano mirabolante que permita elevar da noite para o dia a eficiência dos esforços produtivos. O processo de formação de capital humano e crescimento orgânico descrito por Marshall é por natureza *lento*.

O esforço de acumulação capitalista no Brasil no pós-guerra padeceu de um grave desequilíbrio. Concentramos os recursos na montagem de um parque industrial e urbano sob muitos aspectos notável, mas acabamos deixando de investir em proporção adequada no principal fator de produção da economia que é o próprio homem. O Brasil ainda precisa construir uma fatia do seu capital para pertencer ao mundo moderno. Substituímos, com relativo sucesso, as importações de bens de consumo duráveis e bens de capital. Mas ficou faltando um esforço compatível de acumulação de capital humano, ou seja, de capacitação da comunidade para o trabalho qualificado, a inovação científica e

---

64. M. Datta Chaudhuri, "Market failure and government failure", *Journal of Economic Perspectives* 4 (1990), pp. 28-9.

FILOSOFIA ECONÔMICA

tecnológica, a iniciativa e a organização em nível empresarial privado e na vida pública. "O mais valioso de todos os capitais é aquele investido em seres humanos", afirmou Marshall. A experiência recente vem mostrando que essa afirmação é, antes de mais nada, uma verdade estritamente econômica.

22. Reflexões sobre a historiografia do pensamento econômico[1]

1. Introdução
2. A diversidade de abordagens na HPE
   2.1. Externalismo × internalismo
   2.2. Relativismo × absolutismo
   2.3. Antiquarianismo × anacronismo
3. Para que serve a HPE?

> *Eu não sei o que torna um homem mais conservador — não conhecer nada exceto o presente ou nada exceto o passado.*
>
> J.M. Keynes

> *Descrever é selecionar; selecionar é avaliar; avaliar é criticar.*
>
> A.W. Gouldner

1. INTRODUÇÃO

O método e a história do pensamento econômico (HPE) são áreas de

---

1. Publicado na revista *Estudos Econômicos*, v. 26, 1996, pp. 235-59. Trabalho apresentado no XXII Encontro Nacional de Economia da Associação Nacional de Centros de Pós-Graduação em Economia realizado em Florianópolis em dezembro de 1994. O autor agradece aos participantes do encontro e aos pareceristas da *Estudos Econômicos* pelas críticas e sugestões feitas.

pesquisa e ensino amplamente reconhecidas na economia. A atenção que recebem dos economistas varia ao longo do tempo e entre programas de pesquisa numa mesma geração. Mas ninguém negaria que o trabalho de pesquisa em método e HPE tenha estado associado de forma frequente e significativa, ainda que descontínua, à investigação em teoria econômica.

Não seria difícil sustentar que tal associação vem existindo desde o próprio surgimento da ciência econômica no iluminismo europeu. Adam Smith — para ficarmos num único exemplo — é também o autor de um extraordinário e pouco conhecido ensaio, muito admirado por filósofos da ciência contemporânea,[2] no qual expõe suas ideias sobre a psicologia da investigação científica, ilustrada pela evolução da astronomia dos pré-socráticos a Newton.[3]

Mas, assim como ocorre com as demais áreas de ensino e pesquisa em economia, o método e a HPE vêm se tornando cada vez mais especializados nos últimos anos. Como em qualquer outra disciplina, a crescente especialização tem consequências — "conhecemos cada vez mais sobre cada vez menos". Nem todas as consequências da especialização, contudo, são negativas.

Uma consequência favorável é que as discussões metodológicas no âmbito da economia têm se tornado mais sofisticadas, passando a se beneficiar de uma maior aproximação e intercâmbio com a filosofia da ciência contemporânea.[4] Analogamente, a pesquisa mais avançada em HPE reflete hoje princípios e preocupações compartilhados com disciplinas voltadas exclusivamente para o estudo da história intelectual, como a história da ciência, a história das ideias ou, mais ambiciosamente, a história das mentalidades.

O propósito deste artigo é explorar *um aspecto* particular da relação entre método e HPE. Mais especificamente, trata-se de investigar como incide e como se define o problema do método na historiografia da ciência econômica, ou seja, nas tentativas de reconstruir de maneira mais abrangente e sistemática o

---

2. Cf. I. Lakatos e A. Musgrave, eds., *Criticism and the growth of knowledge* (Cambridge, 1970), p. 222.

3. Adam Smith, "The principles which lead and direct philosophical enquiries; illustrated by the history of astronomy" (1795), em *Essays on philosophical subjects* (eds. W. Wightman, J. Bryce e I. Ross, Oxford, 1980).

4. Ver, por exemplo, B. Caldwell, *Beyond positivism* (Londres, 1982), e S. Roy, *Philosophy of economics* (Londres, 1991).

REFLEXÕES SOBRE A HISTORIOGRAFIA DO PENSAMENTO ECONÔMICO

passado da economia como disciplina especializada. Ao longo do artigo, buscarei identificar os princípios que orientam o trabalho de pesquisa em HPE e, desse modo, responder a duas questões básicas ligadas à filosofia da HPE.

A primeira dessas questões (seção II) refere-se ao problema da *diversidade* de abordagens quando se trata de narrar o desenvolvimento da economia como disciplina científica. Se colocarmos lado a lado, por exemplo, numa espécie de "experimento mental", dez dos mais importantes e influentes manuais de HPE das últimas décadas — Blaug,[5] Dasgupta,[6] Deane,[7] Dobb,[8] Eltis,[9] Galbraith,[10] Napoleoni,[11] Robbins,[12] Schumpeter[13] e Stigler[14] —, não será difícil perceber que eles diferem substancialmente um do outro em termos de estrutura narrativa, conteúdo e estilo. A pergunta básica aqui é: por que essa diversidade? Como explicar tais disparidades na descrição e interpretação do que é, afinal, um corpo único e largamente comum de textos e teorias?

A segunda questão básica tratada no artigo (seções II e III) é o problema da *relevância*. Por que preocupar-se com a história das ideias econômicas? Não seria melhor esquecer o passado — ou pelo menos o passado mais remoto —, abandonando autores antiquados e ideias ultrapassadas a fim de concentrar esforços na tarefa de acertar as contas com as controvérsias e tópicos na franja do momento? Como justificar racionalmente o investimento de tempo e atenção escassos na pesquisa em HPE?

A hipótese sustentada aqui é a de que por trás da diversidade de abordagens em HPE existem algumas opções metodológicas cruciais, entre as quais merecem destaque aquelas associadas a três pares centrais de conceitos: (1)

---

5. M. Blaug, *Economic theory in retrospect* (Cambridge, 1978).

6. A.K. Dasgupta, *Epochs of economic theory* (Oxford, 1985).

7. P. Deane, *The evolution of economic ideas* (Cambridge, 1978).

8. M. Dobb, *Theories of value and distribution since Adam Smith* (Cambridge, 1973).

9. W. Eltis, *The classical theory of economic growth* (Londres, 1984).

10. John Kenneth Galbraith, *Economics in perspective* (Nova York, 1987).

11. C. Napoleoni, *Smith Ricardo Marx* (Turim, 1973).

12. Lionel Robbins, *The theory of economic policy in English classical political economy* (Londres, 1952).

13. Joseph Schumpeter, *History of economic analysis* (ed. E. Schumpeter, Londres, 1954).

14. George Stigler, *Essays in the history of economics* (Chicago, 1965).

externalismo × *internalismo*; (2) *relativismo* × *absolutismo*; e (3) *antiquarianis-mo* × *anacronismo*.

Como tentarei mostrar no artigo, a investigação em história das ideias é parte integrante — em larga medida inseparável — do processo de inovação científica, inclusive nas ciências naturais e exatas. A preocupação com a origem das nossas ideias e com a genealogia da reflexão sobre determinado assunto não deve ser confundida com um antiquarianismo inconsequente. Verifica-se, ao contrário, que tal preocupação, assim como o interesse nos fundamentos do conhecimento científico, costuma acompanhar de perto o esforço de pesquisa dos economistas teóricos mais férteis e criativos na história da disciplina.

2. A DIVERSIDADE DE ABORDAGENS NA HPE

Com relação à questão da diversidade, a primeira observação é que ela não é tão anômala quanto poderia parecer à primeira vista. Na verdade, ela encontra paralelo, pelo menos em alguma medida, na diversidade de abordagens que permeia a historiografia das várias ciências naturais especializadas. A raiz do problema remete-nos, aqui, à relação entre a *história* e a *filosofia* da ciência.

Existem — e têm existido tradicionalmente — diferentes respostas para as perguntas centrais da filosofia da ciência. O que é ciência? Como e por que ocorrem as descobertas científicas? (O problema das fontes da criatividade humana é notória *terra incognita*.)[15] A mudança científica é contínua ou descontínua? Ou, ainda, qual é o critério de demarcação, se é que existe algum, que separa a ciência moderna de outras formas de empreendimento intelectual como arte e teologia?

Respostas distintas a essas — e outras — questões configuram diferentes

---

15. Cf. R. Ochse, *Before the gates of excellence: the determinants of creative genius* (Cambridge, 1990); H.E. Gruber, *Darwin on man: a psychological study of scientific creativity* (Chicago, 1981); A. Koestler, *The act of creation* (Londres, 1964).

filosofias da ciência. Mas diferentes filosofias da ciência, por sua vez, levam a abordagens alternativas da história da ciência. Em economia, assim como na biologia ou na física, reconstruções da evolução da disciplina pressupõem um arcabouço conceitual. O papel desse arcabouço, que pode ser mais ou menos explícito, mais ou menos compatível com as filosofias da ciência correntes, é estabelecer as perguntas relevantes para o historiador de ideias e, dessa forma, estruturar a narrativa histórica.

O modo como se escreve a história de uma dada ciência está intimamente ligado à visão que se tem do empreendimento científico. Uma ótima ilustração desse ponto é o relato feito por Thomas Kuhn sobre os resultados que obteve ao pedir a seus alunos de pós-graduação que expusessem individualmente e por escrito o que leram em Galileu e Descartes: "O Galileu ou Descartes que aparecia nos trabalhos dos [alunos] filósofos era um melhor cientista ou filósofo, mas uma figura menos plausível de pensador do século XVII do que a figura apresentada pelos historiadores".[16]

Uma fórmula concisa — adaptada de Kant — toca no nervo da questão: "A filosofia da ciência sem a história da ciência é *vazia*. A história da ciência sem a filosofia da ciência é *cega*".[17] Filósofos e historiadores da ciência não só podem, mas devem aprender uns com os outros se pretendem evitar, no seu esforço de pesquisa, os descaminhos simétricos da vacuidade (filosofia da ciência sem nenhum contato com a ciência *como ela é*) e da cegueira (história da ciência como narrativa desprovida de estrutura ou mera justaposição de fatos e descobertas desconexos).

O reconhecimento e a aceitação desse ponto têm levado alguns historiadores da economia a tentar esclarecer suas posições metodológicas e resolver suas divergências historiográficas mediante um exame direto da filosofia da ciência contemporânea.

---

16. T. Kuhn, "The relations between the history and the philosophy of science" e "The relations between history and history of science", em *The essential tension* (Chicago, 1977), p. 7.

17. Cf. I. Lakatos, *The methodology of scientific research programmes* (eds. J. Worral e G. Currie, Cambridge, 1978), p. 102; W. Jaeger, *Paideia: the ideals of Greek culture* (Oxford, 1939), p. 150.

Phyllis Deane, por exemplo, na introdução de *Evolution of economic ideas* (1978), examina criticamente as teorias de mudança científica propostas por Popper, Kuhn e Lakatos. Sem adotar integralmente nenhuma dessas teorias como guia para seu trabalho, Deane considera suas implicações para o entendimento da evolução da economia. É fácil notar como muitas das questões que serão analisadas posteriormente, no corpo principal do trabalho de Deane, seguem pistas de investigação sugeridas pelo estudo da filosofia da ciência.

Estratégia análoga é seguida por Mark Blaug, embora ele, ao contrário de Deane, se defina claramente pela adoção de uma metodologia historiográfica específica. No artigo "Kuhn versus Lakatos",[18] Blaug rejeita a abordagem kuhniana e defende fortemente a adoção da "metodologia dos programas de pesquisa científica" formulada por Lakatos — uma reformulação da filosofia da ciência de Popper, criada para fazer frente às críticas contundentes de Kuhn.[19]

Uma questão interessante é avaliar até que ponto as teorias da ciência de Kuhn, Lakatos e outros filósofos contemporâneos, criadas originalmente para lidar com os problemas das ciências naturais maduras, podem ser úteis para entender também o que se passa na conturbada província da economia. Afinal, como ironizou Schumpeter, "a economia está para a astronomia assim como São Domingos está para a França".[20] Mas o ponto básico que eu gostaria de enfatizar aqui é que o paralelo com as ciências naturais *não* deve ser levado longe demais.

Existe um terreno comum e todos estão de acordo que os pesquisadores em história das ideias têm muito a aprender com a filosofia da ciência. Mas o velho ponto permanece. A economia é uma ciência *social* cujo objeto — para usarmos a formulação marshalliana — é "o estudo da humanidade nos assuntos práticos da vida" (*the study of mankind in the ordinary business of life*). O entendimento de sua origem e das vicissitudes da sua evolução suscita

---

18. M. Blaug, "Kuhn versus Lakatos, or Paradigms versus research programmes in the history of economics", *History of Political Economy* 7 (1975), pp. 399-432.

19. Cf. I. Lakatos e A. Musgrave, eds., *Criticism and the growth of knowledge*, op. cit.

20. Joseph Schumpeter, *History of economic analysis*, op. cit., p. 919.

REFLEXÕES SOBRE A HISTORIOGRAFIA DO PENSAMENTO ECONÔMICO

questões que *não* encontram paralelo na investigação das ciências cujo objeto são processos puramente naturais.

Como tentarei sugerir abaixo, são exatamente essas questões referentes ao caráter da economia como ciência social que explicam — mais do que qualquer outra coisa — a existência de um grau de diversidade maior na historiografia das ideias econômicas do que na das ideias científicas em geral.

2.1. Externalismo × internalismo

Para começar, existe o fato óbvio, mas nem por isso menos crucial, de que o próprio objeto da economia é ele mesmo um processo histórico singular, de modo que, em grande medida, as teorias econômicas de diferentes épocas lidam com diferentes conjuntos de fenômenos e problemas.[21]

A matéria sobre a qual se debruçam o químico ou o físico é sempre a mesma. Suas teorias e resultados poderiam ter sido obtidos, por assim dizer, por Adão ou Eva no sétimo dia da criação, caso estes dispusessem do equipamento e qualificação requeridos. Como afirmou o filósofo Malebranche, expressando o ponto de vista do cientista natural cartesiano diante do seu objeto de investigação: "Só me interessa o que Adão pudesse também conhecer".[22] O mesmo ponto é notado pelo historiador de ideias norte-americano Arthur O. Lovejoy: "O desprezo dos cartesianos, no século XVII, por estudos históricos era notório, e foi atacado pelo pioneiro no desenvolvimento inicial da filosofia da história, Vico, na *Scienza Nuova*".[23]

O economista, ao contrário, lida com uma matéria que se transforma constantemente. Os problemas da ciência econômica *não* são inteiramente gerados pelo desdobramento do processo de pesquisa — fatores internos —, mas dependem de fatores exógenos, isto é, situações-problema de caráter histórico e mais ou menos transitório. São fenômenos como, por exemplo, a

21. Idem, ibidem, p. 5.
22. Ernst Cassirer, *The philosophy of the enlightenment* (Londres, 1951), p. 201.
23. Arthur O. Lovejoy, "Herder and the enlightenment philosophy of history", em *Essays in the history of ideas* (Baltimore, 1955), p. 175.

FILOSOFIA ECONÔMICA

existência de má nutrição e pobreza absoluta; a ocorrência de desemprego involuntário e inflação; as bolhas de crédito e depressões; ou, ainda, o esgotamento de recursos não renováveis e a degradação ambiental — todos eles problemas gerados *na sociedade*, desafiando os praticantes da disciplina e demandando soluções práticas. Problemas que Adão e Eva, em sua inocência, jamais poderiam haver conhecido.

Como observou com muita clareza Hicks — e vários outros economistas modernos, de Keynes e Kalecki a Joan Robinson, Georgescu-Roegen, Leontief, Morishima e Boulding, entre outros, poderiam ser igualmente citados —, a ciência econômica lida com uma realidade mutante: "Uma teoria que ilumina as coisas certas agora, pode iluminar as coisas erradas em outro momento [...]. Não existe teoria econômica que fará para nós tudo que poderíamos desejar dela durante todo o tempo [...]. Poderemos [algum dia] rejeitar nossas teorias atuais não porque estejam erradas em si, mas porque se tornaram inapropriadas [diante da realidade econômica]".[24]

As implicações dessa observação para a historiografia da economia são profundas. Pois, ao analisarmos os dez manuais de HPE referidos acima, verificamos que eles divergem marcadamente no modo como incorporaram esse fato nas histórias que contam.

Alguns — como, por exemplo, Dasgupta (1985), Dobb (1973), Deane (1978) e Galbraith (1987) — o trazem para o primeiro plano da narrativa e estão sistematicamente procurando mostrar como o pensamento econômico, por mais abstrato que possa à primeira vista parecer, se refere sempre a uma situação-problema particular, e portanto só pode ser corretamente compreendido como uma resposta mais ou menos sofisticada a questões econômicas surgidas na sociedade, ou seja, independentemente do desdobramento interno da própria teoria econômica. A ideia básica é bem sintetizada por Deane:

Os processos econômicos mudam no tempo em função de mudanças nas instituições econômicas, sociais e políticas. Teorias e conceitos podem gradualmente

---

24. J. Hicks, "'Revolution' in Economics", em *Method and appraisal in economics* (ed. S.J. Latsis, Cambridge, 1976), p. 208.

REFLEXÕES SOBRE A HISTORIOGRAFIA DO PENSAMENTO ECONÔMICO

afastar-se da verdade objetiva porque a natureza da realidade econômica está mudando [...] Pode ser que as alterações nas doutrinas que os economistas consideram ortodoxas sejam com maior frequência o resultado de mudanças autônomas na situação-problema, levando a mudanças na forma de explicação, do que o de tentativas objetivando testar a validade lógica ou empírica da teoria existente.[25]

Assim, a obsolescência — e não qualquer tipo de refutação teórica gerada no interior da comunidade científica — seria o principal motor da mudança na teoria econômica. À medida que o conteúdo empírico dos problemas econômicos muda, assim também o fariam — com maior ou menor velocidade — o escopo da disciplina, as técnicas de análise e a ortodoxia teórica vigente.

Da mesma forma Dobb — cujo interesse básico é mostrar o papel da ideologia na teorização econômica — descreve como tarefa central do seu trabalho em HPE

identificar, em casos particulares, a extensão em que o pensamento é moldado pelos problemas que emergem a partir de um contexto social específico [...] Independentemente do que se possa esperar a priori, a história da economia política, já a partir de sua origem, revela com abundante clareza quão proximamente (e até mesmo de forma deliberada) a formação da teoria econômica esteve ligada à formação e defesa de políticas econômicas [...] Os novos conceitos e estruturas formais são motivados tanto pelo desejo de dar respostas às insuficiências dos nossos predecessores no tocante à relevância e realismo de suas teorias, quanto pela necessidade de dar respostas aos problemas contemporâneos.[26]

Do ponto de vista externalista, portanto, é tarefa central do historiador intelectual resgatar o contexto *prático*, isto é, os problemas concretos e urgentes da

---

25. P. Deane, *The evolution of economic ideas*, op. cit., p. xiii.
26. M. Dobb, *Theories of value and distribution since Adam Smith*, op. cit., p. 16 e p. 37.

economia real, que teriam levado os economistas de diferentes gerações a rever os pressupostos, raciocínios e conclusões de seus antecessores. São esses problemas — como, por exemplo, o preço dos cereais em 1815, o desemprego nos anos 1930, a estagflação na década de 1970 ou a derrocada do sistema soviético em nossos dias — que dão o impulso no sentido de repensar e revisar a estrutura conceitual dos principais programas de pesquisa em economia.

Um conceito mais amplo de externalismo é aquele que procura mostrar como, além das questões de ordem prática, o contexto *intelectual* pode exercer uma influência significativa no processo de investigação econômica. Exemplos dessa abordagem são trabalhos como os de Bonar[27] acerca das relações histó-ricas entre filosofia (naturalismo, utilitarismo, materialismo dialético e evolu-cionismo) e economia; Lukács[28] e Hyppolite[29] acerca das origens hegelianas da crítica de Marx à economia clássica; e Mirowski[30] acerca do impacto dos avanços da física termodinâmica no início do século XIX sobre a chamada "revolução marginalista" de Jevons, Walras e Menger e a matematização da teoria econômica.

Ocorre, entretanto, que nem todos os historiadores da ciência econômica aceitam a posição externalista em HPE. Autores como Blaug, Schumpeter e Stigler possuem noções bastante diferentes sobre como lidar com a relação entre a evolução das ideias, de um lado, e a história econômica e intelectual da sociedade, de outro.

Nenhum deles negaria o fato evidente de que a teoria econômica de épocas distintas lida com conjuntos de problemas significativamente distintos. Não obstante, em suas respectivas histórias da ciência econômica eles decidi-ram abstrair inteiramente tal dimensão. O leitor dessas obras verifica que elas apresentam a evolução interna da teoria econômica sem fazer nenhum tipo de referência aos fatos e problemas econômicos da época em que viveu o autor. O contexto prático está ausente. Por quê?

---

27. James Bonar, *Philosophy and political economy* (Londres, 1922).
28. G. Lukács, *The young Hegel* (Londres, 1975).
29. J. Hyppolite, *Studies on Marx and Hegel* (Nova York, 1973).
30. P. Mirowski, "Physics and the marginalist revolution", *Cambridge Journal of Economics* 8 (1984), pp. 361-79.

REFLEXÕES SOBRE A HISTORIOGRAFIA DO PENSAMENTO ECONÔMICO

A razão é que a preocupação central de Blaug, Schumpeter e Stigler como historiadores não é predominantemente *histórica*. O objetivo que os guia não é, como no caso do primeiro grupo de autores, tentar enriquecer, tanto quanto for possível, a nossa compreensão daquilo que aconteceu em determinado tempo e lugar. Não se trata, para esses autores, de tentar reconstruir "de dentro" — e usando para isso alguma forma de imaginação histórica — as situações-problema e raciocínios que configuram evolução da economia, de modo a torná-los mais inteligíveis para nós.

Como será visto abaixo, tanto Schumpeter quanto Stigler e Blaug têm outros fins em vista quando se propõem a narrar a história da ciência econômica. Seu objetivo primeiro é demonstrar a existência de *progresso* contínuo e inequívoco na evolução da economia como disciplina científica. O caminho até o presente governa a reconstrução do passado. Sua preocupação com o passado, em suma, é de natureza teórica mais do que propriamente histórica. Incentivar o avanço da teoria econômica é o propósito que os move.

Ao estudarem um grande economista do passado, a atitude dos internalistas não é a do historiador de ideias que aborda o autor com o que Bertrand Russell chamou, em sua monumental *History of Western philosophy*,[31] de uma espécie de "empatia hipotética" que busca, acima de tudo, tentar descobrir o que deve ter sido viver na sua época, partilhar de suas crenças filosóficas e acreditar em suas teorias, por mais errôneas, aberrantes ou difíceis de captar que possam nos parecer hoje em dia.

Ao contrário, Schumpeter, Stigler e Blaug escrevem como economistas profissionais que reconstroem o "caminho até aqui" da teoria econômica, identificam as contribuições decisivas para o avanço do conhecimento e, principalmente, preparam o terreno e indicam o caminho para os próximos passos. Como sugere Stigler, "nem os problemas econômicos populares nem os eventos heroicos influenciam muito o desenvolvimento da teoria econômica

---

31. Bertrand Russell, *History of Western philosophy* (Londres, 1945).

FILOSOFIA ECONÔMICA

[...] A influência dominante no horizonte de trabalho dos economistas teóricos é o conjunto de valores internos e pressões da disciplina".[32]

Se a historiografia do iluminismo, tal como definida por Lord Bolingbroke[33] e tal como praticada por, entre outros, Adam Smith,[34] foi descrita pelo século XIX como "a filosofia ensinando através de exemplos", podemos dizer agora que, para os internalistas em HPE sequiosos de provar a existência de progresso inequívoco na evolução da disciplina, a história das ideias tende a tornar-se serva da ortodoxia econômica vigente. A HPE é, nessa perspectiva, a teoria correntemente aceita ensinando através de exemplos, ou seja, dos erros, omissões, desvios e acertos do passado.

2.2. Relativismo × absolutismo

A primeira questão que se oferece para quem pretende promover a ideia de que a evolução da economia exibe progresso e a tarefa do historiador seria a de trazer à luz a constituição gradual de um corpo de conhecimento objetivo hoje aceito é: como exorcizar o fantasma do *relativismo*?

Relativismo, em história das ideias, é a noção de que a primeira obrigação do historiador intelectual é adaptar seus instrumentos e medidas ao seu objeto de investigação, ao invés de forçá-lo num padrão uniforme e predefinido. Se você estuda, para tomarmos um exemplo extremo, a física aristotélica, você deve tentar entendê-la nos seus próprios termos e esforçar-se para compreender como a rede de proposições que a constitui pode parecer plausível na medida em que certos pressupostos-chave são adotados.

De nada valeria, diante da física aristotélica, invocar os padrões e critérios que presidem a física moderna e concluir que ela representou pouco mais que

---

32. Apud R.H. Coase, "George J. Stigler", em *Essays on economics and economists* (Chicago, 1994), p. 202. Coase (R.H. Coase, "The institutional structure of production", *American Economic Review* 82 (1992), pp. 713-9) implicitamente nega essa posição.

33. Henry St. John Bolingbroke, "Letters on the study and use of history" (1735), em *The works of Lord Bolingbroke* (Londres, 1844), v. 2, p. 177.

34. Adam Smith, "The principles which lead and direct philosophical enquiries; illustrated by the history of astronomy" (1795), em *Essays on philosophical subjects*, op. cit.

um conjunto de aberrações incoerentes e infundadas — conjecturas toscas que qualquer ginasiano pode hoje facilmente demolir. O fato é que o sistema aristotélico — que Descartes tanto ridicularizou em sua física — foi aceito como verdadeiro pelos melhores cérebros da humanidade durante séculos, até que o solo conceitual sobre o qual ele se mantinha terminou cedendo. Como sabemos, não demorou uma pequena fração desse tempo até que o sistema cartesiano encontrasse um destino análogo e a física de Descartes — tal como formulada no seu ambicioso tratado *Le Monde* (1644) — se tornasse ela própria objeto de ridicularização.[35]

Para o historiador de ideias, a lição que fica é admiravelmente expressa por Kuhn: "Quando lemos os trabalhos de um pensador importante, devemos procurar em primeiro lugar os absurdos aparentes no texto e perguntar como uma pessoa sensata poderia tê-los escrito. Quando se encontra uma resposta, quando aquelas passagens começam a fazer sentido, então podemos vir a descobrir que passagens mais centrais, passagens que previamente havíamos pensado compreender, mudaram de significado".[36]

A pesquisa em história das ideias corrobora, dessa forma, a máxima formulada por Goethe: "Até mesmo os maiores pensadores estão presos ao seu século por alguma fraqueza".

Na província da economia, a tese relativista ganha força adicional por dois motivos. *Primeiro* porque, como observado acima, o objeto de estudo está longe de ser estável. Como podemos comparar e hierarquizar teorias que se propõem a elucidar situações-problema díspares? Com base no que se poderia argumentar, por exemplo, que o sistema marshalliano representa um progresso significativo em relação ao de Mill ou ao de Adam Smith, se as respostas que ele oferece não são para as mesmas questões?

E, *segundo*, devido ao fato conhecido de que a ocorrência de refutações inequívocas, amplamente aceitas, tem sido uma ave excepcionalmente rara no

---

35. Cf. F. Larmore, "Descartes' empirical epistemology", em *Descartes: philosophy, mathematics and physics* (ed. S. Gaukroger, Londres, 1980).

36. T. Kuhn, "The relations between the history and the philosophy of science" e "The relations between history and history of science", em *The essential tension*, op. cit., p. 18.

universo da ciência econômica. Exceções, é claro, existem — o ciclo solar-comercial de Jevons é uma delas. Mas a própria dificuldade de encontrá-las revela a raridade desse tipo de ocorrência.

Assim, não é apenas o fato de que os economistas, ao longo do tempo, têm respondido a questões essencialmente distintas e com propósitos distintos. Trata-se, também, do fato de que, das principais respostas apresentadas, nenhuma foi falsificada mediante testes lógicos ou empírico-experimentais. Se os grandes economistas do passado se encontram "mortos e enterrados" — e não há consenso sobre quais deveriam ser deixados às traças —, isso não se deve ao fato de que suas ideias tenham sido propriamente sacrificadas no altar da lógica ou no confronto com evidência empírica desfavorável.

Ao contrário das ciências naturais, em suma, a ciência econômica não destrói o seu passado — simplesmente o esquece e segue em frente. Como dar, então, sentido à noção de *progresso científico* no contexto de uma disciplina em que falsificações inequívocas das teorias mais relevantes de cada época histórica são virtualmente inexistentes?

É a esse desafio que Blaug e Schumpeter, entre outros, procuraram dar resposta em seus trabalhos de HPE. Se se pretende defender o caráter progressivo da ciência econômica, então o ponto de vista relativista precisa ser exorcizado. O que é preciso, nesse caso, é um critério que nos permita definir o que é progresso na evolução do pensamento econômico e, sobretudo, como as contribuições importantes podem ser julgadas e ordenadas de acordo com o sistema métrico escolhido. A "empatia hipotética" do anjo relativista dá lugar ao veredicto do juiz absolutista.

Schumpeter, em sua monumental *History of economic analysis* (HEA), concebeu um estratagema engenhoso para dar sentido à noção de progresso na teoria econômica e torná-la incontroversa. A solução por ele apresentada é essencialmente a seguinte:

Ao invés de concentrar a narrativa na evolução da *teoria* econômica (as asserções dos economistas acerca dos fenômenos do mundo econômico real), ou na evolução das *doutrinas* econômicas (as asserções sobre o mundo como ele é mais aquelas sobre o mundo como ele deveria ser), Schumpeter propõe-se a deslocar todo o foco da narrativa para o que ele chamou de "análise

REFLEXÕES SOBRE A HISTORIOGRAFIA DO PENSAMENTO ECONÔMICO

econômica", ou seja: as técnicas de raciocínio e exposição elaboradas pelos economistas teóricos no esforço de organizar, descrever e explicar aspectos da realidade econômica.

Em outras palavras, ele deslocou o centro de gravidade da sua reconstrução do pensamento econômico, retirando-o da ciência econômica positiva e da doutrina econômica para privilegiar marcadamente as técnicas formais de análise — daí inclusive o título do livro — desenvolvidas pelos economistas para vestir e comunicar suas asserções substantivas sobre o processo econômico. Essas técnicas formais são aquelas que ele veio a batizar de modo variado em seu livro como: "*tools of analysis*"; "*box of theoretical or statistical tools*"; "*analytic apparatus*"; "*conceptual constructs*"; "*stainless-steel concepts*"; "*engine of analysis*"; "*cold metal of economic theory*"; "*boxes of tools*"; "*sum total of gadgets*"; "*instruments or tools framed for the purpose of establishing interesting results*".

Tais instrumentos de análise, de acordo com a visão de Schumpeter, transcenderiam o contexto original onde foram forjados e teriam um valor permanente, não importando a sua origem e o uso que deles tenham feito economistas pertencentes a diferentes escolas de pensamento. São ferramentas analíticas como, por exemplo, a função de produção, o multiplicador, as curvas de indiferença, a equação monetária de Fisher, a matriz insumo-produto, ou ainda conceitos como os de custo de oportunidade, *trade-off*, restrição orçamentária, propensão marginal a consumir, utilidade marginal, entre outros, e que teriam — como no caso da tecnologia industrial no mundo da produção — a propriedade de aplicabilidade geral aos fenômenos econômicos.

Assim, não importando quão "contaminada" seja eventualmente uma dada contribuição à teoria econômica pela história socioeconômica, por premissas filosóficas inadequadas ou pelo viés ideológico do autor, as *técnicas de análise* que ela carrega teriam um valor intrínseco, no sentido de que podem ser isoladas, transmitidas e perfeitamente aplicadas a qualquer fenômeno pertinente ou situação histórica, por economistas que adotem outras premissas filosóficas e ocupem posições distintas no espectro ideológico.

É a história da conquista gradual dessa tecnologia sofisticada de análise econômica — um "instrumento compósito ou máquina ou órgão de análise

FILOSOFIA ECONÔMICA

econômica que funciona formalmente da mesma maneira qualquer que seja o problema econômico sobre o qual nos debruçamos" — que Schumpeter pretendeu reconstruir na HEA.

E é essa a estratégia que permite a Schumpeter manter a ameaça relativista à distância, rejeitando a noção de que a história da ciência econômica não passa, por exemplo, de uma história de ideologias na qual nada se pode dizer em defesa da validade de seus métodos e resultados. Embora admitindo que a economia é muito afetada pelo vírus do conflito social, preconceito filosófico e situações-problema contingentes, Schumpeter argumenta que, não obstante, as ferramentas de análise forjadas espontaneamente na prática da investigação configuram um patrimônio capaz de garantir o caráter progressivo, universal e ideologicamente neutro da história que vai narrar.

Dessa forma, quando perguntaram a Schumpeter, em 1941, se o sistema marshalliano estava fadado a ser ultrapassado do mesmo modo como o sistema de Mill havia sido, ele respondeu, cheio de confiança: "Num certo sentido a ciência econômica marshalliana já está ultrapassada. Não são as considerações de Marshall sobre os problemas práticos, questões sociais e assuntos afins que estão tão obsoletos. O que importa é que o seu aparato analítico está obsoleto, e que isso teria acontecido mesmo que nada houvesse ocorrido para mudar nossas atitudes políticas. Se a história houvesse ficado parada, marcando passo, e nada a não ser a análise houvesse continuado, o veredicto teria que ser o mesmo".[37]

De fato, como ele veio a escrever na introdução da HEA, "isso define de uma maneira consensual e perfeitamente inequívoca em que sentido houve 'progresso científico' entre Mill e Samuelson. Trata-se do mesmo sentido em que podemos dizer que houve progresso tecnológico na extração de dentes entre a época de John Stuart Mill e a nossa própria época".[38]

O problema com a abordagem instrumentalista de Schumpeter é que, embora ofereça uma saída com relação ao relativismo na HPE, ela o faz jogando fora o bebê junto com a água do banho. A solução por ele apresentada, apesar

37. Joseph Schumpeter, *Ten great economists: from Marx to Keynes* (Londres, 1951), pp. 91-2.
38. Idem, *History of economic analysis,* op. cit., p. 39.

296

de engenhosa e sob muitos aspectos atraente, não satisfaz alguns requisitos importantes.

O principal argumento aqui é de ordem epistemológica. O refinamento técnico e o uso de instrumentos de análise altamente sofisticados estão longe de ser garantias adequadas com relação aos méritos *cognitivos* de um conjunto de proposições que procura descrever ou explicar um dado sistema ou estado de coisas.

Não é difícil, por exemplo, conceber um aparato formal e matemático da mais alta sofisticação ou técnicas avançadas de modelagem e simulação sendo postos a serviço de pseudociências como, entre outras, a "biologia proletária"[39] ou a frenologia.[40] A astrologia computadorizada também é exemplo. Por outro lado, podemos lembrar que avanços decisivos na ciência moderna — como a teoria da população de Malthus, a teoria darwiniana do mecanismo da evolução das espécies e a descoberta do DNA nos anos 1950 — não dependeram de instrumental analítico ou formal extremamente refinado.[41]

O progresso científico é função do poder explicativo e de predição de uma teoria, não do seu refinamento formal. Nesse sentido, é enganoso sugerir que tenha havido progresso na ciência econômica entre, digamos, Mill e Samuelson, simplesmente porque o último reveste os seus argumentos substantivos com uma maior elegância ou precisão formal. De fato, como já assinalava Nietzsche: "É uma ilusão que algo seja *conhecido* quando possuímos uma fórmula matemática para um evento: ele foi apenas designado, descrito; nada mais".[42] Ou, como propõe Wittgenstein: "Na vida nunca é uma proposição matemática aquilo de que precisamos, mas utilizamos proposições matemáticas *apenas* com o intuito de inferir de proposições que não pertencem à matemática outras que igualmente não pertencem à matemática".[43] Os instru-

---

39. Cf. Z.A. Medvedev, *The rise and fall of T.D. Lysenko* (Nova York, 1969).

40. Cf. S.J. Gould, *The mismeasure of man* (Nova York, 1981).

41. Cf. J. Passmore, *Science and its critics* (Londres, 1978).

42. Friedrich Nietzsche, *The will to power* (Nova York, 1968), p. 335; cf. A. Marshall, *Memorials of Alfred Marshall* (ed. A.C. Pigou, Londres, 1925), p. 427.

43. Ludwig Wittgenstein, *Tractatus logico-philosophicus* (Londres, 1922), p. 169.

FILOSOFIA ECONÔMICA

mentos devem ser julgados pelos resultados práticos e cognitivos que nos ajudam a obter e não pelas suas propriedades formais.

É digna de atenção, a esse respeito, a contundente crítica de Popper dirigida à abordagem instrumentalista da ciência, numa passagem que, mutatis mutandis, descreveria com perfeição a posição predominante em ciência econômica no pós-guerra. Referindo-se às teses instrumentalistas do filósofo da ciência tcheco Ernst Mach — que é, por sinal, quem inspirou diretamente o projeto da HEA e toda a abordagem de Schumpeter em metodologia e filosofia da ciência[44] —, Popper comenta:

> Poucos, se é que algum, dos físicos que agora aceitam o ponto de vista instrumentalista estão conscientes de que aceitaram uma teoria filosófica. Muito menos têm eles consciência de que, ao fazerem isso, romperam com a tradição de Galileu. Ao contrário, a maioria pensa que assim se mantém à distância da filosofia. E a maioria deles, de qualquer maneira, já não se importa. O que importa para eles, como físicos, é, em primeiro lugar, o domínio do formalismo matemático, ou seja, do instrumento; e, em segundo lugar, suas aplicações; e não se importam com mais nada. E, ainda por cima, eles pensam que assim, excluindo tudo mais, eles finalmente se livraram, de uma vez por todas, de toda a tolice filosófica.[45]

A evidência da história da ciência, vale notar, sugere precisamente que os grandes cientistas tendem, de uma forma geral, a se preocupar com questões filosóficas, tanto no sentido de esclarecer os fundamentos sobre os quais erguem suas teorias, quanto no de tentar compreender as implicações filosóficas de suas ideias. Como observa o filósofo alemão Ernst Cassirer: "O estudo da história da física mostra que precisamente as suas maiores e mais profundas conquistas são aquelas que se encontram em mais próxima conexão com

---

44. M.F.G. da Silva, *Schumpeter e a epistemologia da economia* (tese de doutorado, Universidade de São Paulo, 1994).
45. Karl Popper, "Three views concerning human knowledge", em *Conjectures and refutations* (Londres, 1963), pp. 99-100.

REFLEXÕES SOBRE A HISTORIOGRAFIA DO PENSAMENTO ECONÔMICO

considerações de caráter epistemológico. *Os diálogos sobre os dois sistemas do Universo* de Galileu estão repletos de tais considerações, e os seus oponentes aristotélicos podiam acusar Galileu de que ele devotara mais anos ao estudo da filosofia do que meses ao estudo da física".[46]

Considerações análogas valem para inúmeros expoentes da ciência moderna, desde Kepler, Descartes, Newton e Darwin até Maxwell, Einstein, Sperry e Hawking. "A ciência natural não pode prosseguir por muito tempo sem que a filosofia comece."[47]

Fora isso, o leitor da HEA percebe claramente como o próprio Schumpeter deixou de cumprir, na prática narrativa, aquilo que ele pregou como o método historiográfico a ser adotado nessa obra. Pois, se ele tivesse de fato aderido ao ponto de vista instrumentalista, o resultado final teria sido extremamente rarefeito. Quem melhor notou essa peculiaridade da HEA foi Dobb, na introdução a *Theories of value and distribution*: "Se a análise da qual fala Schumpeter é uma estrutura puramente formal, sem nenhuma relação com problemas econômicos ou questões para as quais foi concebida como resposta, [então] ela não pode ser identificada com a história das teorias econômicas, uma vez que essas teorias estão muito ocupadas com proposições substantivas, mesmo que num nível bastante geral".[48]

Em suma, houvesse Schumpeter feito estritamente aquilo a que se propôs, e escrito uma história desse núcleo de técnicas formais e instrumentos de análise econômica, então seu livro não teria nada a ver com a economia enquanto projeto cognitivo. O resultado final estaria restrito à descrição do aprimoramento de construções puramente formais, incapazes, como tais, de produzir alguma explicação ou previsão acerca de eventos econômicos.

De fato, é claro, a HEA contém alguma coisa sobre o aparato técnico da teoria econômica, mas contém ainda mais sobre a própria teoria, a economia normativa e outras áreas da HPE, para não falarmos nas digressões eruditas

---

46. Ernst Cassirer, *Substance and function* (Nova York, 1923), p. 353.
47. R.G. Collingwood, *The idea of nature* (Oxford, 1960), p. 2.
48. M. Dobb, *Theories of value and distribution since Adam Smith*, op. cit., p. 4.

FILOSOFIA ECONÔMICA

sobre os mais diversos e recônditos autores e assuntos, não somente em ciência econômica mas nas ciências humanas como um todo.

2.3. Antiquarianismo × anacronismo

Quanto a *Economic theory in retrospect*, de Blaug, o problema maior está na "falácia anacronística" da abordagem. Trata-se de um trabalho útil, que oferece ao leitor um painel rigoroso do "caminho até aqui" da teoria econômica e sumários competentes das obras canônicas na evolução da ciência econômica — todas elas convenientemente traduzidas para o jargão da economia acadêmica profissional. Talvez a melhor coisa a dizer sobre o livro como projeto historiográfico seja que ele é estritamente fiel ao título.

O problema central é que Blaug se propõe a reconstruir o passado de modo "racional", ou seja, como se ele não passasse de uma versão empobrecida, ainda ingênua, do que veio a se tornar a economia acadêmica anglo-americana no pós-guerra. Dessa forma — e principalmente nos seus comentários e avaliações dos economistas dos séculos XVIII e XIX —, Blaug tende a cometer o que se convencionou chamar, em história das ideias, de "falácia anacronística" — o hábito de reduzir o passado ao status de um "presente espúrio".[49]

Os grandes economistas teóricos do passado aparecem, nesse contexto, como "cópias primitivas" — como aproximações mais ou menos fiéis — dos teóricos contemporâneos. É como se estivessem no fundo se esforçando para formular as teses e teorias hoje aceitas mas fossem ainda incapazes disso e não estivessem à altura de fazê-lo de forma plena e satisfatória.

Sua referência essencial ao presente — e daí a propriedade do termo "retrospecto" no título da obra — torna-se manifesta na tendência a reconstruir as contribuições passadas à teoria econômica como se fossem aproximações imperfeitas do "estado das artes" presente. É o próprio Blaug, por sinal, quem, logo no prefácio, alerta: "Meu propósito é ensinar a teoria econômica contemporânea".[50]

---

49. L. Kruger, "Why do we study the history of philosophy", em *Philosophy in history* (eds. R. Rorty, J. Schneewind e Q. Skinner, Cambridge, 1984).
50. M. Blaug, *Economic theory in retrospect*, op. cit., p. vii.

REFLEXÕES SOBRE A HISTORIOGRAFIA DO PENSAMENTO ECONÔMICO

Assim, embora em seu tipo de abordagem específico seja difícil para qualquer outro praticante de HPE rivalizar com o competente trabalho de Blaug, a seleção de tópicos para estudo acaba se mostrando extremamente limitada. E isso, é claro, compromete ainda mais o seu tratamento daqueles economistas que nitidamente consideravam a teoria econômica como parte integrante de um projeto filosófico e prático-normativo mais amplo. A essa classe pertencem pensadores como, entre outros, Smith, Mill, Marx e Marshall, para ficarmos apenas entre aqueles que exerceram maior influência na evolução das ideias econômicas.[51]

Mais recentemente, vale acrescentar, Blaug tem procurado desenvolver uma posição historiográfica mais sofisticada, adotando para isso a "metodologia dos programas de pesquisa científica" desenvolvida pelo filósofo da ciência húngaro Lakatos. O fato, contudo, é que a posição sustentada por Blaug em sua comparação das abordagens de Lakatos e Kuhn se apresenta um tanto equivocada em pontos cruciais.

Primeiro, porque ele acaba revelando um entendimento bastante falho do que é a história das ideias na abordagem kuhniana. Evidência dessa má compreensão é, por exemplo, sua afirmação de que "o traço distintivo da metodologia de Kuhn não é o conceito de paradigmas que foi objeto de tanto debate, mas aquele de 'revoluções científicas' como descontinuidades abruptas no desenvolvimento da ciência, e particularmente a noção de uma ampla falha de comunicação durante períodos de 'crise revolucionária'".[52]

O fato, entretanto, é que na verdade não há nada de novo ou original na ideia de "revolução científica" discutida por Kuhn. Como nos mostra com formidável riqueza de detalhes o grande estudioso da física newtoniana Bernard Cohen, o conceito de "revolução científica" vem sendo regularmente empregado por historiadores da ciência desde o final do século XVIII: "De fato, por cerca de três séculos tem havido uma tradição mais ou menos

---

51. Para um notável contraponto à abordagem de Blaug, ver James Bonar, *Philosophy and political economy*, op. cit.

52. M. Blaug, "Kuhn versus Lakatos, or Paradigms versus research programmes in the history of economics", *History of Political Economy* 7 (1975), p. 403.

FILOSOFIA ECONÔMICA

sem rupturas que vê a mudança científica como uma sequência de revoluções".[53] Além de filósofos como Fontenelle e D'Alembert, citados por Cohen, podemos lembrar o ensaio de Adam Smith sobre a história da astronomia[54] como pertencendo a essa mesma tradição.

Ainda mais questionável é a tese de Blaug de que "o que Kuhn realmente fez foi fundir prescrição e descrição, deduzindo sua metodologia da história, em vez de criticar a história com a ajuda da metodologia".[55] De fato — e ao contrário de Lakatos — Kuhn não se propõe a "criticar a história com a ajuda da metodologia", ou seja, adotar uma metodologia de "reconstrução racional" da história da ciência, na qual os eventuais "desvios" cometidos pelos cientistas com relação à racionalidade imputada não teriam lugar no texto principal mas seriam relegados a notas de rodapé, como chega a sugerir literalmente Lakatos: "Um modo de indicar as discrepâncias entre a história e sua reconstrução racional é relatar a história interna no texto e indicar, em notas de rodapé, como a história verdadeira 'se portou mal', à luz de sua reconstrução racional".[56]

O que é realmente difícil aceitar, no entanto, é a afirmação de Blaug de que a abordagem de Kuhn contém um vetor prescritivo ou uma metodologia que defende um código apropriado de comportamento científico. Pois foi exatamente *em oposição* a essa atitude historiográfica — a que se vale da imposição de um padrão de racionalidade preestabelecido sobre o material a ser investigado — que surgiu a história das ideias contemporânea, desenvolvida originalmente por autores como Cassirer, Lovejoy (o pai do *Journal of the History of Ideas*), Burtt e Koyré, e da qual o trabalho de Kuhn em história da ciência é — como ele mesmo diz[57] — um desdobramento natural.

---

53. I.B. Cohen, "The eighteenth century origins of the concept of scientific revolution", *Journal of the History of Ideas* 37 (1976), p. 257.

54. Adam Smith, "The principles which lead and direct philosophical enquiries; illustrated by the history of astronomy" (1795), em *Essays on philosophical subjects*, op. cit.

55. M. Blaug, "Kuhn versus Lakatos, or Paradigms versus research programmes in the history of economics", *History of Political Economy* 7 (1975), p. 405.

56. I. Lakatos, *The methodology of scientific research programmes*, op. cit., p. 120.

57. T. Kuhn, "The relations between the history and the philosophy of science" e "The relations between history and history of science", em *The essential tension*, op. cit., pp. 141-2.

Criticar a falácia anacronística em HPE não equivale, é claro, a ir para o extremo oposto de um antiquarianismo ingênuo que pretenderia preservar intato o passado — o sonho duvidoso de uma história das ideias emulando o esteticismo extremo da "arte pela arte". Em qualquer época, o passado sempre é visto, em alguma medida, no contexto das categorias e debates presentes. Não há estudo ou pesquisa desinteressados do "passado pelo passado". A única questão é: como proceder e o que fazer diante disso?

De um lado, a chamada "reconstrução racional" lakatosiana — defendida na HPE por Blaug — aplica filtros poderosos e se propõe a "corrigir o passado" e a apresentar uma versão retrospectiva e "melhorada" do que teria efetivamente ocorrido. Ao fazer essa opção, a história da ciência em geral — e a HPE em particular — se curva diante da autoridade normativa da filosofia da ciência e da noção de racionalidade escolhidas.

A tradição de história das ideias adotada por Kuhn, por outro lado, procura evitar o anacronismo implícito nessa posição, bem como a postura do antiquário ou visitante de museu. Do ponto de vista metodológico, trata-se de afirmar a autonomia e a integridade do entendimento histórico diante das pretensões hegemônicas de qualquer versão da racionalidade científica. O objetivo é preservar abertos pelo menos alguns canais de acesso à diversidade original e ao sentido próprio das ideias que suscitaram reações e interesse no tempo. O filtro, é claro, existe, mas o foco é mais sensível e a abertura da lente, maior.

3. PARA QUE SERVE A HPE?

Resta, agora, abordar diretamente a segunda questão levantada no início do artigo. Se o propósito da HPE não é "ensinar a teoria econômica contemporânea" ou estabelecer um critério de progresso do conhecimento a qualquer preço, como fazem abertamente Blaug e Schumpeter, então qual a finalidade de estudá-la? Para que serve, afinal, a pesquisa em HPE?

A questão, obviamente, não tem nada novo, e praticamente todo livro-texto de HPE contém algum argumento — em geral defensivo — no sentido de introduzir e justificar o empreendimento. Tomando como base algumas

FILOSOFIA ECONÔMICA

das respostas encontradas e buscando agrupá-las em categorias mais amplas, três grupos de "justificação existencial" podem ser identificados:

1º) É somente mediante o estudo de HPE que podemos alcançar alguma compreensão de como a disciplina se transformou naquilo que é hoje, e isso aumenta o nosso conhecimento dos seus métodos, limites, problemas e resultados. Ninguém pensa num vácuo. As novas ideias nunca são "relâmpagos em céu azul" e, como costumava dizer Adam Smith (adaptando fórmula clássica), "não existe absurdo que ainda não tenha encontrado seu porta-voz". A identidade da economia como disciplina intelectual é função de seu passado e das tradições dentro das quais as próprias noções de originalidade e inovação adquirem sentido. Sem passado, não há criação.

2º) A consulta com a sua própria história é um dos mais valiosos recursos pelos quais qualquer ciência se ajusta às condições mutantes do presente. Um grande exemplo aqui é o caso de Copérnico, que apenas se sentiu seguro para propor o sistema heliocêntrico quando descobriu que, também entre os gregos antigos, o sistema geocêntrico já havia sido contestado e a hipótese heliocêntrica já havia sido levantada. Da mesma forma, a HPE pode ser — e com frequência parece ser de fato — uma fonte de inspiração para a pesquisa contemporânea. Como observa Schumpeter, "é muito maior a probabilidade de que sugestões estimulantes e lições úteis — mesmo que desconcertantes — ocorram ao economista que estuda a história de sua disciplina do que ao físico; pois este pode, em geral, estar seguro de que nada de maior valor ficou perdido no trabalho de seus predecessores".[58]

3º) O estudo de HPE constitui uma lição prática sobre a mente humana em funcionamento, isto é, a maneira como a mente seleciona e aborda problemas científicos, busca conhecimento objetivo, faz julgamentos valorativos e procura persuadir outras mentes de suas conclusões. Ao estudarmos a origem, o desenvolvimento, o impacto e os mal-entendidos provocados por um grande clássico na HPE, temos a oportunidade de observar um verdadeiro laboratório de busca, produção, seleção e disseminação de confusão e conhecimento no campo da economia.[59]

---

58. Joseph Schumpeter, *History of economic analysis*, op. cit., p. 5.
59. Cf. Eduardo Giannetti da Fonseca, *Beliefs in action* (Cambridge, 1991).

REFLEXÕES SOBRE A HISTORIOGRAFIA DO PENSAMENTO ECONÔMICO

A HPE é esse laboratório. Uma arena onde encontramos não os métodos de pesquisa e persuasão estritamente racionais — a ciência *como ela deveria ser* dos metodólogos e filósofos da ciência —, mas os métodos efetivamente praticados pelos economistas ao tentarem entender o mundo como ele é e movê-lo na direção almejada. Esse exercício da imaginação histórica tem uma função importante. Ele nos ajuda a entender melhor e a aperfeiçoar as nossas próprias estratégias de conhecimento, reflexão moral e persuasão. A economia, como a arte e a filosofia, não destrói o seu passado.

23. O outro Hayek[1]

Em quase setenta anos de assídua atividade, Friedrich von Hayek publicou 26 livros e cerca de 250 artigos em periódicos especializados. Essa formidável massa de publicações impressiona não só pelo seu volume, mas também pela diversidade dos temas tratados. Hayek escreveu sobre assuntos que se encontram espalhados por vários departamentos universitários e que vão desde epistemologia, ética e filosofia da ciência até história das ideias, economia, psicologia, jurisprudência e política.

Ao contemplar o legado de Hayek, o estudante de sua contribuição ao pensamento moderno é levado à conclusão de que nenhuma mente individual teria condições de dominar plenamente a extraordinária torrente de teses, pistas, críticas e informações contida em sua obra. O consolo é recorrer à definição certa vez sugerida pelo próprio Hayek: "Uma pessoa educada é aquela que já esqueceu muita coisa". Saber latente.

Pelo que será lembrado Hayek no futuro? O primeiro ponto é distinguir com clareza entre a imagem pública e o pensamento do autor. "A nossa reputação", adverte Nelson Rodrigues, "é a soma dos palavrões que inspiramos nas esquinas, salas e botecos." No contexto brasileiro, chamar alguém de "neoliberal" parece o bastante para desqualificar em definitivo o acusado e dar o assunto por encerrado. O fato, entretanto, é que nenhum pensador, seja qual for

---

1. Artigo publicado na revista *Conjuntura Econômica*, v. 46, n. 4, abril de 1992, pp. 37-40.

sua orientação ideológica, tem condições de controlar — ou sequer prever — o uso que será feito de suas ideias por outros intelectuais ou pelos políticos e líderes de opinião em geral.

É curioso que, no último encontro que tiveram, em 1946, Hayek e Keynes tenham tocado precisamente nessa questão. "Eu perguntei a ele", relatou Hayek sobre a conversa, "se não estava alarmado com o uso que alguns de seus seguidores estavam fazendo de suas teorias. Sua resposta foi que aquelas teorias tinham sido muito necessárias nos anos 1930, mas que, se elas viessem a se tornar por qualquer razão nocivas, eu poderia ficar tranquilo, porque ele rapidamente provocaria uma mudança na opinião pública."

O problema com a resposta jocosa de Keynes é que alguns meses depois ele estaria morto e, portanto, incapaz de exercer controle sobre os usos, abusos e até mesmo sobre o significado de suas teorias: a indústria acadêmica gerada pela controvérsia sobre "o que Keynes realmente disse" aí está para comprovar o fato. O que falta no relato de Hayek, porém, é dizer como *ele* teria reagido a uma pergunta assim. A experiência mostra que as consequências não *intencionais* das ideias de um autor são com frequência mais importantes do que os efeitos diretamente perseguidos por ele.

Mesmo em vida, Hayek não foi exceção à regra. Um comentário da *Economist* no obituário do pensador austríaco vai ao ponto: "Como Keynes, Hayek conquistou a fama menos pelo que ele escreveu do que pelo que outros disseram que ele escreveu". Assim, embora tenha escrito um artigo explicando "Por que não sou um conservador" (1960), muitos ainda insistem em caracterizá-lo como expoente do "neoconservadorismo".

Outros preferem acreditar que suas ideias teriam sido a base teórica do thatcherismo, o que é evidentemente falso, a começar pelo simples fato de que o tipo de política monetária adotada por Thatcher nos dois primeiros anos de seu governo, baseada na tentativa (frustrada) de controlar rigidamente a expansão dos agregados monetários, não tem nada a ver com sua proposta de esvaziar o poder do Banco Central e promover a "desestatização da moeda". Sobre política monetária, Hayek declarou em entrevista ao *Times* de Londres que sua posição é tão distinta daquela defendida por Milton Friedman que, "quando nos encontramos, nós praticamente evitamos o assunto".

FILOSOFIA ECONÔMICA

Existem, também, os que imaginam Hayek como um "ultraliberal radical", adepto do laissez-faire puro e irrestrito e inimigo jurado do Estado do Bem-Estar. São todos rótulos reconfortantes, sem dúvida, que permitem manter o inimigo a uma distância segura mas que revelam mais a ignorância inocente de quem os emprega do que qualquer familiaridade com Hayek e seu lugar no campo neoliberal. Simplificações grosseiras e ilusórias como essas sempre ajudaram as pessoas a proteger suas crenças favoritas e assim neutralizar aquilo que lhes parece estranho e ameaçador.

Hayek nunca foi um libertário, adepto do anarcocapitalismo *à la* Robert Nozick e David Friedman (o filho anarquista de Milton). Ao contrário de Marx e Herbert Spencer, esse estranho par, ele jamais previu ou pregou o "desaparecimento do Estado". Para ele, a tarefa fundamental do Estado é a proteção e o alargamento do campo de escolha livre do indivíduo.

É em nome desse fim, como observa John Gray, que "Hayek argumenta que o Estado possui funções positivas que incluem o suprimento de alguns bens públicos, a provisão de um nível mínimo de segurança contra a privação aguda e a adoção de medidas para aprimorar a competição de mercado". Tirar de cena totalmente o Estado seria, entre outras coisas, abrir as portas para o retorno da escravidão — nada mais longe do valor supremo da filosofia hayekiana que é a ampliação da liberdade individual. Quanto ao Estado do Bem-Estar, em particular, valeria a pena lembrar apenas um exemplo concreto e que contradiz frontalmente a imagem de um Hayek ultraliberal, algoz dos fracos e oprimidos.

O Estado do Bem-Estar designa a transferência de renda extramercado, feita por meio de impostos recolhidos pelo governo, em benefício de grupos sociais específicos como idosos, deficientes, menores carentes, desempregados e outros. Hayek atacou, é certo, o Estado do Bem-Estar *tal como ele se desenvolveu* nas democracias ocidentais nas últimas décadas. Sua crítica baseia-se no argumento de que tais transferências, do modo como se fazem hoje, são disfuncionais do ponto de vista da racionalidade do mercado e ineficientes dentro do seu próprio objetivo de melhorar o bem-estar e as oportunidades dos grupos mais vulneráveis da comunidade.

Mas, ao criticar o Estado do Bem-Estar *como ele é*, Hayek em nenhum

O OUTRO HAYEK

momento propõe o seu desmantelamento puro e simples, o que seria algo absurdo e cruel. O que ele faz é nos convidar a refletir sobre o Estado do Bem-Estar *como ele deveria ser*. Se Friedman propõe, como corretivo das distorções acumuladas pelo Estado do Bem-Estar, a criação de um "imposto de renda negativo", Hayek vai na mesma trilha — e mais longe que Friedman — ao sugerir o estabelecimento de uma "renda mínima garantida" para todo e qualquer cidadão cuja capacidade de ganho no mercado livre fique abaixo de um certo nível.

A proposta faz parte de sua crítica à instituição do salário mínimo. Pois, ao negar a tese de que alguém possa *merecer* um determinado salário, no mercado, em vez de outro, Hayek não propõe que o indivíduo padeça à míngua caso sua capacidade de obter renda o abandone. É por isso que defende, para surpresa e choque inclusive de alguns admiradores, a criação de uma "renda mínima garantida", financiada por impostos, para aqueles cujos rendimentos fiquem de outro modo abaixo dela. Isso permitiria um melhor direcionamento das maciças transferências de renda que hoje terminam nos bolsos de quem não precisa delas.

O problema, para Hayek, surge apenas quando a remuneração do trabalho é determinada de fora, pela autoridade estatal ou pelo poder excessivo dos grandes sindicatos, de modo a neutralizar os sinais de preço emitidos pelo mercado, e que deveriam servir de guia para o direcionamento dos nossos esforços e atividades individuais. "Assegurar uma renda mínima previamente definida", afirma Hayek, "ou uma espécie de piso abaixo do qual ninguém precise cair, mesmo quando não é capaz de prover para si mesmo, parece ser não apenas uma proteção inteiramente legítima contra um risco que é comum a todos, mas parte necessária da Grande Sociedade, na qual o indivíduo não mais possui a proteção automática dos membros do pequeno grupo particular em que nasceu." Obviamente, tal proposta apenas faz sentido para os países de maior renda, onde o nível de produção per capita permite financiá-la.

Como o exemplo esclarece, a crítica de Hayek ao Estado do Bem-Estar *como ele é* não significa que ele defenda o seu fim — o "Estado guarda-noturno" ou a utopia duvidosa dos libertários da "anarquia mais o delegado". Muito menos significa que ele não se preocupe com a situação dos grupos desfavo-

309

recidos (idosos, deficientes, menores abandonados, desempregados, enfermos), como se ouve e lê com tanta frequência dos que se contentam em propagar chavões e estereótipos infundados — os "palavrões" a que se referia Nelson Rodrigues — sobre autores aos quais desconhecem. Hayek não é o primeiro herege econômico — e seguramente não será o último — a padecer da "inglória" dos mal-entendidos que foram se juntando a seu nome.

Se não as procurou deliberadamente, Hayek também jamais evitou assumir posições heréticas. Entre elas, a mais conhecida é provavelmente sua oposição ao "grande consenso keynesiano" em política macroeconômica, e isso numa época em que os economistas, com raras exceções, acreditavam ter encontrado na "síntese neoclássica" a fórmula infalível para a prosperidade e o pleno emprego sem dor.

Hayek desafiou a ortodoxia keynesiana e pagou um alto preço por isso. Tornou-se uma figura isolada e esdrúxula no panorama intelectual, mas ainda viveu o bastante para assistir à virada da maré. De fato, como ele observou com elegância e fina ironia em entrevista a uma revista francesa: "Quando eu era jovem, o liberalismo era velho; agora que sou velho, é o liberalismo que voltou a ser jovem". Sua experiência ilustra com perfeição a máxima do poeta inglês William Blake segundo a qual, "se o tolo persistisse na sua tolice, ele se tornaria sábio". Poucos tolos, na história das ideias, perseveram o suficiente para atingir a sabedoria.

Mas a heresia mais fecunda de Hayek — aquela pela qual ele merecerá ser lembrado como um dos mais importantes e criativos economistas teóricos do século xx — não foi sua oposição a Keynes ou qualquer sugestão de ordem prática que tenha feito. Sua grande contribuição à teoria econômica foi a análise do mercado competitivo como um mecanismo de descoberta, processamento e uso do conhecimento. Os artigos seminais nos quais Hayek formulou a teoria da função epistêmica e das propriedades do sistema de mercado foram: "Economia e conhecimento" (1937), "O uso do conhecimento na sociedade" (1945) e "O significado da competição" (1946).

Não é por acaso que a composição desses artigos coincide com a principal mudança de rota na evolução intelectual de Hayek. Foi nessa fase de sua carreira que ele decidiu abandonar o trabalho em teoria econômica pura e, mais especificamente, o programa de pesquisa na linha do equilíbrio geral walrasiano, modelo teórico até hoje dominante na área da microeconomia, para se dedicar à investigação dos fundamentos filosóficos e das implicações normativas de sua descoberta.

A perspectiva aberta por Hayek parte de uma redefinição do problema econômico. Para a teoria neoclássica convencional, a grande questão era como obter uma alocação ótima de recursos limitados e conhecidos entre fins dados. Tanto o sistema de livre mercado como o sistema de planejamento central seriam respostas alternativas a um problema comum — como garantir a alocação ótima dos recursos *existentes* em condições *dadas*.

Mas o nó do problema, argumentou Hayek, é precisamente o fato de que os recursos existentes nunca são plenamente conhecidos, nem as condições dadas. Os desejos dos consumidores, as tecnologias disponíveis, os custos de produção, o acesso a recursos naturais, as oportunidades de ganho e investimento rentável — em suma, as condições da economia não estão dadas de uma vez por todas, mas estão constantemente mudando, e isso em larga medida pela própria atuação dos empresários e consumidores ao testarem e abrirem possibilidades que eram até então desconhecidas.

O verdadeiro problema econômico não é a otimização do conhecido — um problema essencialmente de engenharia —, mas a geração, processamento e utilização de uma extraordinária massa de informações relevantes que se encontram dispersas — e muitas vezes apenas latentes — no cérebro de um grande número de pessoas (trabalhadores, gerentes, técnicos, cientistas, empresários, comerciantes, consumidores).

A grande inovação de Hayek foi mostrar a função epistêmica do mercado. Mostrar que o mecanismo de mercado — baseado na propriedade privada, nas trocas voluntárias e na formação de preços por meio de um processo competitivo reconhecidamente imperfeito — é antes de mais nada uma técnica de descoberta que resolve o problema da geração, processamento e uso do conhecimento disperso na sociedade.

Na visão hayekiana, as regras do mercado são a gramática da interação entre homens livres e criativos. Tal como a linguagem natural, trata-se de uma instituição regida por regras que se formaram gradualmente, sem que ninguém

FILOSOFIA ECONÔMICA

soubesse ou deliberasse de antemão como seria o seu funcionamento — regras complexas e abstratas que "resultam da interação humana, mas não da intenção humana".

O erro fatal das economias de planejamento central foi a presunção, ao mesmo tempo arrogante e ingenuamente racionalista, de que a "organização científica da sociedade" — o plano econômico elaborado pela autoridade central — poderia substituir com vantagem o mercado regido pelo sistema de preços como fonte de incentivos e mecanismo de coordenação das atividades de uma míriade de pessoas e organizações definidas pela divisão social do trabalho.

Fazer isso foi imaginar que era possível tratar a economia *como um todo* como se ela fosse uma grande fábrica ou um gigantesco exército. Na analogia com a linguagem, o que se tentou fazer equivale à decretação da proibição do uso da língua natural (como o russo) nas trocas verbais e a obrigatoriedade do uso de uma língua de laboratório (como o esperanto). O resultado, como sabemos, foi a criação de um verdadeiro "hospício econômico", digno da Casa Verde de Simão Bacamarte em "O alienista", bem retratado no conhecido lamento do funcionário soviético: "Nós fingimos que trabalhamos e eles fingem que nos pagam".

Ao contrário de Keynes, um economista essencialmente pragmático, Hayek sempre foi um pensador apegado a princípios. Aí reside sua grandeza, mas também o seu ponto fraco. Sua confiança por vezes excessiva em princípios fez com que ele, em alguns momentos, resvalasse numa postura francamente dogmática, incompatível com o diálogo aberto e racional, ainda que nunca tenha ido tão longe nessa direção quanto seu colega austríaco Ludwig von Mises.

Seria um despropósito imaginar que a obra de Hayek tem resposta para todos os problemas ou os resolve. Fascinado pelo milagre espantoso da "mão invisível", ele tem pouco a dizer sobre o vasto território das imperfeições do mercado. Rejeita com firmeza o crescimento excessivo do Estado, mas não chega a fazer uma análise positiva das patologias do setor público (como fazem, por exemplo, James Buchanan e a escola da "escolha pública"). Seu conhecimento dos problemas peculiares do atraso econômico e dos países do

Terceiro Mundo — particularmente no tocante à questão demográfica e do capital humano — é bastante reduzido. Hayek explica, melhor que ninguém, a raiz do colapso do castelo de cartas soviético, mas o que sua abordagem dificilmente explicaria é a miséria de uma Índia ou o sucesso econômico japonês.

Na história do pensamento econômico, Hayek pertence a uma linhagem de autores cuja virtual extinção foi repetidamente anunciada mas que teima em postergar o seu fim. São os que acreditam, como ele dizia parafraseando John Stuart Mill, "que aquele que for somente um economista não tem condições de ser um bom economista, pois todos os nossos problemas tocam em questões de filosofia":

> Certamente não é acidente que na Inglaterra, a nação que tem tido por tanto tempo a liderança em economia, quase todos os grandes economistas eram também filósofos e, ao menos no passado, todos os grandes filósofos também eram economistas [...] Se mencionarmos apenas os nomes mais importantes, Locke, Berkeley e Hume, Adam Smith e Bentham, Samuel Bailey, James e John Stuart Mill, Jevons, Henry Sidgwick e finalmente John Neville e John Maynard Keynes, tal lista parecerá para os filósofos uma lista de filósofos ou lógicos importantes, e para os economistas, uma lista de economistas de ponta.

Embora membro da escola austríaca, Hayek seguramente conquistou o seu próprio lugar nessa lista.

24. A riqueza e a pobreza das nações[1]

Por que os países ricos são ricos e os países pobres são pobres? Como explicar as tremendas diferenças de produtividade e bem-estar material que se observam na economia mundial? Por que as trajetórias econômicas do Brasil e dos Estados Unidos são tão distintas? Como vencer a baixa produção per capita e a desigualdade desabilitadora?

O trabalho de David Landes oferece uma generosa perspectiva histórica acerca das causas da riqueza e da pobreza das nações. Combinando de forma notável um painel dos grandes movimentos de longo prazo com a atenção ao detalhe revelador, em particular no campo da inovação e difusão científico-tecnológica, que é a sua especialidade acadêmica, Landes enfatiza aspectos da temática do crescimento que foram negligenciados pela teoria econômica moderna.

Sua ideia básica — a partir da qual ele contrasta, entre outras coisas, os processos civilizatórios no Novo Mundo ibérico e anglo-saxão desde a era dos descobrimentos — é a tese de que as diferenças de desempenho econômico e grau de desenvolvimento observáveis na história da humanidade resultam

---

1. Comentário da apresentação feita pelo historiador econômico David Landes na abertura do seminário O Futuro da Indústria no Início do Século XXI, realizado em Brasília em 23 de março de 1999. Texto posteriormente publicado na coletânea *O futuro da indústria no Brasil e no mundo: os desafios do século XXI* (CNI, 1999), pp. 43-52.

essencialmente de fatores culturais e comportamentais ligados à predominância de valores éticos, normas de convivência e arcabouço institucional.

Ao abrir essa perspectiva e incorporar variáveis não econômicas na análise do processo secular de crescimento/estagnação, Landes desnuda e, em certa medida, supera as duas grandes ilusões simétricas que, até muito recentemente, polarizaram os debates sobre o diagnóstico do atraso econômico e as estratégias para vencê-lo: (1) *a cultura da culpa* e (2) *o grande consenso desenvolvimentista*.

Na grandiosa síntese de Landes não há mais lugar para o fatalismo da "cultura da culpa" — a visão segundo a qual os países ricos são ricos *porque* os países pobres são pobres, como se houvesse uma relação de causa e efeito entre a riqueza de uns e a pobreza de outros.

A "cultura da culpa" tem longo pedigree intelectual. A formulação clássica é devida a São Jerônimo (século IV d.C.): "Toda riqueza provém do pecado. Ninguém pode ganhar sem que alguém perca. Se o pecado não foi cometido pelo atual proprietário da riqueza, então a riqueza é produto do pecado cometido pelos seus antepassados".[2] O pensamento mercantilista, a teoria marxista-leninista do imperialismo e a tese cepalina sobre a deterioração dos termos de troca representam basicamente variações profanas desse mesmo refrão.

Para os adeptos da "cultura da culpa", que a "teoria da dependência" de Fernando Henrique Cardoso e Enzo Faletto buscava no fundo qualificar e relativizar, haveria uma ordem mundial injusta e opressiva dentro da qual qualquer pretensão de desenvolvimento industrial por parte dos "países periféricos" estava condenada ao fracasso. A riqueza dos ricos se alimenta da pobreza dos pobres. O que o Primeiro Mundo tem, o Terceiro Mundo perdeu. O que desejamos ter, eles não nos deixam alcançar. Se nós melhorarmos, eles pioram.

A crença de que a riqueza dos países ricos saiu da pobreza dos pobres, é importante frisar, fazia todo o sentido na era colonial. Boa parte da riqueza das metrópoles naquela época foi, de fato, fruto da espoliação do trabalho e

---

2. Citado por Jacob Viner em "The nation-state and private enterprise", em *Essays on the intellectual history of economics* (Princeton, 1991), p. 40.

FILOSOFIA ECONÔMICA

dos recursos naturais de suas colônias. Mas imaginar que a "cultura da culpa" possa ter qualquer validade nas condições atuais do mundo não passa de consolo precário — uma racionalização apenas compreensível, talvez, tendo em vista o fato de que nossos erros e fracassos se tornariam insuportáveis se nós só pudéssemos responsabilizar a nós mesmos por eles.

No final da Segunda Guerra, Alemanha e Japão eram pouco mais do que um monte de cinzas e humilhação. Hoje estão entre as nações mais ricas do planeta. Quem precisou empobrecer e ser espoliado para que eles prosperassem?

Mesmo a tão propalada ajuda norte-americana por meio do Plano Marshall, num total de 70 bilhões de dólares, em valores atuais [1999], divididos entre doze países, teve papel absolutamente secundário na reconstrução europeia. Alemanha e Japão construíram a sua riqueza com trabalho e competência, produzindo bens e serviços que seus clientes no resto do mundo estavam dispostos a trabalhar para comprar. Ninguém foi coagido a fazer isso.

Não existe sombra de argumento ou evidência que justifique a crença de que a miséria de uma África, do Nordeste brasileiro ou da Índia possa ser benéfica ou lucrativa para qualquer outra nação do mundo. A alta produção per capita do Primeiro Mundo não tem nada a ver com a absurda privação material que turva a vida de enormes contingentes humanos no Terceiro Mundo. Ela foi conseguida com eficiência micro e previsibilidade macro, com estabilidade demográfica e investimento em capital humano — com trabalho, organização e criatividade.

As trocas voluntárias são um jogo de soma positiva. As economias vitoriosas do século XX são precisamente aquelas que souberam encarar o mercado mundial e a globalização não como ameaça, mas como desafio e oportunidade.

O passado ninguém escolhe. O atraso brasileiro, é verdade, tem raízes profundas num passado colonial — católico, patrimonialista, escravocrata — que não escolhemos. Mas nenhum país está condenado a viver preso ao passado, expiando males de origem. Uma nação é o que ela é capaz de fazer de si própria. Acusar os outros pelos nossos problemas — a "cultura da culpa" — não explica o nosso atraso. É parte dele.

Mas a principal contribuição do trabalho de Landes, a meu ver, é mostrar o que havia de errado com o voluntarismo que permeou o "grande consenso desenvolvimentista" — a visão tecnocrática e dirigista que dominou a literatura sobre o desenvolvimento no pós-guerra e empolgou a imaginação brasileira desde a fase áurea dos "cinquenta anos em cinco", no governo JK, até a "ilha de prosperidade num mar turbulento" de que falava o general Geisel, sob a ótica do II PND, na segunda metade dos anos 1970.

A ilusão do "grande consenso desenvolvimentista" foi imaginar que o fenômeno complexo do crescimento podia ser reduzido a uma dimensão puramente técnica, como se fosse apenas um problema de engenharia econômica.

A premissa básica era a crença de que o desenvolvimento de uma nação podia ser fabricado do alto e de cima, pela mão intrusa e iluminada do Estado. Nas fórmulas econométricas do "grande consenso desenvolvimentista", pouco lugar sobrava para elementos cruciais do desenvolvimento sustentado e socialmente equilibrado como a estabilidade demográfica, os investimentos em formação de recursos humanos, instituições favoráveis à criação de poupança voluntária de longo prazo e a função epistêmica do mercado livre como mecanismo alocativo.

A ilusão do "grande consenso desenvolvimentista", em sua feição brasileira, foi supor que o Estado e seus técnicos *tudo podiam* — que a construção de uma "floresta de palácios" (Brasília), financiada via "poupança forçada" (inflação), podia vir antes do saneamento básico; que do litoral de Angra dos Reis surgiria uma grande potência nuclear; que a reserva de mercado para a informática seria o passaporte da autonomia tecnológica; que uma "zona franca" em plena selva amazônica seria a estufa de uma indústria eletroeletrônica florescente... Poucos países do mundo não comunista levaram tão longe a arrogância do planejamento estatal.

O que se esqueceu nisso tudo foi que a economia não é a engenharia. Ela é parte de um todo. O processo de desenvolvimento de uma nação, como Landes mostra com inúmeros exemplos históricos, depende de instituições adequadas e, principalmente, da formação de uma base ética e educacional — o capital humano em sentido amplo — sem a qual nenhuma fórmula de crescimento, por mais engenhosa, pode dar frutos.

*

FILOSOFIA ECONÔMICA

Um sistema econômico, seja qual for, é essencialmente constituído por dois fatores: as *regras do jogo* e a *qualidade dos jogadores*. São eles que, mais do que quaisquer outras variáveis, determinam o resultado do jogo econômico medido em termos de crescimento da renda per capita.

As *regras do jogo* representam os incentivos e restrições operantes no sistema e os parâmetros do ambiente macroeconômico. A existência de direitos de propriedade bem definidos e respeitados, de um padrão monetário confiável, da disciplina imposta pela livre competição e de restrições ao *rent-seeking* no mercado financeiro são exemplos de regras do jogo favoráveis ao crescimento.

Por outro lado, o manejo voluntarista e a imprevisibilidade dos parâmetros macro e microeconômicos em áreas como regime e taxa de câmbio, juros, sistema tributário, crédito dirigido e tarifas de importação — a expectativa de que esses parâmetros possam variar de forma abrupta no futuro ao sabor dos alvos táticos e casuísmo dos governantes — são tremendamente nocivos à formação de um ambiente favorável a novos investimentos.

Numa economia de mercado, um elemento crucial para que a disposição de investir se fortaleça é a confiança, por parte de cada indivíduo e de cada empresa, em que o resultado final de seus investimentos e esforços produtivos será avaliado e remunerado de forma independente, de acordo com o desejo dos consumidores em pagar por eles.

O problema é que, se esse vínculo entre investimento, avaliação e remuneração se torna irregular e incerto, ou seja, fique mais à mercê do ativismo do governo em áreas como política cambial, tributária e tarifária que de qualquer outra coisa, as empresas não só perdem a confiança em que poderão colher mais à frente o retorno do que decidirem investir hoje, como passam a orientar suas ações para a obtenção de relações favorecidas com o "patronato político" e/ou flertes especulativos de curto prazo.

Os efeitos dessa quebra de confiança que inibe os investimentos foram bem apontados por David Ricardo: "A quantidade de emprego num país depende não apenas da quantidade de capital, mas da sua distribuição vantajosa e, sobretudo, da convicção de cada capitalista de que lhe será permitido usufruir, sem ser molestado, dos frutos do seu capital, habilidade e capacidade empreendedora. Retirar dele tal convicção é aniquilar de uma só vez metade da indústria produtiva da nação e seria mais fatal para o trabalhador pobre do que para o próprio capitalista rico".[3]

O problema é que tanto um Estado fraco e inoperante como um Estado excessivamente forte e voraz minam a confiança do setor privado no mínimo legal do mercado. O primeiro porque se mostra incapaz de garantir a justiça e proteger os agentes contra os avanços predatórios dos demais; e o segundo porque ele próprio acaba se tornando a grande ameaça de invasão predatória, colhendo para si, por meio de impostos, interferências nas regras do jogo e confiscos, o resultado das atividades produtivas do setor privado.

Pior do que um *ou* outro, apenas uma combinação perversa dos dois: o Estado que combina a inoperância na administração da justiça com a voracidade irresponsável no mercado político, ou seja, do lado normativo-fiscal.

Infelizmente, esse híbrido monstruoso — uma espécie de "leviatã anêmico" — é uma praga teimosa, e dela diversas economias na América Latina, Ásia e África parecem não conseguir se livrar. A manutenção do mínimo legal do mercado, como dizia John Stuart Mill sobre a segurança, "consiste na proteção *pelo* governo, e na proteção *contra* o governo".[4] O que ele não poderia imaginar era que, algum dia, as duas coisas pudessem ser urgentes ao mesmo tempo.

A *qualidade dos jogadores*, por sua vez, representa o capital humano na sua dimensão não apenas cognitiva, mas também — e talvez principalmente — ética. Isso se manifesta no grau de capacitação dos indivíduos para o trabalho qualificado, a inovação científica e tecnológica, a liderança, a iniciativa individual e coletiva, e a organização na vida pública e empresarial.

Esse capital humano é constituído não só pelo resultado do investimento das famílias, empresas e setor público na qualificação produtiva dos indivíduos, mas, também, por elementos de natureza ética como, por exemplo, a confiança que podemos depositar uns nos outros, os valores que regem as

---

3. David Ricardo, "Observations on parliamentary reform", em *Works and correspondence* (ed. P. Sraffa, Cambridge, 1952), v. 5, p. 501.
4. John Stuart Mill, *Principles of political economy*, em *Collected works* (ed. J.M. Robson, Toronto, 1978), v. 2, p. 112.

FILOSOFIA ECONÔMICA

escolhas, a capacidade de sacrificar em alguma medida o presente tendo em vista benefícios futuros ou, ainda, a capacidade das pessoas de agir consistentemente com base nos seus interesses comuns.

Os indivíduos aprendem que é do seu próprio interesse respeitar e fazer respeitar as normas gerais de conduta das quais todos os participantes se beneficiam, embora para isso precisem restringir alguns de seus interesses pessoais (ou de grupo) mais imediatos. O grau de adesão às regras do jogo, quaisquer que sejam, depende da qualidade dos jogadores.

Também no setor público a importância da ética não deveria ser subestimada. Qualquer que seja o partido ou coalizão no poder, a atividade governamental depende da existência de pessoas privadas que busquem a realização de objetivos públicos. Tais pessoas existem. Mas a escassez de "moralidade política" impõe sérios limites.

Na sua conta debitam-se três disfunções básicas no rol das patologias do setor público: (I) o uso corrupto do poder (por exemplo, no financiamento de campanhas ou empreguismo); (II) a captura de políticas públicas por grupos de interesse particular (financeiro, empresarial, estatal, setorial, regional etc.); e (III) a vulnerabilidade do governo diante do apelo do momento e da pressão do clamor popular de curto prazo (ciclo econômico-eleitoral e populismo).

Um fator crucial para a defesa do mínimo legal do mercado *pelo* governo e *contra* o governo é a moralidade dos governantes. Poucas coisas seriam (e são) mais corrosivas do respeito às regras do jogo da economia de mercado do que a falta de ética e a impunidade dos governantes. Se membros do governo e oficiais de justiça passam a pautar suas ações pela busca do autointeresse crasso, o resultado será não só a prática generalizada do "para os amigos tudo, para os inimigos a lei" (como se dizia na República Velha brasileira), mas a subordinação do processo legislativo e orçamentário a interesses particularistas em detrimento da justiça e da eficiência.

Que isso já ocorra, em alguma medida, na prática, como apontam os teóricos da escola da "escolha pública" de Virgínia, parece ser um fato inegável. Mas seria também difícil negar, por outro lado, que a experiência internacional de corrupção e abuso do poder político é marcada por uma espantosa

A RIQUEZA E A POBREZA DAS NAÇÕES

diversidade, com situações que vão da Suíça à Nigéria. Entre as causas dessa diversidade está muito provavelmente a operação de sanções e condicionantes legais e morais no exercício de funções públicas.

É importante deixar claro que a proposta favorita dos adeptos da "escolha pública" para lidar com o problema do abuso do poder em regimes democráticos — a criação de regras e salvaguardas constitucionais impondo limites para a margem de decisão e ação discricionária dos governantes — de forma alguma prescinde de um generoso insumo de moralidade política.

Os requisitos morais da proposta são: (a) a existência de constituintes dispostos a legislar pelo que acreditam ser o bem comum; e (b) a atuação vigilante de um Poder Judiciário capaz de fazer cumprir a Constituição apesar da resistência (ou coisa pior) de políticos recalcitrantes. Sem ética há uma regressão infinita: quem guarda os guardiões?

O próprio escopo da ação estatal, pode-se argumentar, deveria variar em função da moralidade política existente. Na falta de uma base moral adequada, o crescimento do Estado e a politização das decisões econômicas podem trazer consequências desastrosas para a nação. Quanto maior o grau de interferência e arbítrio do governo na economia, maior o estrago.

O ponto central é que a qualidade dos jogadores afeta a natureza e a robustez das regras do jogo. Jogadores motivados pelo autointeresse crasso de curto prazo não se contentam em perseguir seus objetivos dentro da ordem do mercado e em jogar limpo todo o tempo: eles vão persistentemente tentar — e muitas vezes conseguirão — driblar as restrições que o mínimo legal do mercado define.

E pior: quando a própria autoridade política — o juiz da partida — fraqueja ou adota o autointeresse crasso como princípio de ação, o resultado é a total deturpação não só do andamento do jogo, mas do placar final medido em termos de eficiência produtiva e criação de riqueza. A economia de mercado degenera em caricatura do que poderia e deveria ser.

A economia é parte de um todo. Do ponto de vista analítico, isso implica a rejeição do postulado do "homem econômico" na construção de modelos e teorias do desenvolvimento. A elucidação dos determinantes da riqueza e da pobreza das nações requer maior atenção às regras do jogo (instituições) e à

FILOSOFIA ECONÔMICA

qualidade dos jogadores: a presença de valores e motivações extraeconômicas como definidores da conduta humana na vida prática.

"As faculdades religiosas, morais, intelectuais e artísticas das quais depende o progresso da indústria", sustentava Alfred Marshall, "não são adquiridas apenas por conta das coisas que se podem obter através delas, mas são desenvolvidas pelo exercício visando o prazer e a felicidade que elas próprias trazem; e, da mesma maneira, a organização de um Estado bem-ordenado, este grande fator da prosperidade econômica, é o produto de uma infinita variedade de motivos, muitos dos quais não têm nenhuma relação direta com a busca da riqueza nacional."[5]

Outro exemplo é a empresa de capital aberto. A separação entre propriedade e gestão empresarial requer algum tipo de compromisso moral, por parte dos executivos assalariados, de que eles não vão explorar em benefício próprio, ou seja, em detrimento da empresa, sua posição de autoridade e acesso privilegiado à informação. O nepotismo, como nota Robin Matthews, contorna em parte o problema da falta de gente de confiança, mas sacrifica a eficiência da empresa na medida em que os familiares dos proprietários dificilmente serão as pessoas mais preparadas para os cargos em questão.

Ainda mais grave, talvez, é o efeito inibidor da falta de confiança mútua entre dirigentes empresariais e seus funcionários sobre o investimento em treinamento e aperfeiçoamento profissional dentro da empresa. Um caso-limite é aquele em que o empresário termina optando por uma tecnologia menos eficiente, uma vez que ele "não ousa utilizar técnicas de produção que poderiam deixá-lo excessivamente vulnerável à retirada do trabalho na eventualidade de uma greve súbita".[6]

Dentro dessa perspectiva, o desafio do desenvolvimento é visto como sendo essencialmente o da formação de capital humano, ou seja, a criação de competência cognitiva e de uma infraestrutura moral compatíveis com a assimilação das técnicas produtivas e dos requisitos organizacionais da economia moderna.

5. Alfred Marshall, *Principles of economics* (Londres, 1949), p. 247.
6. Cf. Robin Matthews, "Morality, competition and efficiency", *Manchester School* 49 (1981), p. 293.

Com financiamento adequado e algum sacrifício, muito pode ser feito. Máquinas, usinas, refinarias e fibras ópticas podem ser facilmente transplantadas de um território para outro; autoestradas, prédios, barragens e aeroportos podem ser plantados, em qualquer solo, sem maiores dificuldades. Mas a arte de fazer com que esse capital crie raízes e frutifique — como a própria experiência do pós-guerra vem mostrando — já não é tão fácil.

O capital humano não é visível a olho nu como fábricas e viadutos. O retorno que ele propicia — e isso em termos tanto financeiros como eleitorais — está longe de ser tão direto quanto o oferecido pelo investimento em ativos físicos. Não obstante, apenas ele é capaz de dar realidade econômica a esses ativos: de fazer com que criem raízes e se tornem genuinamente rentáveis, isto é, aptos a integrar os fluxos de comércio da economia mundial.

A conclusão lógica desse ponto de vista não é o fatalismo: a noção de que o desenvolvimento é inexequível. O que se questiona é a crença em atalhos, saltos, loterias ou vias expressas rumo à prosperidade geral. "A esperteza", ironizava Samuel Johnson, "é sempre mais fácil do que a virtude, pois ela toma o caminho mais curto para tudo." Na economia como na vida, a esperteza sai na frente, mas ela não vai longe.

A essência do desenvolvimento é a formação de capital humano. É por isso que ele é um processo por natureza *lento*. É por isso, também, que meras alterações nas regras do jogo econômico, por mais desejáveis e benéficas, podem certamente ajudar mas sozinhas não dão conta do desafio do desenvolvimento.

No "grande tabuleiro de xadrez da sociedade humana" de que falava Adam Smith, as regras do jogo são importantes, mas estão longe de ser tudo. É ilusão supor que *o autointeresse dentro da lei* é tudo que o mercado precisa para mostrar do que ele é capaz na criação de riqueza. A qualidade dos jogadores — as variações de motivação e conduta na ação individual — afeta a natureza das regras do jogo e exerce, juntamente com elas, um papel decisivo no desempenho da economia.

Embora padecendo da ausência de uma estrutura analítica mais definida, a narrativa histórica de Landes oferece pistas valiosas para elucidar o papel combinado das variações institucionais (regras do jogo) e comportamentais

FILOSOFIA ECONÔMICA

(qualidade dos jogadores) no desempenho de longo prazo das economias nacionais.

Tanto a constituição de uma ordem econômica eficiente quanto o exercício da cidadania na vida produtiva dependem de um processo de formação de crenças e sentimentos morais sobre o qual muito pouco se sabe de um ponto de vista científico. Uma coisa, no entanto, parece certa. Negligenciar esse processo e as variações a que ele está sujeito é perder de vista um dos fatores decisivos na explicação das causas da riqueza e da pobreza das nações. Nenhuma nação educada e livre é pobre; nenhuma nação carente de educação básica e liberdade de iniciativa econômica consegue escapar de uma condição de pobreza.

25. Economia e felicidade[1]

O roteiro da apresentação divide-se em três partes. Na primeira ofereço uma reflexão sobre a relação entre economia e felicidade e relato alguns resultados empíricos recentes que indicam a existência de intrigantes anomalias nessa relação. Em seguida, abordo o lugar da competição e da solidariedade na convivência econômica, tentando sugerir algumas hipóteses explicativas para as anomalias descritas na primeira parte. Por fim, num exercício prospectivo, buscarei refletir acerca do futuro e do que ele nos reserva, do ponto de vista tanto do que parece mais provável como do que seria desejável, se não utópico.

*

Pode parecer fora do universo das preocupações de um economista discorrer sobre a felicidade, mas, como tentarei mostrar, um trabalho relevante de pesquisa vem sendo feito sobre esse tema nos últimos anos. O ramo específico da teoria econômica que se ocupa da questão é a Economia do Bem-Estar.

A pergunta básica da Economia do Bem-Estar é simples: o que nos permite afirmar que uma dada situação socioeconômica, digamos A, é superior a uma

---

1. Palestra proferida no XVI Seminario d'Estate, organizado pelo sociólogo italiano Domenico De Masi em Ravello, Itália, em 2 de julho de 2001, cujo tema geral foi Concorrência e Solidariedade. Uma versão resumida da palestra apareceu na revista *Next Brasil*, 2003, pp. 36-48.

situação socioeconômica B? Qual é o critério que nos permite justificar racionalmente, se possível, a preferência por um estado de coisas em relação a outro? Que parâmetros facultam dizer que uma forma de arranjo ou organização socioeconômica é mais desejável que outra, ou preferível ou superior a outra?

Durante muito tempo os economistas, com sua quase irrefreável propensão a imitar as ciências naturais — "a economia está para a astronomia como a República Dominicana está para a França", ironizava Schumpeter —, buscaram uma resposta puramente objetiva a essa pergunta.

O graal da máxima objetividade seria descobrir um critério publicamente observável, mensurável e universal que ninguém pudesse rejeitar sem romper com os axiomas da lógica e da racionalidade; uma métrica neutra que em nada dependesse do ponto de vista, valores ou preferências do investigador, de modo que se pudesse, por meio da sua aplicação, hierarquizar de forma rigorosa situações socioeconômicas e afirmar, por exemplo, que A era inequivocamente superior a B.

Buscava-se, em suma, encontrar para a Economia do Bem-Estar algo análogo ao termômetro na mensuração da temperatura: um critério que não fosse influenciado pelas crenças, ideologia ou sentimentos do analista, mas que refletisse uma realidade objetiva do mundo. Depois de avançar em tal direção — e devemos reconhecer que algumas conquistas importantes foram feitas nesse sentido, como a descoberta e posterior refinamento do critério formulado por Vilfredo Pareto e conhecido como o "ótimo paretiano" —, o que se constatou foi que esse enfoque tem sérios limites epistêmicos e práticos.

Quais são, basicamente, esses limites? O ponto fundamental é que a realidade objetiva não é *toda* a realidade. Existe a experiência subjetiva: aquilo que os indivíduos sentem a respeito da vida que levam; as percepções, sentimentos, crenças e experiências das pessoas em relação a um dado estado de coisas e a arranjos socioeconômicos. A dimensão subjetiva é parte integrante da realidade, tanto quanto qualquer indicador objetivo ou fenômeno publicamente observado, como renda ou longevidade. O que as pessoas sentem e acreditam sobre a vida que levam e a sociedade em que convivem e trabalham — como vem sendo identificado e evidenciado pelas pesquisas atuais — não pode ser ignorado.

ECONOMIA E FELICIDADE

A principal descoberta, quando se começou a estudar empiricamente a relação entre economia e felicidade, foi que não existe uma relação direta ou linear, como acreditaram por muito tempo os economistas, entre o que chamamos de "indicadores objetivos e subjetivos de bem-estar". Mas, antes de apresentar os resultados obtidos, é preciso dizer alguma coisa sobre as bases dessa distinção e, também, sobre como são apurados esses indicadores.

A base da distinção entre os dois grupos de indicadores parte de uma cisão inerente e inescapável à condição humana: a de que existe um ponto de vista interno do sujeito e uma dimensão que é pública, ou seja, objetiva e comum a todos.

Considerem, como sugere o filósofo americano Thomas Nagel, o que acontece com uma pessoa que ouve uma bela música. Existe uma dimensão puramente física desse fenômeno: as ondas sonoras que se propagam pelo ar em determinada frequência, são captadas pelo nosso aparelho receptor, processadas pelo nosso sistema sensorial, e que por fim se transformam numa configuração neural específica em nosso cérebro. Esse é o lado observável e mensurável — a dimensão objetiva. A neurociência investiga os efeitos das ondas sonoras de uma música: algo publicamente passível de verificação, sujeito a testes e aberto a progressivo detalhamento visando a elaboração de mapas cada vez mais minuciosos das redes neurais, à medida que o conhecimento avança.

Pois bem. Tudo isso, evidentemente, é muito limitado quando se considera o ponto de vista interno do sujeito ao ouvir e vivenciar aquela música. Por mais que avance o conhecimento científico externo do que se passa no cérebro de alguém que ouve, por exemplo, a abertura de *A Criação* de Haydn, isso nada nos dirá acerca do que vai pela mente da pessoa, ou seja, na experiência interna de alguém que, ao ouvir aqueles sons, faz associações pessoais, se emociona (ou não) e vive uma determinada experiência sensorial e estética: uma vivência que é interna e inteiramente vedada à observação e análise pelos métodos e instrumentos da ciência.

Como são obtidas, no caso da Economia do Bem-Estar, evidências sobre essas duas dimensões da realidade humana? Os indicadores objetivos são aqueles com os quais os economistas vêm trabalhando tradicionalmente

327

FILOSOFIA ECONÔMICA

nas últimas décadas, como renda monetária (renda média por habitante); indicadores biomédicos (mortalidade infantil, esperança de vida, incidência de patologias); padrões de consumo alimentar; estatísticas de escolaridade, criminalidade, uso do tempo, qualidade do meio ambiente, e assim por diante. Todos, em suma, publicamente observáveis e passíveis de mensuração.

E os indicadores subjetivos? Como obter alguma indicação ou informação confiável em relação à experiência interna e pessoal dos indivíduos que vivem numa determinada sociedade? O método de que o economista dispõe não é acessível ao cientista natural. Um economista romeno, Georgescu-Roegen, uma vez indagou: o que faria um físico se porventura pudesse perguntar aos elétrons por que eles pulam? O físico, ele disse, não se recusaria a fazê-lo (e talvez fosse o fim da física como ciência exata). Ou como dizia Keynes, evocando a proverbial maçã newtoniana: "Na economia, é como se a queda da maçã ao chão dependesse dos motivos da maçã, se vale a pena cair no chão, se o chão deseja que a maçã caia, e dos cálculos errôneos, por parte da maçã, sobre quão longe ela está do centro da Terra".

O que faz o economista? Se ele pretende fazer justiça à dimensão subjetiva do real, à qual cada um de nós tem acesso no seu próprio caso pela introspecção, ele pergunta aos indivíduos ("seus elétrons") como avaliam a vida que levam e como se sentem em relação a ela. O método consiste na realização de enquetes visando apurar se eles estão satisfeitos, medianamente satisfeitos ou insatisfeitos com a sua existência. Isso vem sendo feito de forma sistemática e cuidadosa em diversos países, principalmente na Europa, Estados Unidos e Japão, e tem permitido a construção de séries temporais da evolução dos indicadores de bem-estar subjetivo.

De posse desses dados, foi possível indagar qual a relação entre os dois conjuntos de indicadores. Alguns indicadores objetivos, como esperaríamos, apresentam forte e inequívoca correlação com os indicadores subjetivos. É o caso do *desemprego* e da *inflação*. Quando eles sobem, há um impacto muito forte e direto na piora dos indicadores subjetivos: uma proporção maior da população passa a se sentir infeliz, o que se reflete, inclusive, na elevação dos suicídios e parassuicídios. A surpresa, porém, é que outros indicadores, com

ECONOMIA E FELICIDADE

destaque para a *renda monetária*, não apresentam uma correlação desse tipo. Pode haver até uma ausência total de correlação ou uma correlação negativa.

Uma evidência curiosa diz respeito à condição da mulher. Uma pesquisa realizada em onze países da União Europeia perguntou às mulheres se elas acreditam que a condição da mulher é melhor hoje em dia, em termos de direitos, oportunidades e igualdade de gênero, do que era na geração das suas avós: 93% das entrevistadas responderam "sim". Entretanto, se você perguntar a essas mesmas mulheres se elas se consideram mais felizes que as mulheres na geração de suas avós, apenas 46% dizem "sim". Embora haja uma robusta percepção, entre as mulheres, de que houve avanço na dimensão dos direitos e equidade, isso não se refletiu em melhoria do bem-estar subjetivo. A maioria não se percebe como mais feliz que as mulheres na geração de suas avós.

Qual a relação entre renda monetária e felicidade? Os resultados das pesquisas dão o que pensar. A partir de um certo nível de renda média por habitante, equivalente ao verificado em países de renda média alta como Portugal, Grécia e Coreia do Sul, acréscimos de renda não produzem nenhum impacto relevante no nível de bem-estar subjetivo da população. Se considerarmos países que cresceram muito fortemente ao longo do pós-guerra, como Estados Unidos, Alemanha e Japão, observaremos que as proporções de indivíduos que se declaram felizes, medianamente felizes ou infelizes praticamente não se alteraram. Nos Estados Unidos, por exemplo, a renda per capita cresceu 43% em termos reais entre 1975 e 1995, um resultado extraordinário; mas os indicadores de felicidade dos americanos, ao contrário, ficaram teimosamente estáveis. Não saíram do lugar.

Em artigo publicado no periódico *Psychological Science* em 1995, dois estudiosos traduziram o achado em termos expressivos: "Em comparação com 1957, os americanos possuem duas vezes mais carros per capita, além de fornos de micro-ondas, TVs em cores, videocassetes, aparelhos de ar condicionado, secretárias eletrônicas e 12 bilhões de dólares em pares de tênis de grife novos por ano. Os americanos, portanto, devem estar mais felizes?". E a resposta: "Não estão". A proporção de americanos que se considera feliz, medianamente feliz ou infeliz permaneceu rigorosamente a mesma, não obstante o furioso aumento do consumo e da renda.

329

O descolamento entre os indicadores objetivos e subjetivos de bem-estar recomenda uma postura de maior cautela e atenção quanto aos limites de cada um. O estudioso do bem-estar humano não pode se ater apenas à dimensão objetiva, pois isso acarreta uma atitude de arrogância epistêmica e paternalismo prático. Ao desprezar e abstrair por completo os aspectos subjetivos da realidade humana, reduzindo um todo complexo à parte passível de registro e mensuração, o formulador de políticas públicas se coloca na posição da autoridade investida do direito de determinar do alto e de cima, em nome da sociedade e independentemente daquilo que seus membros julgam ser o caso, o que é melhor para todos. Uma receita para o desastre tecnocrático.

Por outro lado, seria igualmente equivocado supor que a dimensão subjetiva deva ser absoluta e soberana. Um dos problemas dessa postura é a questão da adaptação perversa. Se uma pessoa reduz drasticamente o seu nível de aspiração, ela pode se acreditar feliz mesmo em situações de grave privação material e absolutamente condenáveis do ponto de vista ético. É o caso de um faminto cujo organismo se adaptou à desnutrição crônica ou, ainda, do "escravo feliz" que, como observou Tocqueville, se resigna à sua condição, torna-se insensível à opressão e passa a encontrar uma espécie de "gosto perverso" pelos males que sofre. Se adaptarmos nossos desejos inteiramente ao curso dos eventos, não importa quais sejam, seremos (quiçá) sempre "felizes", mas ao custo exorbitante da nossa autonomia e integridade. O idiota da objetividade tem um consorte à altura — o idiota da subjetividade.

*

Como entender o impacto marginal decrescente da renda e do crescimento sobre o bem-estar subjetivo? Por que a partir de certo nível de renda, aliás não muito elevado, cessa a correlação entre acréscimos de renda per capita e aumento da felicidade humana? Proponho iniciar a reflexão em torno do tema com o relato de um episódio ilustrativo e singelo da minha experiência pessoal.

Quando meu filho tinha cerca de nove ou dez anos, costumávamos alugar vídeos. Um certo dia chuvoso, ele pediu para irmos à locadora a duas quadras

ECONOMIA E FELICIDADE

do prédio onde morávamos. Diante dos apelos insistentes, acabei acolhendo a ideia, mas disse que antes seria preciso apanhar o guarda-chuva que estava no carro estacionado na garagem no subsolo do prédio. Aí ele se irritou comigo, pois tinha pressa e desejava ir direto à locadora, sem a delonga da ida ao subsolo atrás do guarda-chuva. Porém, eu o convenci de que não caminharia sob a chuva e assim, embora contrariado, ele me acompanhou à garagem.

Saímos os dois na chuva, rumo à locadora: eu segurando o guarda-chuva e ele ao meu lado, mas não inteiramente protegido. Na metade do caminho, ele começou a reclamar novamente comigo, porque eu estava coberto e ele estava se molhando. Aí eu retruquei: "Como assim? não entendo! Se nós dois tivéssemos vindo sem guarda-chuva, como você queria, você estaria tomando *toda* a chuva e não apenas *metade* dela. Agora, pelo menos, você está parcialmente coberto". Ao que ele, então, protestou: "Não, isso não está certo, agora não é a mesma coisa. Você está aí protegido e eu ficando molhado. Não é justo! Não é como se nós dois estivéssemos juntos na chuva!".

A situação é reveladora. Embora ele estivesse objetivamente melhor do que se não tivéssemos ido buscar o guarda-chuva, pois estava pelo menos em parte protegido da água, subjetivamente ele não se sentia assim. Ao contrário, sentia-se pior. Porque, se nós dois estivéssemos igualmente sob a chuva, isso seria motivo de risos e cumplicidade. Porém, eu integralmente coberto ao passo que ele apenas parcialmente, gerava uma situação intolerável de desigualdade, inferioridade, abuso de poder. E isso, claro, ele não podia aceitar. Muito mais relevante do que estar ou não na chuva, o que passara a importar aos seus olhos era a *posição relativa*: como ele estava e, sobretudo, como ele *se percebia* ao comparar-se comigo.

A experiência, creio, pode ser generalizada e ajuda a elucidar o descolamento entre indicadores objetivos e subjetivos de bem-estar. A partir de um certo nível de renda, o consumo deixa de atender às nossas necessidades primárias. As pessoas passam então a se preocupar não só com o seu bem-estar absoluto, mas também, e de forma crescente, com a sua posição relativa na sociedade. A percepção de como estamos em relação aos demais e ao nosso grupo de referência passa a ter um peso dominante na avaliação que fazemos da nossa situação.

FILOSOFIA ECONÔMICA

Instala-se, assim, uma espécie de "corrida armamentista do consumo". O que ocorre numa corrida armamentista estrito senso? Ao perceber que uma nação rival se arma, um país passa a direcionar mais recursos visando garantir sua segurança. O resultado, porém, nega a intenção: os rivais se descobrem cada vez mais inseguros e vulneráveis. A cada nova rodada de incremento do arsenal bélico, o paradoxo recrudesce: investe-se mais e mais em segurança e o sentimento de medo e insegurança só faz crescer.

Na corrida armamentista do consumo as pessoas competem por renda e acesso a bens não porque precisem objetivamente deles, mas para não ficarem atrás das demais; para não serem vistas ou sentirem a si mesmas como "perdedoras" na competição por prestígio e respeito social. Mas isso não eleva a satisfação ou bem-estar subjetivo delas. Elas correm, cada vez mais depressa, para simplesmente não sair do lugar ou até mesmo retroceder. O problema é que esse tipo de jogo leva a sociedade a caminhos que ela não deseja. As carências se multiplicam e a escassez está sempre sendo recriada. Isso distorce os comportamentos e desvia os recursos produtivos da sociedade de um uso alternativo e que todos, idealmente, prefeririam.

O economista americano Robert Frank sugere um experimento mental que ilustra com clareza a situação. Imagine duas sociedades, A e B, idênticas em tudo, exceto pelo fato de que os habitantes de A moram em casas com quinhentos metros quadrados de área, enquanto os de B moram em casas com 250 metros quadrados de área (os valores nominais do exemplo, é claro, são arbitrários; poderíamos pensar em automóveis vistosos, joias caras, novos gadgets, roupas de grife ou qualquer outro bem posicional). Como os membros de A e B vivem sem ter contato entre si, então os indicadores de bem-estar subjetivo não apresentam diferenças nas duas sociedades, uma vez que o tamanho da casa, a partir de certa metragem, deixa de se refletir em aumentos correspondentes da satisfação ou felicidade desfrutada.

Suponha, entretanto, que existam usos alternativos para os recursos de tempo e trabalho que a sociedade A empatou em suas casas enormes. Imagine, por exemplo, que o mesmo recurso empregado em A na construção de moradias vistosas possa ser usado em transporte coletivo de qualidade em B, de modo a reduzir o tempo de deslocamento até o local de trabalho.

Ou, alternativamente, que o tempo de trabalho dedicado à geração de renda destinada a custear casas maiores possa ser usado pelas pessoas em B não para fazer dinheiro, mas para encontrar os amigos com maior frequência ou fazer exercícios físicos regulares ou ler os clássicos. Nesse caso, parece razoável acreditar que o uso alternativo dos recursos em B resulte em aumento do seu bem-estar subjetivo em relação ao verificado de A.

A pergunta é: *quem está melhor?* Quem desfruta daquilo que a vida pode oferecer de melhor? Os residentes da sociedade A, com as suas casas enormes e, digamos, menos tempo por mês com os filhos e amigos? Ou os habitantes de B, com suas casas simples, porém mais tempo por mês convivendo com as pessoas ou lendo os clássicos ou jogando futebol?

Ao livrar-se da armadilha da competição pela posse de bens posicionais, a sociedade B liberou recursos para outros fins, como uma maior oferta de bens coletivos e/ou a ampliação e cultivo de valores e atividades que transcendem o circuito das trocas no mercado. É perfeitamente plausível imaginar que os moradores de A preferissem viver em B, mas a armadilha em que se veem enredados — a corrida armamentista do consumo — implica um padrão de competição interpessoal que os impele a trilhar coletivamente caminhos que prefeririam evitar.

Ninguém melhor do que Adam Smith flagrou, na *Riqueza das nações*, a psicologia moral da competição pelo sucesso no mercado: "Para a maior parte das pessoas ricas a principal fruição da riqueza consiste em poder exibi--la, algo que aos seus olhos nunca se dá de modo tão completo como quando elas parecem possuir aqueles sinais definitivos de opulência que ninguém mais pode ter a não ser elas mesmas".

Mas a corrida por bens posicionais é apenas um componente do enredo. Além da competição *interpessoal* — "só me interessam os bens que despertam no populacho a inveja de mim por possuí-los", declara um milionário romano no *Satíricon* de Petrônio —, existe uma competição interna — *intrapessoal* — de valores e motivações que povoam o sujeito e disputam, nem sempre de forma consciente, a primazia sobre o controle de suas ações na vida prática.

"Qual a diferença entre um cínico e um sentimental?", provoca o dramaturgo irlandês Oscar Wilde. E responde: "Enquanto o cínico é o sujeito que sabe o preço de tudo mas não conhece o valor de nada, o sentimental é aquele que percebe um valor incomensurável em tudo mas não sabe o preço de nada".

O contraste opõe visões polares quanto ao lugar do econômico na existência humana. O cínico é o idiota da objetividade: cego a tudo que vá além da métrica monetária, ele é competitivo ao extremo — diligente nos negócios, indolente no espírito. O sentimental, por sua vez, é uma espécie de idiota da subjetividade: o cândido visionário, solidário ao extremo, embora normalmente sem recursos e alheio à realidade do mercado.

O ideal, creio, seria encontrar algum tipo de equilíbrio entre esses dois polos. Sonhar e apostar no sonho, mas sem perder o pé da realidade. Saber respeitar o econômico, até para que ele não se vingue dos desaforos sofridos, escravizando-nos por completo, mas também não permitir que a força do seu apelo se torne um monovalor imperialista, capaz de subjugar e render tudo que obstar seu domínio. Mas, como a experiência dos países altamente desenvolvidos sugere e tento evidenciar a seguir, existe uma propensão maior no mundo moderno ao excesso de cinismo que ao excesso de sentimentalismo.

Uma pesquisa realizada nos Estados Unidos, nos anos 1990, pelo sociólogo Robert Wuthnow trouxe um resultado curioso. Quais são as imagens que os estadunidenses alimentam de si mesmos e que valores regem suas ações? O dado mais surpreendente é que 89% dos entrevistados consideram a sociedade em que vivem "excessivamente preocupada com o dinheiro" e 74% julgam que "o materialismo exagerado é um grave problema social".

Os números revelam que a ampla maioria dos estadunidenses não se reconhece nos valores que governam a sua convivência. O tom geral da cultura, marcado por forte apego ao ganho monetário e à posse de bens externos, destoa das preferências daqueles que nela vivem e trabalham. Os valores declarados dizem uma coisa, mas as ações praticadas dizem outra bem distinta.

Existe um quê de paradoxal nessa dissonância. Como é possível que algo assim aconteça? Afinal, cabe inquirir, se uma parcela tão expressiva dos americanos acredita mesmo que o materialismo e a competição excessivos são um mal em suas vidas, algo a ser combatido como a poluição e o tabagismo, então por que não passam a cultivar outros valores, e assim solucionam o problema

ECONOMIA E FELICIDADE

que os aflige? A situação faz lembrar outra pesquisa, também feita nos Estados Unidos, segundo a qual nove entre dez motoristas acreditam dirigir melhor que a média, o que é uma óbvia impossibilidade estatística (não é descabido imaginar que muitos dos que se creem *abaixo* da média estejam, de fato, acima dela, uma vez que pelo menos não superestimam em demasia sua perícia ao volante).

Parte da resposta nos dois casos, creio eu, tem a ver com o viés do juízo em causa própria. O ponto de vista interno de cada um sobre o seu próprio caráter e conduta na vida prática difere da perspectiva externa dos que estão ao seu redor. A opinião de cada motorista, baseada na crença íntima que ele possui das suas habilidades, não bate com a percepção dos que interagem com ele nas ruas e para quem ele não passa de um barbeiro a mais na multidão.

O mesmo se aplica ao materialismo: o afã de lucro e consumo, visto de fora, difere daquele que cada um de nós pratica. O nosso materialismo não nos ofende como o dos demais. Quem se imaginaria cínico, na acepção de Oscar Wilde, perante si mesmo? O meu carro novo é um instrumento de trabalho; o do vizinho, fruto da vaidade e exibicionismo. O turismo que faço é cultural; o do vizinho, crasso e vulgar. Como diria o moralista francês seiscentista duque de La Rochefoucauld, "cada um de nós descobre nos outros as mesmas falhas que os outros descobrem em nós".

A tensão é clara. Há um conflito intrapessoal. Há uma dissonância entre, de um lado, os motivos operantes e, de outro, os valores e ideais que permeiam a sociedade moderna — uma realidade mais exacerbada, talvez, no caso da sociedade estadunidense, mas longe de ser-lhe exclusiva. Quem tem como ideal de vida a presença cada vez mais intensa e, por vezes, avassaladora de questões econômicas no seu rol de preocupações? E, no entanto, ao que parece, é por aí que o mundo vai. Quanto mais rico e produtivo um país, mais obcecado por riqueza ele se torna. O sonho de um mundo menos competitivo e escravizado ao econômico se choca com a realidade da força da motivação econômica e da competição por prestígio, poder e status na existência de cada um.

*

335

Como pensar o caminho à frente? Entre as lições do século XX, uma é bem clara: nenhum sistema socioeconômico, arranjo institucional ou progresso de ordem puramente material vai resolver por nós os problemas da realização pessoal e o desafio ético da escolha de um projeto ou sonho de vida. Foi uma ilusão muito custosa para a humanidade a noção de que alguma nova ordem ou modo de produção ou forma de sociedade garantiria a nossa felicidade e solucionaria coletivamente, de uma vez por todas, o problema ético da busca da melhor vida.

Por outro lado, não é menos verdadeiro que sistemas e arranjos socioeconômicos desastrados podem arruinar — e vêm arruinando — vidas humanas, na medida em que prejudicam seriamente os planos de realização de muitos. Embora só cada pessoa possa escolher, ela própria, a melhor vida, uma ordem socioeconômica opressiva pode cercear drasticamente o seu campo de escolhas e impedir a formação das capacidades que lhe facultem eleger e buscar uma vida digna e plena. O objetivo maior das políticas públicas — instrumentalizadas pela solidariedade institucionalizada do moderno Estado do Bem-Estar — deve visar a igualdade de oportunidades por meio da ampliação do campo de escolha efetivo aberto aos indivíduos.

Mas é preciso ir além. A boa sociedade não é seguramente aquela que nos arrasta a trilhar caminhos nos quais não nos reconhecemos como coletividade. Ela não incorre no problema da macroalienação, ou seja, do engendramento involuntário de armadilhas e mecanismos sociais que, embora resultantes das nossas ações, como que ganham vida própria e passam a nos afrontar como forças hostis, a exemplo da corrida armamentista do consumo ou da crescente e ameaçadora degradação ecológica.

A grande esperança de mudança decorre do fato de que há descontentamento: um princípio de mudança alojado na realidade do conflito *intrapessoal*. A ampla maioria das pessoas, ao que tudo indica, não se reconhece no que vê à sua volta e não está satisfeita com a vida que leva — e isso, como vimos, mesmo nas sociedades mais afluentes, ou seja, aquelas que teriam tudo, em tese, para se sentirem felizes segundo a métrica sem dúvida objetiva, porém parcial e enganosa, do mercado e da renda per capita.

Competição e solidariedade, devidamente compreendidas, não são antagô-

ECONOMIA E FELICIDADE

nicas, mas complementares. A competição não é a selva do vale-tudo, mas é a interação balizada por normas legais e regras de justiça que efetivamente direcionem o interesse privado para as atividades de maior demanda e para a criação de valores socialmente reconhecidos. Ao mesmo tempo, a solidariedade é a institucionalização das transferências de renda e recursos extramercado que garantam as dotações iniciais e as condições adequadas para a formação das capacidades que ampliem o campo de escolha e a liberdade das pessoas. Ambas, portanto, fazem parte da boa sociedade.

Os gregos antigos inscreveram no templo de Apolo, na ilha de Delfos, a máxima que sintetiza o princípio da moderação: "Nada em excesso". As instâncias da sabedoria apolínea abundam. A ética desligada da ciência é vazia; a ciência desligada da ética é cega. A intuição sem lógica é dogmática; a lógica sem intuição é eunuca. A criação apartada da tradição é caótica; a tradição apartada da criação é estéril. A liberdade sem disciplina é suicida; a disciplina sem liberdade é deserta. O sonho desprovido de senso prático naufraga; o senso prático privado de sonho não zarpa. O ideal não é, portanto, a polaridade excludente — "competição *ou* solidariedade" —, mas o arco teso da conjunção: "competição *e* solidariedade".

Mas é preciso também lembrar, por fim, que o princípio da moderação aloja uma curiosíssima contradição lógica. Como economista e adepto da racionalidade, defendo o equilíbrio, a prudência e o autocontrole como elementos centrais de um viver bem conduzido. O cálculo dos meios e a análise criteriosa dos fins são ferramentas do agir consequente. O caminho da ruptura, da entrega apaixonada e do impulso irrefletido revela-se, com frequência, o atalho mais curto para o desastre e arrependimento. Juízo míope, agir descomedido.

O que acontece, entretanto, quando aplicamos o "nada em excesso" apolíneo a si mesmo? Algo surpreendente: *a moderação da moderação!* Do ponto de vista da melhor vida, pecar pelo excesso de moderação pode revelar-se tão fatal quanto pecar pela falta dela. Pois uma vida pautada pela aplicação uniforme do "nada em excesso" leva a um viver insípido e defensivo.

O que esperar, afinal, de uma existência imune à entrega, ao arrebatamento e às apostas no imponderável? De uma existência reta, em que toda

FILOSOFIA ECONÔMICA

exaltação entusiástica e toda concentração de valor é suspeita? Nenhum desastre, é certo, mas também nada além de uma cinza mediocridade e tépido viver. Como dizia o ultrarracionalista Sócrates no *Fedro* de Platão, "as nossas maiores bênçãos nos vêm mediante a loucura". "Sem a loucura", acrescenta Fernando Pessoa, "que é o homem mais que a besta sadia, cadáver adiado que procria." Quando a criação do novo está em jogo, nada mais irracional do que ignorar os limites da razão. A moderação, concluo, não escapa de si: também ela precisa ser moderada.

Índice onomástico

Adorno, Theodor, 87
Agassiz, Jean Louis, 17
Ainslie, G., 212n, 213n
Aleijadinho (Antônio Francisco Lisboa), 33, 138
Alexandre Magno, 53-4
Allen, Woody, 158
Andrade, Carlos Drummond de, 23n
Andrade, Mário de, 29, 131
Andrade, Oswald de, 33, 89
Aranha, Graça, 15
Arendt, Hannah, 232n
Aristóteles, 8, 53, 98, 109-16, 162, 207, 225n, 227, 232, 254, 279, 292-3, 299
Arrow, Kenneth, 185, 200, 203, 215n
Assis, Machado de, 16, 33-4, 121-33, 162, 172
Athayde, Tristão de, 82
Axelrod, Julius, 174
Axelrod, R., 269n

Bach, Johann Christian, 148
Bach, Johann Sebastian, 139-40, 147-9, 152-4
Bacon, Roger, 63
Bagehot, W., 247
Bailey, Samuel, 313
Bandeira, Manuel, 33
Barbosa, Rui, 18, 57, 65

Barreto, Lima, 16, 18n, 19, 21-2
Barthes, Roland, 231n
Baudelaire, Charles, 73
Beauvoir, Simone de, 70
Becker, G. S., 267n
Becker, Gary, 62
Beethoven, Ludwig van, 139, 141-2, 147-8, 151
Bell, Alexander Graham, 63
Beltrão, Hélio, 82
Benjor, Jorge, 73
Bentham, Jeremy, 184, 189, 225n, 229, 237, 313
Berkeley, George, 313
Bernardo, São, 77
Bessemer, Henry, 63
Betinho (Herbert José de Sousa), 41
Blake, William, 91n, 125, 210, 310
Blaug, Mark, 266n, 267n, 283, 286, 290-1, 294, 300-3
Böhm-Bawerk, Eugen von, 191
Bolingbroke, Lord, 292
Bomfim, Manoel, 57
Bonar, James, 181n, 220n, 221n, 228n, 253, 290, 301n
Boulding, Kenneth, 66, 288
Bridgeman, Percy Williams, 215n

Britto, Sérgio, 36n
Buarque, Chico, 134-6
Buchanan, James, 312
Burtt, E. A., 302
Butenval, barão de, 57, 65

Caldeira, Jorge, 14n
Caldwell, B., 282n
Calvino, João, 35
Campos, Augusto de, 73
Campos, Roberto, 41
Camus, Albert, 33, 103, 132
Cardoso, Fernando Henrique, 315
Carlyle, Thomas, 43, 237
Carnap, Rudolf, 130
Cassirer, Ernst, 287n, 298, 302
Castro, Rui, 24n
Catão, 129
Caymmi, Dorival, 45
Chaplin, Charles, 214
Chaudhuri, Datta, 278
Checkland, S. G., 247n
Churchland, P., 206n
Cicero, Antonio, 45, 73
Cioran, Emil, 164
Coats, A. W., 220n
Cocteau, Jean, 150
Cohen, Bernard, 301-2
Coleridge, Samuel Taylor, 119
Collingwood, R. G., 299n
Colombo, Cristóvão, 23
Copérnico, Nicolau, 304
Crick, Francis, 163-4, 176
Crítias, 235
Cromwell, Oliver, 209
Cunha, Euclides da, 25

D'Alembert, Jean le Rond, 302
Dante Alighieri, 109, 232
Darwin, Charles, 43, 176, 206, 252-3, 279, 297, 299

Dasgupta, A. K., 283, 288
De Forest, Lee, 63
Deane, Phyllis, 283, 286, 288
Descartes, René, 109, 239, 285, 293, 299
Diamond, Jared, 96
Diderot, Denis, 79, 123
Dinis, d. (rei de Portugal), 104
Diógenes, 53-4, 189
Dobb, M., 283, 288-9, 299
Dostoiévski, Fiódor, 85, 131, 163
Duncan, G., 232n

Eccles, J., 206n
Edgeworth, Francis Ysidro, 184-5, 187, 190
Edison, Thomas Alva, 63
Einstein, Albert, 151, 299
Elster, Jon, 140n, 207-8
Eltis, W., 283
Emerson, Ralph Waldo, 144n
Engels, Friedrich, 31
Epíteto, 230
Eurípides, 115

Falcão, Joaquim, 23n
Faletto, Enzo, 315
Faoro, Raymundo, 82
Fiori, Joaquim de, 103
Fisher, Irving, 63
Fogel, Robert, 64
Fonseca, Deodoro da, 17n, 18
Fontenelle, Bernard Le Bovier de, 302
Forbes, D., 220n
Ford, Henry, 37, 63
Foxwell, H., 247, 252
Francisco, papa, 101
Francisco de Assis, São, 101
Frank, Robert, 332
Freud, Sigmund, 119, 163, 231
Freyre, Gilberto, 26, 29n, 33
Friedman, Milton, 307-9

Galbraith, John Kenneth, 283, 288
Galileu Galilei, 63, 109, 285, 298-9
Garrincha (Manuel Francisco dos Santos), 37
Gay, Peter, 148
Geisel, Ernesto, 41, 317
Genghis Khan, 189
Georgescu-Roegen, Nicholas, 288, 328
Gérson, 189
Giannetti, Eduardo, 35n, 304n
Gilberto, João, 73
Godwin, William, 232
Goethe, Johann Wolfgang von, 56, 65-6, 88, 143, 232, 258, 293
Gossen, Hermann Heinrich, 190
Gould, Stephen Jay, 17n, 297n
Gouldner, A. W., 281
Gray, John, 308
Gruber, H. E., 284n
Gudin, Eugênio, 62, 64-5, 84

Hahn, F., 182, 185, 189
Hargreaves-Heap, S., 184n
Hawking, Stephen, 299
Haydn, Joseph, 140-1, 148, 327
Hayek, Friedrich von, 182n, 306-13
Hegel, Georg Wilhelm Friedrich, 68, 109, 252, 290
Heidegger, Martin, 109, 130
Hesíodo, 97, 146
Hicks, J., 288
Himmler, Heinrich, 31
Hipócrates, 162-4
Hirsch, F., 227n
Hirshleifer, J., 208n, 210n
Hobbes, Thomas, 50, 109, 239
Hogwood, B., 201n
Holanda, Sérgio Buarque de, 36n, 80
Hollis, M., 182, 184n
Hume, David, 119, 181, 195, 206-7, 211, 216-38, 234n, 313
Huxley, Thomas, 176, 206

Hyppolite, J., 290

Isabel, rainha de Portugal, 104

Jaeger, W., 285n
Jaguaribe, Hélio, 57
James, William, 164, 212
Jenamy, Victoire, 149
Jerônimo, São, 315
Jevons, William Stanley, 184-5, 187, 190, 247-52, 255, 258, 261, 290, 294, 313
Joana d'Arc, 25
João, são, 164
João v, d. (rei de Portugal), 36n
Johnson, Samuel, 323

Kalecki, Michal, 288
Kamel, Ali, 33n
Kant, Immanuel, 38, 197, 285
Kepler, Johannes, 299
Keynes, John Maynard, 16, 86, 98, 193, 209-11, 236, 245, 254, 281, 288, 307, 310, 312-3, 328
Keynes, John Neville, 253, 313
Koestler, A., 284n
Koyré, Alexandre, 302
Kruger, L., 300n
Kubitschek, Juscelino, 26-7, 84, 317
Kucharz (maestro), 140
Kuhn, Thomas, 273n, 285-6, 293, 301-3

La Fontaine, Jean de, 65
La Mettrie, Julien Offray de, 177, 206
La Rochefoucauld, François, duque de, 49, 171, 335
Lakatos, I., 285n, 286, 301-2
Landes, David, 314-7, 323
Larmore, F., 293n
Leff, Nathaniel H., 16n
Leibniz, Gottfried Wilhelm, 145
Leontief, Wassily, 288

Libet, Benjamin, 171
Lincoln, Abraham, 22n
Lineu, Carlos, 138, 239
Locke, John, 313
Lorenz, Günter, 92n
Lorenz, Michael, 149
Lovejoy, Arthur O., 220, 287, 302
Lucrécio, 97, 221n, 235
Lukács, G., 290

Mach, Ernst, 298
Malebranche, Nicolas, 221, 229, 287
Malthus, Thomas Robert, 63-4, 229-32, 265-6, 297
Mangabeira Unger, Roberto, 67-70
Maquiavel, Nicolau, 51
Marcuse, Herbert, 98
Marshall, Alfred, 62-3, 187, 198, 211, 236, 243, 244-80, 286, 293, 296, 297n, 301, 316, 322
Marx, Karl, 31, 61, 64, 68, 98, 142, 182, 188, 209, 232, 236, 242, 257, 260, 265, 273, 290, 301, 308, 315
Mateus (evangelista), 36
Matos, Gregório de, 14
Matthews, R. C. O., 201n
Matthews, Robin, 197, 322n
Mautner, Jorge, 73
Maxwell, James Clerk, 299
Medvedev, Z. A., 297n
Meek, R. L., 217n
Mêmio, 235
Mengele, Josef, 31
Menger, Carl, 191, 290
Mill, James, 184, 313
Mill, John Stuart, 35, 62, 65, 98, 184, 189, 198-9, 245-53, 264-5, 293, 296-7, 301, 313, 319
Miranda, Carmen, 37, 71
Mirowski, P., 290
Mises, Ludwig von, 312
Montaigne, Michel de, 228
Moog, Vianna, 14n, 18nn

Morishima, Michio, 197, 200, 288
Mozart, Leopold, 140, 146, 149
Mozart, Wolfgang Amadeus, 8, 137-47, 148-51
Murtinho, Joaquim, 16

Nabuco, Joaquim, 15n
Nagel, Thomas, 156, 327
Napoleoni, C., 283
Nassau, Maurício de, 80
Nehru, Jawaharlal, 50
Nero, 235
Neumann, John von, 78n
Newton, Isaac, 138, 144, 282, 299, 301, 328
Nietzsche, Friedrich, 39, 44, 50, 105, 133, 164, 209, 237n, 297
Nisbett, Richard, 210
Nozick, Robert, 308

Ochse, R., 139n, 284n
Olson, Mancur, 199
Ovídio, 213

Paley, William, 230, 232
Palmeira, Wladimir, 41
Pareto, Vilfredo, 83, 186, 191-2, 205, 326
Pascal, Blaise, 49
Passmore, J., 297n
Paul, Diane, 31n
Paz, Octavio, 88
Pedro I, d., 134
Peixoto, Floriano, 15, 17n
Pelé (Edson Arantes do Nascimento), 33, 41
Perelman, Chaim, 110
Péricles, 231n
Pessoa, Fernando, 104, 338
Peters, B., 201n
Petrônio, 333
Pierson, N. G., 258
Pigou, A. C., 246n, 254n, 275
Pippard, Brian, 94
Plant, R., 183n

Platão, 91, 112, 125, 129, 232, 245, 253, 338
Plutarco, 78, 129
Pope, Alexander, 7
Popper, Karl, 206n, 286, 298
Prado, Paulo, 13n, 16n

Quintana, Mario, 76

Rawls, J., 182
Reisman, D., 246
Ribeiro, Alberto, 37
Ricardo, David, 184, 188, 197, 247, 250, 260, 318
Ricupero, Rubens, 18n
Rilke, Rainer Maria, 243
Rio Branco, barão do, 17
Risério, Antonio, 17n, 33n, 67, 102n
Robbins, Lionnel, 183n, 189-92, 266n, 275, 283
Robinson, Joan, 264, 288
Rocha, Glauber, 73
Rodrigues, Nelson, 23-8, 42, 306, 310
Romero, Silvio, 17
Rosa, Guimarães, 92n
Ross, Lee, 210
Rotwein, E., 220n
Rousseau, Jean-Jacques, 229
Roy, S., 282n
Ruskin, John, 194
Russell, Bertrand, 47, 231n, 291

Sales, Campos, 16, 17n
Samuelson, Paul, 189, 296-7
Sarney, José, 41
Sartre, Jean-Paul, 49
Schoenberg, Arnold, 141
Schopenhauer, Arthur, 145, 151
Schubert, Franz, 151
Schultz, T. W., 267n
Schumpeter, Joseph, 189, 283, 286, 290-1, 294-6, 298-9, 303-4, 326

Schwarcz, Lilia Moritz, 17n, 18n, 19n
Schwarcz, Luiz, 121n
Schwartz, Stuart B., 14n
Sen, Amartya, 110, 183n, 185-6, 196-7, 200, 237n
Sêneca, 231n, 235
Senna, Ayrton, 268
Shakespeare, William, 138, 174, 236, 276
Sidgwick, Henry, 313
Silva, Agostinho da, 90-105
Silva, Luiz Inácio Lula da, 27, 69
Silva, M. F. G. da, 298n
Simon, H., 200n
Simonsen, Mario Henrique, 57
Skinner, A. S., 217n, 220n
Smith, Adam, 45, 144, 186, 193, 206-7, 210, 216-38, 239-43, 247, 249-50, 252, 266, 282, 292-3, 301-2, 304, 313, 323, 333
Sócrates, 53, 115, 189, 197, 226, 230, 235, 338
Sófocles, 44
Sólon, 52
Solow, R., 270n
Souza, Tomé de, 82
Spencer, Herbert, 242, 252, 308
Sperry, Roger, 173, 299
Spinoza, Baruch, 231n
Sterne, Laurence, 123
Stigler, George, 283, 290-1

Teichgraeber III, R. F., 220n
Teresa, Madre, 189
Tertuliano, 175
Thatcher, Margaret, 307
Thom, René, 110
Thomas, D. A. L., 274n
Thurow, L. C., 201n
Tocqueville, Alexis de, 330
Torres, João Camilo de Oliveira, 82
Tucídides, 115, 231n

Valéry, Paul, 30

Van Baerle, Caspar, 80
Varela, Obdulio, 24, 28
Veloso, Caetano, 19n, 41, 71-5
Vespúcio, Américo, 23
Viana, Oliveira, 17
Vico, Giambattista, 287
Vieira, Antônio, padre, 18, 104
Viner, J., 220n
Viner, Jacob, 315n
Vito, são, 164
Vitorino, Manuel, 17n

Waldseemüller, Martin, 23

Walras, Léon, 255, 290, 311
Watson, George, 31n
Whitehead, Alfred, 144, 193-4
Whitman, Walt, 22
Wilde, Oscar, 333, 335
Williamson, Oliver, 200, 202n
Wilson, Edward, 146
Winch, D., 220n, 228n, 255
Wittgenstein, Ludwig, 94, 112, 210, 297
Wuthnow, Robert, 334

Xuxa (Maria da Graça Meneghel), 41, 46, 189

ESTA OBRA FOI COMPOSTA PELA SPRESS EM DANTE E IMPRESSA EM OFSETE
PELA RR DONNELLEY SOBRE PAPEL PÓLEN SOFT DA SUZANO PAPEL E CELULOSE
PARA A EDITORA SCHWARCZ EM JUNHO DE 2018

A marca FSC® é a garantia de que a madeira utilizada na fabricação do papel deste livro provém de florestas que foram gerenciadas de maneira ambientalmente correta, socialmente justa e economicamente viável, além de outras fontes de origem controlada.